악의 얼굴은
바뀌고 있다

악의 얼굴은 바뀌고 있다

지은이 라인하르트 할러
옮긴이 신혜원
펴낸이 임상진
펴낸곳 (주)넥서스

초판 1쇄 발행 2012년 2월 15일
초판 2쇄 발행 2012년 2월 20일

2판 1쇄 발행 2015년 2월 15일
2판 2쇄 발행 2015년 2월 20일

3판 1쇄 발행 2020년 11월 20일
3판 2쇄 발행 2020년 11월 25일

출판신고 1992년 4월 3일 제311-2002-2호
10880 경기도 파주시 지목로 5 (신촌동)
Tel (02)330-5500 Fax (02)330-5555

ISBN 979-11-91209-06-8   03300

www.nexusbook.com

악의 얼굴은
바뀌고 있다

라인하르트 할러 지음

신혜원 옮김

세계적인 법정신의학자가 밝혀낸 악의 근원

지식의숲

악은 세상에 나오기 위해
질병이나 부당함, 어두운 세력을 필요로 하지 않는다.
오로지 인간만 필요로 할 뿐이다.

한스 루드비히 크뢰버 (독일의 법정신의학자)

필자는 오랜 시간을 감옥에서 보냈다. 1년이 넘는 기간 동안 필자는 다른 사람들을 죽인 죄로 벌을 받고 있는 사람들과 함께 좁은 감옥에 갇혀 그들의 이야기를 들었다. 우리 사이에는 아무것도 놓여 있지 않았다. 안전용 유리창은 물론 창살도 없었다. 단지 연필과 종이, 몇 가지 서류 그리고 여전히 이해할 수 없는 범죄만 있었을 뿐이다.

성범죄자와 연쇄살인범, 테러리스트, 강도, 유괴범, 나치 범죄자, 어린 살인 광란자들과 얼굴을 맞대고 범행 동기와 감정 상태에 대해, 희생자와 범죄 과정에 대해, 그들의 인생사와 오늘날의 관점에 대해 대화를 나누었다. 비누와 땀, 쇠 그리고 배설물이 혼합된 냄새를 풍기는 감옥의 공기 속에서 점차 악의

윤곽이 드러났다.

　이후 법원으로부터 범죄자들의 인성을 파악하고, 그들의 범행 동기를 분석하여 그들이 분명한 이성을 가지고 범행을 저지른 것인지 혹은 병적인 의도를 가지고 범행을 저지른 것인지 확인해 달라는 연구 위탁을 받았다. 연구 과정에서 필자는 300명이 넘는 살인 범죄자를 통해 악의 근원들을 찾고자 노력했다.

　악의 근원은 병적인 기질과 힘겨운 생활 환경의 영향 속에, 악몽이 된 어린 시절의 경험과 사회적인 비극 속에, 나쁜 본보기와 잘못된 친구로 인한 정신적 각인 속에, 과열된 감정과 범죄 집단의 강압 속에, 전체주의적인 체계의 지배권과 나치들의 자기우월주의 속에, 알코올 중독과 마약으로 인한 혼돈 속에, 무엇보다도 상처 받은 경험 속에 숨어 있었다. 마음의 상처는 단순히 어떤 사람을 아프게만 하는 것이 아니라 범죄자로 만들기도 한다.

　악한 행동을 하게 만드는 동기는 놀랍도록 평범했다. 언젠가 단 7유로 때문에 벌어진 싸움으로 인해 한 사람이 목숨을 잃었다. 그리고 경계 표시, 즉 저렴한 농지의 단 몇 제곱미터의 차이가 대량 학살의 원인이 되기도 했다. 악은 순간적인 두려움에서 튀어나오기도 하고 매우 상세한 부분까지 염두에 둔 끔찍한 계획에 따라 벌어지기도 한다. 악의 이면에는 광적인 사고와 심리적인 상처, 망상적인 생각이 담겨 있어서 악이라고 말하기보다 병적인 행동이라고 말해야 하는 경우가 있다.

　때때로 우리는 한 폭력 범죄의 냉철한 계획과 무자비한 실행 때문에, 평범한 인간의 모습 뒤에서 나타나는 무섭고 사디즘적인 환상 때문에 놀라곤 한다. 스스로도 희생자였던 많은 범죄자의 운명 속에서 우리는 악이 또 다른 악을 만들어 내는 것을 볼 수 있다. 그로 인해 악의 순환은 결코 끝나지 않는다.

　대부분의 범인은 자신들의 범죄적 행동이 어떤 장애에 의한 것, 병적인 것, 자신의 기본 인성에는 속하지 않는 것이라고 주장한다. 그리고 그 원인이 무의식적인 심층심리학 과정 혹은 누구에게나 일어날 수 있는 '영혼의 몰락'에 있다고 추측한다. 그럼으로써 죄는 책임이 훨씬 덜해 보이는 나쁜 영혼의 힘으로 전가된다. 범인들은 다음과 같은 변명을 자주 늘어놓곤 한다.

"그 순간 나의 뇌가 잘못 작동했어요."

"내 안에 어떤 병이 생긴 것이 분명해요."

"내 의지가 아니었어요. 그 순간 난 무언가에 의해 조종당하는 것 같았어요."

하지만 그들의 말과 달리 필자는 살인자라고 불리는 사람들과의 만남이 정상적으로 진행되어 매우 놀랐다. 그들 중 단한 사람도 대화를 거부하지 않았다. 많은 사람이 자신의 행동을 기억하지 못하거나 기억하려고 하지 않았지만 말이다. 그들은 자신의 기억에서 범죄 행위에 관한 부분을 떨쳐내 버린 것 같았다. 범죄 행위들은 흔히 부인되고, 미화되고, 왜곡된다. 그러나 필자가 만난 살인범들은 자신에게도 낯설었던 범죄 행위의 원인을 찾으려고 애썼다.

이런 범죄자들과 그들의 행위가 우리에게 심리적으로 투영될 때는 지극히 관념적으로 나타난다. 하지만 악이란 것은 범죄자로 낙인찍힌 사람들의 내면에만 살고 있는 것이 아니다. 악은 우리 안에도 존재한다. 우리가 자신의 내면에 있는 악의 존재를 추측하거나 예감하는 것은 다음과 같은 일상의 흐름 속에서 나타난다.

우리 가까이에서 범죄가 일어났고 그 범인이 평소 알고 지내던 사람이라고 가정하자. 이때 우리는 어김없이 이런 반응을 보인다.

"그럴 리 없어요. 정말 생각하지도 못한 일이에요. 그는 지극히 평범한 사람이었어요. 나는 그에게서 이상한 점을 전혀 발견하지 못했어요."

그런데 하루이틀이 지나면 우리의 평가는 달라진다. 범인은 매우 독특한 사람이었고 종종 이상한 행동을 했으며 어딘지 모르게 비밀스럽게 느껴졌다고 말한다. 그리고 시간이 조금 더 흐르면 그 평가는 더더욱 확대된다. 오래전부터 그 사람이 어떤 범죄를 저지를 것 같은 생각이 들었다는 의견을 내세운다.

이러한 시각의 변화는 많은 사람이 자신의 주변에 있는 모든 사람이 어떤 일을 저지를 수 있다고 생각하고, 악이란 평범한 사람들의 내면은 물론 자신의 내면에도 들어 있을지 모른다고 생각한다는 사실을 말해 준다. 우리는 다른 사람에게 악을 투영시킴으로써 자신의 내부에 들어 있는 악에 대한 두려움을 내쫓으려고 한다. 작가 막스 프리쉬는 이렇게 말했다.

> 만약 나와 동일한 교육을 받았던 사람들, 나와 동일한 말을 사용하는 사람들 그리고 나와 동일한 책, 동일한 음악, 동일한 그림을 사랑하는 사람들이 비인간적으로 변하고 동시대인들이 결코 저지를 것이라고 생각하지 않았던 일들을 벌일 가능성이 있다면 내가 그런 가능성으로부터 안전하다는 확신은 어디서 얻겠는가?

우리가 싸움을 할 때 상대방에게 다음과 같은 말로 위협을 하는 것은 어떤 의미일까?

"네가 날 잘 모르는 모양인데, 이제 제대로 알게 될 거야."

그것은 우리 내부의 어떤 한 부분, 평소에는 숨겨져 있지만 분명하게 존재하고, 최고의 흥분 상태에서만 인지되지만 우리

<u>스스로</u> 소리 내어 말하지 않는 것, 즉 악과 관련된 것을 말하는 것이 아닐까?

악이란 지극히 강압적이고 위협적이며 이해하기 어렵다. 또한 표현하기 어렵고, 아주 멀리 있는 동시에 아주 가까이에 있기 때문에 매우 강렬한 매력을 발산한다. 악은 센세이션의 욕망에만 연관되는 것이 아니다. 사람들이 몰락이라고 표현하는 영혼의 측면에 관심이 가고, 표현할 수 없는 것에 얼굴과 이름을 부여하고 싶은 욕구와도 연관이 있다. 지금까지 알려져 있지 않았던 것 그리고 이름이 불려지지 않았던 것에 대해 이야기한다는 것은 그것에 대한 두려움을 떨쳐 버린다는 것을 의미한다.

악의 얼굴은 어느 정도 바뀔 수는 있지만 결코 사라지지는 않는다. 가장 극악한 악의 결합인 성범죄 살인 사건은 (개별적인 사례들에 대한 매체들의 보도가 전혀 다른 인상을 주기도 하지만) 지속적으로 감소하고 있는 추세이지만 완전히 무고한 사람들이 당하는 범죄는 경이로울 정도로 증가하고 있다.

많은 사람이 '악한 범죄'를 생각할 때 '살인 광란' 혹은 '가정 비극'이라는 말로 요약할 수 있는 범죄만을 떠올린다. 그런데 악의 새로운 형태가 잠재적인 범죄 현상, 인터넷 포르노 사진 혹은 대규모 사기 등에서 나타나고 있다. 또한 악은 떠들썩한 범죄와 끔찍한 행위로만 나타나는 것이 아니라 대단히 섬세한 형태로도 자행된다. 즉 냉혹함과 거부, 사람들의 냉대와 멸시, 모략과 억압, 이해심 결여와 순수한 이기심의 형태로 나타난다.

많은 연구가가 범죄자의 심리적 특징을 정확하게 파악하고 몇 가지 특징을 전형화시키려는 시도를 했지만 아직도 밝혀지지 않은 것이 많이 있다. 그러나 범죄 동기와 이론에 대한 수많은 학술적 지식이 큰 도움이 되고 있고, 성격과 뇌 연구에 대한 최근의 지식들이 또 다른 측면의 이해를 돕고 있다. 그리고 오늘날의 뇌 진찰 방법들, 즉 뇌전도, CT 촬영, 심리역학적 진단, 시험심리학 등이 많은 것을 밝혀냈다.

그럼에도 불구하고 여전히 밝혀지지 않은 것은 어떤 가설로도 설명할 수 없고 그 어떤 이론으로도 이해될 수 없다. 이 부분은 인간 의지의 자유, 바로 선 혹은 악을 결정할 수 있는 자유와 관련되어 있다.

이해할 수 없고 표현할 수 없는 악의 측면들을 구체적인 사례들과 범죄 스토리, 악행에 관한 실제 이야기보다 더 잘 해명할 수 있는 것은 없다. 그래서 필자는 이 책을 통해 악에 대한 다양한 이론을 소개하고, 생물학, 신학, 유전자 연구, 정신병학 등 다양한 학문을 바탕으로 악의 존재를 전달하고자 한다. 또한 개별적인 사례들을 통해서 악의 실체를 밝히고자 한다.

차례

1장

악은 태초부터
인간과 동행했다

—

"너희가 죄악, 파멸, 짧게 말해서 악이라고 부르는 모든 것이
내 본래의 기본 요소이다."

메피스토펠레스(괴테의 《파우스트》에 등장하는 악마)

—

당신이 생각하는 악이란 무엇인가

많은 사람이 악에 대해 말하는 것을 좋아하지 않는다. 그로 인해 악에 대해 말을 할 때는 직접적인 표현을 피하고 우회적으로 말한다. 또한 사람들은 악이란 어둡고 위협적인 것, 다면적이고 다의적인 것, 비과학적이고 정의할 수 없는 것으로 여긴다. 그러나 우리는 악이 무엇을 의미하는지 잘 알고 있다. 악은 우리를 두렵고 우울하게 만든다. 그로 인해 악이라는 말을 잘 사용하지 않고, 악에 대한 단순한 표현조차 입에 올리는 것을 꺼리는 것이다.

당신은 사람들이 화가 나 내키지 않으면서도 상대방을 "나의 사랑하는 친구"라고 부르거나 악의적인 위협을 하면서 "내가 널 도와줄게!"라는 정반대의 표현을 사용하는 이유를 생각해 본 적이 있는가? 그것은 우리가 자신의 내부에 들어 있는 악한 측면을 목격하면 악이라는 단어 자체를 밖으로 소리 내어 말하는 것이 어떤 의미인지 잘 알고 있기 때문일 것이다.

실제로 우리는 악의 개념을 쉽게 정의할 수 없다. 그저 불충분하게 설명할 뿐이다. 악이라는 표현은 공격적인, 불법적인, 비열한, 비도덕적인, 병적인, 야비한, 파렴치한, 흉악한 등과 같은 말들로 특징지어진다. 증오, 복수심, 시기, 질투, 간계, 악의, 음험함, 교활 등과 같은 특성들이 '사악함'이라는 큰 건물 안에 들어 있고, 이런 특성들이 파괴, 질병, 파국, 황폐 그리고 범죄와 관련 있는 모든 것을 포함한다.

정신과 의사이자 교수인 테오 R. 파이크는 이렇게 말했다.

"악은 그 지붕 아래 나쁜 모든 것이 모여 있는 기이한 구조물이다."

말하자면 악이란 부정적인 것, 나쁜 것, 파괴적인 것을 총괄한 개념인 셈이다. 신학자를 비롯하여 철학자, 사회학자, 생물학자, 법학자, 범죄학자들이 악에 대해 꾸준하게 연구하는 중이다.

종교적 시각에서 악은 신에 대한 적대적인 행위로 이해된다. 유대교와 기독교 신학자들에 따르면 악은 신에 대한 불복종으로부터 발생한다. 즉 악은 타락한 천사 루시퍼로부터 시작하여 낙원에서 저지른 인류의 죄와 모든 인간의 원죄를 통해 계속되고 최초의 살인, 즉 카인과 아벨의 이야기에서 지속된다. 악은 사탄, 즉 악의 군주에 의해 구체화된다. 사탄은 인간의 유혹적인 적으로서 신과 대적한다.《성경》의 시각에서 악은 〈마가복음〉에 표현된 것처럼 신에 대한 적대적 행위와 여호와에 대한 불복종, 파괴적인 충동, 어두운 힘이다.

철학의 다양한 해석 중에는 자연의 재앙처럼 우리가 견뎌야 하는 피할 수 없는 불행, 다른 한편으로 스스로 자행한 인간 자유의 남용을 악과 관련시킨 이야기가 눈에 띈다. 아우구스티누스에 따르면 악은 원죄로 인해 자기 고통에 대한 책임을 져야 하는 인간의 자유로운 의지로부터 나온다.

임마누엘 칸트는 악의 원천이 이기심, 욕심 혹은 증오로 특징되는 인간의 본성에 있다고 보았다. 그는 저서《인간 본성의 극단적 악에 대하여》에 이렇게 적었다.

인간은 악한 존재는 아니지만, 스스로 극복되어야 하는 악의 경향을 띠는 존재이다.

악의 뿌리는 인간 의지의 자유 속에 있다는 칸트의 생각을 철학자 뤼디거 사프란스키는 이렇게 표현하였다.

"악은 자유의 대가이다."

악은 선과 대조되는 것, 즉 선을 인식하기 위해 필연적인 것으로 여겨진다. 악 없이는 결코 선도 존재할 수 없으며, 악과 선이 전혀 구별되지도 않는다. 프랑스의 사상가이자 작가였던 마르키 드 사드는 인간을 '눈앞에 확실한 죽음을 앞두고도 냉정하고 무관심한 우주 속으로 내던져진 존재'로 보았다. 또한 절대적 악을 찾는 과정에서 악은 총체적 파괴를 원하는 인간의 마음속에 있다는 결론을 내렸다. 그는 초강력한 자연으로부터 벗어나기 위해서 그리고 실존으로부터 도피하기 위해서 모든 창조물을 거꾸로 되돌려야 한다고 주장하였다. 또한 자연에 대한 승리, 완전한 파멸 그리고 악 그 자체를 의미하는 '파괴를 위한 파괴'를 위해 노력하였다.

형이상학적인 시각에서 악은 악해지려는 의지 속에서 발견된다. 도덕적 교훈에서는 인간이 직접적으로 충동과 순간적인 욕구에 이끌릴 때 악한 것으로 간주한다.

"악이란 악한 경향에 양보하는 그런 유약함이다."

또한 정신분석적 이론은 악의 원인을 죽음의 충동 속에서 본 반면, 진화생물학적 연구는 악을 자기 보존과 번식을 전제로 해석하였다. 법의학적인 정신감정과 비정상적인 범죄자를 진단하는 임무 때문에 다른 분야보다 악의 문제를 더 많이 다룰 수밖에 없는 정신의학자들도 오랜 시간 동안 이 말을 기피해 왔지만 최근에야 비로소 악이라는 현상에 대해 조심스럽게 의견을 제시하고 있다. 지난 몇 년 동안 많은 전문가, 특히 인간 안에 들어 있는 악의 새롭고 현대적인 측면을 발견하는 뇌과학자들이 본격적으로 악에 대한 문제를 다루었다.

악의 현상들을 다루는 일은 무척이나 어렵다. 하지만 많은 사람이 '악'이란 존재에게 어떤 이름, 어떤 형상 혹은 어떤 얼굴을 부여하려는 욕구를 가지고 있다. 그래서 악은 자연 현상, 야생의 거친 동물, 나쁜 정령, 벌 받는 신들, 괴물, 질병과 재앙으로 표현되기도 한다. 또한 악은 어둠의 지배자, 악의 여신, 뱀과 사티로스, 최종적으로 악마의 형상을 지니기도 한다.

악마라고 불리는 사탄은 타락한 천사가 되어 신에게 반항하고 그로 인해 지옥으로 떨어졌다. 전통적인 사고에 따르면 지옥의 군주이며 어둠의 정령인 루시퍼는 끊임없이 악을 행하며 돌아다닌다. 괴테는 《파우스트》에 나오는 메피스토펠레스의 형상을 통해 루시퍼의 파괴적인 메시지를 전달했다.

나는 항상 부정하는 정령이다! 그리고 그것은 정당하다. 왜냐하면 생겨난 모든 것은 파멸해 가는 가치를 지니고 있기 때문이다.

《신약성서》〈베드로전서〉에서 '혼란을 야기하는 자'인 마귀는 여기저기를 돌아다니며 먹어 삼킬 누군가를 찾는 사자로 비유된다. 그리고 악을 뜻하는 고대 독일어의 뿌리를 살펴보면 파괴적인 에너지와 파멸을 부르는 잠재력의 의미가 담겨 있어 악의 영향력을 알 수 있다. 즉 이 단어의 어근인 'bosi'는 부풀어 오른, 교만한, 압도적인 등의 의미를 지니고 있다.

1450~1750년에 대중의 집단행동으로 번져 약 7만 명의 목숨을 — 전적으로 여성이 더 많았던 — 앗아간 중세시대의 마녀사냥은 그 안에 숨겨진 모든 권력의 이해관계에도 불구하고 악의 체현을 위해 시도된 대단히 끔찍한 일이다. 상상할 수 없는 고문 방식을 통해서, 즉 고통스러운 심문부터 가장 힘겨운 가학적 행위까지의 모든 방법을 통해서 악한 생각과 계획이 밝혀졌고 악과의 협력이 증명되었다.

이후에는 사람이 악마에 홀릴 수 있다는, 오늘날까지도 사라지지 않고 있는 생각이 전면적으로 대두되었고, 소위 악을 내쫓는 의식들이 그것으로 인한 모든 결과와 함께 정당화되었다. 그래서 아시아, 아프리카, 라틴아메리카에서 사람을 최면에 의한 비정상적인 정신 상태에 이르게 하는 작업이 대대적인 전통이 되었다. 샤머니즘, 동아프리카의 악령 쫓기 의식, 아이티의 부두교 등이 바로 그 예이다.

정신의학적 시각에서 볼 때 소위 악마에 홀린 사람은 히스테릭한 발작과 정신분열, 몽롱한 상태, 신체적 발작, 정신착란 등의 증세를 보인다. 악한 힘에 지배되고 초자연적인 힘에 홀려 있다는 느낌을 흔히 자기 암시를 통해서 그리고 좀 더 드물게는 타인의 암시를 통해서 경험한다.

　정신 장애와 범죄 행동에 대해 큰 관심이 생긴 19세기부터 역사적으로 끔찍한 인물을 통해 악을 구체화하려는 경향이 널리 퍼졌다. 이런 경향은 오늘날까지도 만연되어 있다. 역사적 서술로부터 잔인한 정복자, 군주, 지배자들의 정확한 정신 상태 묘사가 도출되었고, 이런 심리학적 인격 묘사는 사디즘적인 살인자와 연쇄살인범들에게서 나타나는 심리학적 특징들과 평행선을 그리고 있다.

　오늘날의 정신의학적 진단에 따르면 극단적인 공포 정치를 펼쳤던 러시아의 황제 이반 4세는 감정적이고 불안정하면서 공격적이고 사디즘적인 병적 망상증에 빠져 있었고, 자기도취적인 인격 장애가 있는 것으로 판명되었다.

　또한 아돌프 히틀러는 반사회적, 자기도취적, 히스테리적인 특성을 지니고 있었다. 그는 정신이상자는 아니나 무정한 사이코패스, 반사회적 인격 장애자로 알려져 있다. 히틀러는 훗날 각성제의 일종인 암페타민에 중독되었고 말년에는 파킨

슨병에 걸렸다.

　겉으로는 내성적이고, 신중하고, 심지어 자상하게 보이는 이오시프 스탈린은 극단적으로 의심이 많고, 음흉하며, 권력 집착적이고, 자만심이 강하고, 병적인 망상증이 있는 인물로 알려져 있다.

　마지막으로 극도로 대중을 꺼렸던 폴 포트는 냉혹하고, 사디즘적이며 병적인 망상증이 있고, 기분 내키는 대로 행동하는 반사회적 인격 장애자로 알려져 있다.

　이처럼 우리가 악을 추상적으로 설명하고, 묘사하고, 정의하는 일은 쉽지 않다. 그보다는 '악하다'고 표현되는 각각의 행동이나 범죄를 알려 주는 것이 악을 더 쉽게 이해시켜 준다.

　필자가 당신에게 비난받을 만한 행동 혹은 끔찍한 범죄에 대한 사례를 한 가지 들어 달라고 부탁한다면, 당신에게 악이란 무엇인지 표현해 달라고 부탁한다면 당신은 어떤 대답을 하겠는가? 아마도 당신은 대규모의 인류적 범죄, 즉 홀로코스트 혹은 붉은 크메르(캄보디아의 무장단체)의 대학살, 유고슬라비아의 내전, 루안다의 동족 살해와 같은 사건들 중 하나를 떠올릴 것이다. 어쩌면 최소한 5백만 명의 인디언이 희생되었다는 에스파냐의 잔인한 식민지 정복 사업 혹은 아르메니아의 종족 살해, 스탈린 시대의 추방을 거론할 수도 있을 것이다.

한편 화형에 처하는 것을 즐기고 맹목적인 히스테리 속에서 무고한 사람에게 린치를 가하는 무서운 대중을 생각한 사람도 있을 것이고, 생활필수품의 불공평한 분배와 같은 사회적 부당함을 생각한 사람도 있을 것이다. 서구 사회에서 비만자들이 생길 정도로 넘쳐 나는 양만큼의 식량만 공평하게 분배되면 그 누구도 기아에 허덕일 필요가 없다고 여길 테니 말이다.

어떤 사람에게는 인간 고문의 모든 형태, 즉 중세시대의 책인《마녀 망치》와 오늘날 비밀 요원의 현대적인 지침서에 자세히 묘사된 것과 같은 것들이 악의 압축된 표현으로 여겨질 수도 있다. 신성 로마제국의 황제인 카를 5세가 1532년에 공포한《카롤리나 법전》에는 1680년에 빈에서 자행되었던 사지를 찢어 죽이는 형벌의 집행 내용이 자세히 기록되어 있다.

범죄자는 사형 집행인에 의해 미리 준비된 커다란 칼로 가슴이 금방 아래쪽으로 도려내진다. 늑골은 부러진 채 주변에 매달려 있고, 심장과 폐 그리고 간을 포함한 내장들은 꺼내져서 땅속에 파묻힌다. 이때 불쌍한 죄인은 앞으로 고꾸라져 있다. 사람들은 죄인을 테이블이나 의자 혹은 통나무 위에 올려놓고 도끼로 머리를 잘라 낸다. 그 다음에는 몸을 네 부분으로 자르고, 머리와 함께 못을 박아 길거리에 걸어 놓는다.

어쩌면 당신은 악의 구체적인 사례에 대한 질문을 받고 전쟁과 독재 이외에 우리 사회에서 일어나는 범죄들에 대해 생각했을지도 모른다. 어떤 집안 싸움의 패배자가 마지막 승리를 얻기 위해 나머지 가족들을 살해한 가정 비극이나 마약 등에 중독된 상태에서 한 장애자를 죽도록 두들겨 팬 극단적인 청년 단체의 범죄가 바로 그 예이다.

혹시 지금 당신의 머릿속에 많은 종류의 안락사 혹은 체계적인 따돌림, 집단 괴롭힘 등 심리 테러의 다양한 모습이 떠오르는가? 어떤 사람의 머릿속에는 오늘날 악의 얼굴이 가족 전체의 경제적 존립을 파괴하는 집단 해고에서 가장 분명하게 나타날 수도 있다. 이는 '방출(Freisetzung, 독일어로 해고를 의미하기도 함)'이라는 표현의 냉소적인 사용이 우리가 얼마나 악을 완곡하게 바꾸어 말하고 있는지를 또다시 입증해 준다.

그러나 우리는 전쟁, 대량 학살 그리고 다른 끔찍한 대규모 사건들에서는 개별적으로 가해지는 악에 대해서 별로 의식하지 못한다. 전쟁은 인류가 전체적으로 겪는 재앙, 말하자면 더 높은 목표를 추구하기 위해 계획된 것, 신에 의해 정해진 것과 같은 것으로 생각하는 경향이 있다. 이때 개인의 끝없는 고통은 그다지 중시되지 않는다. 그리고 수천 명의 목숨을 앗아 간 범죄의 경우에도 희생자든 범죄자든 그 개개인에 대해서는 구체적으로 논쟁이 되지 않는다.

그러나 악을 더욱더 잘 이해하기 위해서는 각각의 개별적 행동과 운명을 관찰하는 것이 도움이 된다. 그래서 필자는 당신에게 완전한 악이라고 말할 수 있는 범죄 한 가지씩을 생각해 보라고 권하고 싶다. 필자가 몇 가지 예를 소개하겠다.

* 일반적인 상식으로는 이해할 수 없는 요제프 F.의 행위. 그는 딸을 24년 동안 어둡고 축축한 지하실에 감금시켜 놓고 지속적으로 성폭행하였다. 그리고 딸과의 사이에서 8명의 아이를 낳았다. 이 아이들 역시 태어나서 줄곧 창문도 없는 지하실에 가두어 놓았다.

* 한 엄마의 통제 불능의 행위. 그녀는 태어난 지 얼마 되지 않은 아기가 계속해서 울자 아기를 벽에 집어던져 수많은 골절상과 뇌와 척수에 치유 불가능한 장애를 입혔다. 그로 인해 아기는 평생 심각한 병약자로 살게 되었다.

* 제프리 라이오넬 다머의 식인 행위. 그는 1978년부터 1981년까지 17명의 소년(대부분 동성애자)을 유혹한 뒤 가두어 놓고 살해하기

전까지 괴롭히며 여러 차례 성폭행하였다. 또한 그들의 시신을 훼손하고 그 일부를 먹기도 했다.

* 사람의 운명을 가지고 장난한, 즉 삶과 죽음을 마음대로 결정한 나치 의사들의 행위. 그들은 아이들을 두 그룹으로 나누었다. 한 그룹은 곧장 가스실로 인도되었고, 다른 한 그룹은 치명적인 병원균의 인위적 감염 혹은 심장에 직접 놓는 페놀 주사의 효과 검증과 같은 끔찍한 의학 실험에 동원되었다.

* 베트남 지역의 전 해군 보병 찰스 응과 레너드 레이크의 폭군적이고 잔인무도한 행위. 그들은 1984년 7월에서 1985년 4월 사이에 시에라네바다 산맥에 있는 외떨어진 한 벙커에서 최소한 25명의 여성을 고문하고 성폭행한 뒤 살해하였다. 그들의 목적은 희생자들을 성적으로 지배하고 죽이는 것이었다. 벙커 입구 근처에서 발견된 표지판에는 이런 글귀가 적혀 있었다. '네가 어떤 것을 사랑한다면 자유롭게 놓아 주고, 만약 돌아오지 않는다면 잡아서 죽여라.' 이는 그들이 여자들을 일부러 탈출하게 만든 뒤에 야간 망원경으로 추적하여 총으로 쏘아 죽였다는 사실을 증명한다.

* 8개월 된 아이의 두개골을 부서뜨린 혐오스러운 부모의 영아 살해.

그들은 사디즘적인 쾌락을 위해 신생아인 딸 시리를 반년 넘게 괴롭혔다. 그들은 아기의 뼈를 부러뜨리고, 입술을 집게로 집어 놓았다. 그리고 굶주림으로 반쯤 죽어 있는 아기를 뜨거운 물에 담그기도 했다.

* 한 사디즘적인 성범죄자의 사고와 행동 세계. 그는 감옥에서 석방된 지 얼마 되지 않아 한 아이를 끔찍하게 살해한 뒤 웃으면서 그 아이가 주머니에 있던 돈을 주면서 제발 살려 달라고 애걸했다고 말했다. 그리고 자신이 곧 체포된다고 해도 언젠가 감옥에서 나가면 또 다른 소녀를 생체 해부할 수 있다는, 즉 살아 있는 몸을 조각조각 잘라 낼 수 있다는 생각으로 쉽게 버틸 수 있을 것이라고 말했다.

* 전쟁 귀환병 발터 자이페르트가 벌인 아비규환의 상황. 그는 연금에 대한 불만으로 화염 방사기를 만든 뒤, 초등학교에 침입하여 8명의 어린이와 2명의 여교사를 살해하였다. 또한 많은 사람들의 생명이 위독할 정도로 다치게 만들었다. 많은 희생자가 오늘날까지도 인생의 초반인 어린 시절에 겪은 충격으로 육체적·정신적인 후유증에 시달리고 있다.

* 캐나다에서 돼지 사육 농장을 운영한 로버트 픽튼의 인간 도살 행위. 그는 1995년부터 2001년까지 밴쿠버 근처에서 지내며 26명의 여

성을 잔인하게 살해하였다. 그리고 시신들을 분쇄기로 갈아서 돼지들에게 사료로 주기도 했고 돼지고기와 섞어서 지인들에게 나누어 주기도 했다.

* 1553년 10월 27일에 제네바에서 캘빈의 명령에 따라 실행되었던 이교도 미셸 세르베의 화형. 그는 젖은 나무 더미 위에서 느리게 타오르는 불 때문에 목숨이 끊어지기까지 세 시간 동안이나 고통을 당했다. 그의 유일한 죄는 신의 삼위일체에 대해 캘빈주의 교회와 다른 의견을 가지고 있었다는 것이다.

* 한 살인자의 끔찍한 행위. 그는 지극히 비정상적인 망상으로 인해 묶어 둔 희생자의 배를 찢어 가르고, 내부의 것을 모두 들어낸 뒤 숨 쉬고 있는 내장을 압박하여 인간을 죽게 만드는 것을 인생 최고의 즐거움이라고 생각했다.

* '죽음의 의사'로 알려졌던 헤럴드 쉬프먼의 살인 행위. 그는 맨체스터에서 활동한 의사로 탐욕과 자기도취적인 망상으로 인해 20년에 걸쳐 최소한 250명, 어쩌면 600명 이상의 여자 환자를 마취제를 이용하여 살해하였다.

* 황금욕과 단순한 사디즘에서 나온 에스파냐 정복자들의 만행. 그들은 칼날의 날카로움을 시험하기 위해 성실하고 무고한 주민들의 몸을 이용했다. 또한 토착민들의 배를 가르거나 관절을 조각조각 잘랐고, 인디언 아이들을 자신들의 개에게 먹이로 던져 주었다.

이런 모든 행동에는 공통점이 있다. 이런 행동들은 정신적으로 병든 사람들에 의해서 자행된 것이 아닌, 상당히 계획적인 면을 보인다. 범죄자들에게서는 냉혹함과 심각한 정도의 사디즘이 확인되었고, 비인간화된 희생자들에게서는 엄청난 피해가 확인되었다. 이런 행동은 스스로 정상이라고 느끼는 모든 사람에게 혐오와 공포를 불러일으킨다. 여기서 이미 악의 몇 가지 근본적인 특징이 드러난다.

독일의 시인이자 풍자 화가인 빌헬름 부슈는 다음과 같은 말로 악을 적절하고 압축된 방식으로 표현하였다.

"선이란 우리가 행하지 않는 악이다."

그가 말하고자 한 것은 주변 사람들의 가난과 고통에 대한 우리의 무관심만이 아니라 세계에서 가장 높은 산을 정복하겠다는 야심찬 목표를 위해서 등산로 옆에서 죽어 가고 있는 미국 출신의 의사 닉스 안테차나 박사를 얼어 죽도록 방치한 40명에 이르는 산악인의 행동 방식 같은 것에서도 드러난다.

악은 태초부터 인간과 동행했고 언제 어디서나 존재하며, 현재적이면서 시간을 초월한다. 그러나 우리가 이러한 악을 쫓아내고 악에 대해 침묵하려고 애를 쓸수록 악은 우리를 더욱 두렵게 만든다. 우리가 악에 관한 고찰을 할 때 우리 자신이 악한 환상, 악한 계획, 악한 행동과 관련이 있는지 구별해야만 한다.

사실 모든 인간은 악한 생각과 사고를 지니고 있고, 부정적인 생각을 하며 자기 안에 있는 공격적인 충동과 욕구를 느낀다. 그러한 머릿속에서의 과정은 전혀 나쁜 것이 아니다. 즉 머릿속으로 상상의 그림을 그리는 것은 스트레스를 풀어 주고 갈등을 해소시키는 기능을 한다. 이런 효과는 조금은 진부한 그림, 놀라운 상징적 언어 그리고 분명한 해결을 통해 우리의 무의식적인 공격성과 두려움을 진정시켜 주는 동화의 효과와 유사하다.

정신건강을 위해서는 생각을 아주 자유롭게 하는 것이 좋다. 올바른 생각에 대한 도덕적 부담 때문에 내적인 게임 방식과 연습 방식을 빼앗기지 않는 것은 대단히 중요하다. 만약 악한 생각으로부터 끔찍한 세부 내용들이 갖추어진 악한 계획이 세워진다면 개인의 자유와 책임감의 영역은 부분적으로 포기된다.

그러나 중요한 것은 행동이다. 즉 생각, 사고 그리고 계획을 실제로 행동으로 옮겼는지, 경계선이 내부에서 외부로 넘어가 실현을 위한, 악한 행동을 위한 걸음을 내디뎠는지가 문제가 된다.

사람의 의지가 통렬한 감정, 지나치게 격화된 흥분, 한 그룹의 강력한 압력 혹은 대중의 공감된 흐름 때문에 그리고 알코올과 마약의 영향 혹은 정신적인 질병 때문에 더 많이 방해를 받을수록 악한 사람과 건강하지 못한 사람 사이의 경계선, 자유로운 결정과 질병으로 인해 유발된 자유롭지 않은 행동 사이의 경계선이 더욱 많이 정상의 위치를 벗어나게 된다. 또한 이해력이 분명할수록 더 악한 결정을 내릴 가능성이 크다. 그러므로 우리가 분명히 해 둘 것이 있다. 어떤 범행의 뒤에 숨겨져 있는 계획이 더욱더 정상적인 상황에서 준비될수록 그리고 범인이 감정적인 영향, 중독, 정신병리학적인 현상 혹은 뇌 손상 등에 의해 방해를 덜 받을수록 그 범행은 더욱 극악한 행위로 인식된다는 점이다. 범행의 계획성은 신원이 확인되지 않은 범인의 특징 파악부터 악의 수량화, 악한 행동의 사악한 정도를 파악하는 데 영향을 미친다.

실제로 'mad' 혹은 'bad'의 구별이 얼마나 어려운지는 범죄사에서 가장 중요한 것 중의 하나로 꼽히는 앨버트 해밀턴 피시의 사건에서 드러난다. 이 사건은 매우 심각한 사디즘, 병적인 악의성, 그리고 특히 지독한 도착증과 연관되어 있다. 그래서 우리는 이 사람을 범죄자라기보다 환자로 보아야 하는 것은 아닌지 의문이 생긴다.

앨버트 피시는 1870년에 매우 불안정한 가정에서 태어났다. 그의 어머니는 정신분열증에 걸려 있었고, 큰형은 정신적으로 장애가 있었으며, 둘째 형은 알코올 중독자였다. 그리고 누나는 정신착란증에 시달리고 있었다. 5세가 되던 해에 아버지를 잃은 피시는 어머니에 의해 고아원에 맡겨졌다. 그곳에서 그는 친구들로부터 무시당하고 두들겨 맞고 다양한 방식으로 고통을 당했다. 그런데 스스로 강한 동성애적 성향을 느꼈던 피시는 오히려 고통이 자신을 즐겁게 했고 다른 사람의 공격이 자신을 성적으로 자극했다고 말했다. 이미 그는 어린 나이에 자신의 사디즘적이고 마조히즘적인 성향을 인식했던 것이다.

훗날 그는 자신의 몸에 여러 개의 바늘을 꽂는 등 스스로 가학행위를 했다. 또한 그는 나중에 등장하는 많은 연쇄살인범과 마찬가지로 어린 시절에 극단적인 동물 학대행위를 한 경험이 있다. 그는 말의 꼬리에 벤진을 묻히고 불을 붙이기도 했다. 청소년 시절에는 독일의 연쇄살인범 프리츠 하르만을 숭배하였고, 그에 관한 자료들을 수집하였다. 성인이 된 앨버트 피시는 네 차례 결혼했고 6명의 아이를 낳았다. 그는 아이들에게 날생선을 먹으라고 강요하고 지팡이를 주고 피가 나도록 자신을 때리라고 시켰다. 그리고 첫 번째 부인에게 버림을 받은 뒤 피시는 더욱 강박적으로 자기 자신을 괴롭히기 시작했다. 그는 커다란 바늘로 자신의 생식기와 항문 부위를 찌르거나 벤진에 적신 면봉을 항문에 넣고 불을 붙이기도 했다. 대부분의 연쇄살인범처럼 피시도 지속적인 불안감에 시달렸다. 그런 불안감이 그를 미국의 23개 주를 돌아다니며 살게 만들었다.

피시는 40세 때에 한 동성애자를 상대로 첫 번째 살인을 저질렀다. 그 후 반복적으로 살인 용의자로 수사를 받았지만 그의 죄는 한 번도 증명되지 않았다. 피시는 58세 때에 10세 소녀를 유괴하여 빈집으로 데리고 가서 성폭행하였다. 그는 이 어린 희생자의 목을 졸라서 죽인 뒤 머리를 잘라냈다. 그러고는 시신을 끓인 후에 며칠에 걸쳐서 식사로 먹어 치웠다. 그는 그 후에도 여러 명의 아이를 납치하여 죽도록 괴롭히며 코와 귀 그리고 페니스를 자른 뒤 살해했고, 그들의 내장을 먹기까지 했다. 52세부터 그는 종교적인 망상에 빠지기 시작했고, 스스로 구세주가 되어서 죄 많은 세상을 벌해야 한다고 믿었다. 그는 길거리에서 이렇게 외치기도 했다.

"어린아이들을 붙잡아서 그들의 두개골을 돌로 깨뜨리는 사람은 축복받으리라."

그는 마침내 1934년에 체포되었다. 한 희생자의 어머니에게 보낸 편지에서 딸을 살해한 것과 자신의 식인 행위를 상세하게 설명하고 자신이 인육을 애호한다고 털어놓아 범죄가 입증되었기 때문이다. 수사 과정에서 그가 저지른 수많은 살인 범죄가 확인되었다. 사람들은 그가 100명이 넘는 사람들을 살인했을 것으로 추측하였다. 여러 번의 정신의학적 검사에도 불구하고 그가 자신의 행동에 대해 책임 능력이 있는지 없는지는 확실하게 밝혀지지 않았다. 그가 보였던 증상으로는 자기 거세와 타인 거세, 사디즘, 마조히즘, 능동적·수동적 고행, 자신의 신체를 바늘로 찌르기, 소변 마시기, 자신의 배설물 먹기, 노출증, 시체에 대한 변태 성욕, 소아에 대한 변태 성욕, 대물성 성도착증, 식인 행위 등이 있었다.

법정은 그의 정상적인 이성에 대한 정신의학자들의 의구심에도 불구하고 그가 자신의 판단을 책임질 능력이 있는 것으로 보았고, 그에게 사형 선고를 내렸다. 피시는 사형 집행 직전에 즐거운 듯이 흥분되어 있었다. 그는 전기의자에 앉을 때와 같은 독특한 떨림은 지금껏 느껴본 적이 없다고 말했다. 그런데 사형 집행 첫 번째 시도에서 합선이 일어났다. 피시가 27개의 바늘을 자신의 하체에 꽂아 놓았기 때문이다. 두 번째 시도를 통해 비로소 연쇄살인범 중에서도 최악의 인물이 사망하였다. 물론 앨버트 피시의 범죄가 상상할 수 있는 범위를 넘었고 끔찍한 도착증이 최고치에 달했지만, 환각과 망상으로 시달렸던 사람을 실제로 악의 등급에서 가장 높은 단계로 구분해야 하는지에 대해서는 의문이 남는다.

악을 어떻게 해석할 수 있을까

국민의 감성은 어떤 시대에서든, 어떤 문화권에서든 도덕적으로 묵과될 수 없다. 심각한 죄로 간주되는 행동들은 특별히 혐오스럽고 사악한 것으로 평가된다. 법률에서는 살인, 성폭행, 절도를 그 어떤 법률적·종교적 평가와 상관없이 악한 행위로 평가한다. 그러므로 인간에게는 마치 유전적으로 주어진 선과 악에 대한 구별 능력과 같은 어떠한 것이 존재하는 것이 틀림없다.

우리는 이러한 '도덕적 본능'을 더욱더 자세히 규명할 수 없다. 그러나 대부분의 사람이 그것이 무엇인지 잘 알고 있다. 즉 인간의 공동생활을 위해 필수적인 특정한 사회 규범의 준수, 타인의 권리에 대한 배려, 이기적인 욕심의 억제, 무엇보다도 인간 삶의 파괴를 방지하는 것 등이 포함된다는 것을 알고 있다.

선천적인 인간의 도덕적 본능의 문제를 연구했던 생물학, 심리학 그리고 철학계의 학자들은 도덕과 다른 가치의 중심 척도는 세계적으로 비교가 가능하고 결코 각기 다른 문화의 문제가 아니라는 결론에 도달했다. 양심이라는 것이 실제로 유전자 안에 들어 있는지, 우리가 정의에 대한 감각을 가지고 세상에 태어났는지, 태어날 때부터 선과 악을 구별하는 능력을 가지고 있는 것인지, 말하자면 이러한 '자연의 이성'이 선천적인 것인지는 아직 밝혀지지 않았다.

이러한 의미에서 악이란 도덕적 본능이라는 환경에도 불구하고 자유로운 의지를 가지고 실행되고 공격적인 방식으로 타인의 신체적·정신적 혹은 사회적인 안정을 조준하는 행동 방식으로 이해될 수 있다. 이어지는 내용에서는 악의 개념이 이러한 실제적인 의미로 사용된다.

2장

상상 그 이상을
뛰어넘는 범죄

"인간이 보이는 최악의 모습에도 아주 많은 선이 숨겨져 있고
최상의 모습에도 아주 많은 악이 숨겨져 있다.
그러므로 아무도 판단을 내리거나 판결을 내릴 자격이 없다."

로버트 루이스 스티븐슨(영국의 소설가)

한 남자가 저지른 악한 행동

　필자는 9명으로 구성된 배심원단의 경직되고 침울한 표정에서 어떤 판결이 내려질 것인지 예측할 수 있었다. 그 판결은 바로 무기징역. 재판은 아직 시작되지 않았지만 한 젊은 부인의 살해에서 나타난 범인의 냉혹함과 범인의 계산적인 태도가 판결에서 다른 선택의 여지를 허용하지 않을 것이 분명했다.

　28세의 한 남자가 새벽에 집으로 돌아온 아내에게 커피 한 잔을 건넸다. 커피 안에는 'KO 시럽'이라는 수면제가 들어 있었다. 그는 잠이 든 아내의 축 늘어진 몸을 안아 뜨거운 물이 가득 채워진 욕조 속에 내려놓은 뒤 육류용 칼로 손목과 팔꿈치 그리고 목 등 여러 군데에 깊은 상처를 냈다. 그리고 검은 피가

격하게 솟구치는 아내의 몸을 욕조 깊숙이 누르고 기포가 나오지 않을 때까지 기다렸다. 어느 정도의 시간이 흐른 뒤 남자는 피가 가득한 욕조 옆에 앉아 두 개비의 담배를 피우고 경찰서에 전화를 걸어 자신의 범행 사실을 알렸다. 경찰이 도착할 때까지 그는 죽은 부인의 머리카락을 쓰다듬으며 말을 건넸다. 그는 경찰이 도착하자 옆방에서 평화롭게 잠을 자고 있는 두 아이가 깨지 않도록 최대한 조용히 해 줄 것을 부탁했다.

남자는 잔인한 치정살인으로 기소되었다. 며칠이 지난 뒤 법의학적인 검사를 통해 피해자를 죽음으로 이끈 세 가지 원인이 밝혀졌다. 그 원인은 바로 중독, 출혈, 익사였다.

법정에서 남자는 머뭇거리며 자신의 이야기를 시작했다. 그는 태어나자마자 부모를 잃었고, 여러 곳의 보호 시설에서 생활하다가 양부모를 만났지만 사랑을 받으며 성장하지는 못했다. 그는 어린 시절에 친구들에게 따돌림과 구타를 당했으며 자신을 좋아해 주는 사람을 단 한 명도 만나지 못했다. 학교에서는 고아라고 놀림을 받았고, 학교 성적이 훌륭했음에도 불구하고 교사가 될 수 없었다. 그로 인해 그는 그곳에서 벗어나고자 결국 낯선 지역으로 이주하였다.

감정에 휘둘리지 않을 것 같았던 남자는 이야기를 하면서 눈물을 참으려고 애쓰는 모습을 보였다. 배심원들은 사전에 나쁜 부모와 불우한 어린 시절에 대한 감상적인 이야기 따위는 듣지 않을 것이라는 입장을 밝혔다. 하지만 배심원들의 표정은 더 이상 굳어 있거나 단호하지 않았다. 그로 인해 필자는 조금은 완화된 판결인 25년 정도의 징역형을 예측했다.

재판관이 여러 번 요구를 한 후에야 비로소 피고인은 낯선 지역에서 겪은 일, 자신이 저지른 잔인한 행위, 자기 자신의 혹평과 죽음의 공포, 고향에서의 평범한 삶, 가정에 대한 꿈, 실제로 한 여자를 만나서 결혼했을 때 느꼈던 무한한 행복감 등에 대해 이야기했다. 그러자 배심원들의 마음이 조금 더 열린 것처럼 보였다. 그로 인해 필자는 20년 정도의 징역형을 예측했었다.

아내와의 사이에서 두 번째 아이가 태어난 후 남자의 결혼 생활은 위기에 빠졌다. 남자와 마찬가지로 불행한 가정 환경에서 자란 아내는 아이들에게만 신경을 쓰며 살아갈 준비가 되어 있지 않았다. 결국 그녀는 남자를 거부하였고 적극적으로 그와 헤어져야 할지를 고민하였다. 그리고 만약 헤어지게 된다면 두 아이를 남자에게 맡길 것이라고 말했다. 그녀는 거의 병적 흥분 상태였으며, 매일 저녁마다 외출을 했다. 처음에는 동성 친구들을 만났지만 나중에는 이성 친구들을 만나 새벽이 되어서야 돌아오곤 했다. 그녀는 대부분 술에 취한 상태로 집에 들어왔고, 심지어 어느 날은 마약에 취해 들어오기도 했다.

남자는 일주일에 40시간씩 일을 해야 했지만 밤에는 우는 아이를 안아 주며 자신이 어린아이였을 때 소망했던 좋은 부모가 되고자 최선을 다했다. 여러 명의 증인은 최근에 남자가 아이들과 함께 있는 것을 자주 보았고 그의 모습은 자상하고 사랑에 넘치는 아버지였다고 진술했다. 필자가 생각하기에 배심원들의 의견은 더 이상 일치하지 않을 듯했다. 어떤 배심원은 의심쩍은 눈으로 남자를 바라보았지만 또래의 아이가 있는 2명의 젊은 남자 배심원은 피고인의 심정을 어느 정도 이해하는 듯한 표정을 지었다. 상황이 이쯤 되자 필자는 살인에 대한 최소 형량인 15년 정도의 징역형을 예측했다.

잠시 후 또 다른 증인들이 출석했다. 목덜미까지 문신을 한 청년들은 재판관 앞에서 껌을 씹으며 예의 없는 태도를 취했고 손을 주머니에 넣은 채 자신들이 왜 법정에 서야 하는지 모르겠다며 불쾌감을 드러냈다. 그들이 실제로 피살자와 자주 만났는지, 그녀가 정말 술에 취한 날이 많았는지, 마약을 복용했는지, 그녀가 한 번도 아이들이나 남편에 대해 이야기한 적이 없는지, 그녀가 실제로 다른 남성들과 성관계를 가졌는지 등의 질문이 이어졌다. 그들은 이렇게 답했다.

"그게 벌을 받을 만한 일인가요? 그러면 안 되는 건가요? 그녀의 남편은 지독하게 비열한 놈이었어요. 그녀는 남편과 헤어지길 원했어요. 그녀는 매우 힘들어했어요."

배심원들은 다시 한 번 범행 현장과 희생자의 사진을 관찰하였고, 피고인이 마지막으로 진술할 권리를 포기한다는 말을 들은 후에 퇴장하였다. 그들은 짧은 시간 동안 논의를 한 후에 판결문을 발표했다. 그 내용은 많은 사람을 깜짝 놀라게 했다. 전문 재판관도 큰 불만감을 표시했다. 그들은 남자에게 모살(謀殺, 미리 계획한 살인)이 아닌 고살(故殺, 감정의 일시적 폭발 등으로 인한 살인)로 판결을 내린 것이다. (사전에 악의가 있었는가 없었는가를 기준으로 모살과 고살을 구별한다. 고살은 모살보다 형량이 가볍다.) 그로 인해 남자는 8년의 징역을 선고받았다.

악의 등급

　그렇다면 불행한 한 가정의 남편이 저지른 이 범행은 실제로 얼마나 악한 행동이었을까? 그것은 무자비한 살인이었을까, 원초적인 복수였을까, 자포자기의 행동이었을까? 이 사건의 범인은 타향에서 교육을 받은 뻔뻔한 살인자일까, 비극적인 어린 시절 때문에 성인이 되어 또다시 정신적 충격을 받은 사람일까, 자신에 대한 모욕을 견디지 못해 괴로워한 사람일까? 또한 그의 행동은 매우 잔인하면서도 철저하게 악한 범죄일까, 아니면 범인 역시 일정 부분에서는 희생자라고 볼 수 있을까? 이 범행은 도대체 얼마나 악한 것일까? 당신이 배심원이라면 어떤 결정을 내리겠는가?

　악이라는 표현이 무엇을 의미하는지 설명하기 어렵다는

사실은 이미 언급하였다. 이와 함께 악을 수량으로 나타내고 어떤 악한 행위를 다른 악한 행위와 비교하는 일은 불가능하다. 악이라는 것을 잴 수 있는 어떠한 척도도 없다. 또한 사람마다 악을 다르게 판정하고 희생자도 악에 대해 다르게 반응한다. 예를 들어 '전쟁'에 대한 평가도 사람마다 의견이 다르다. 어떤 사람은 전쟁을 방어적인 것이라고 평가하는 반면, 어떤 사람은 필연적인 것이라고 평가하고, 또 어떤 사람은 성스러운 것이라고 평가한다.

최근에 미국의 정신과 의사인 마이클 스톤 박사가 만들어 낸 '악의 등급'과 그의 동료 의사 마이클 웰너가 만든 '타락의 등급'을 활용하여 악을 학술적으로 측정하려는 시도가 이루어졌다. 스톤 박사는 가족을 살해한 부부, 부모 그리고 자식들에 대한 279건의 사례를 평가한 후에 'Graduation of Evil'이라고 표현한 기준 등급을 만들었다.

이 등급표는 각 단계가 전 단계에서 나온 악한 성향들을 포함하면서 추가적인 악한 요소를 더 지니고 있도록 구성되어 있다. 총 22단계인 이 등급표에서 가장 아래쪽은 정당방위, 그러니까 완전히 돌발적으로 범행을 저지른 살인자가 해당된다. 그리고 가장 높은 쪽에는 계획적인 살인 의도가 강하고 극악한 공격을 가한 살인자들이 해당된다. 이들은 대부분의 사이코패스 살인자가 그러하듯 희생자를 오랜 시간 동안 매우 집중적으로 괴롭히고 고통스럽게 만들기 위해 애쓴다.

이렇게 보면 일반적으로 이해가 가는 살인, 즉 격렬한 감정의 격화 때문에 유발된 살인은 이익을 노린 살인이나 수준 낮은 동기, 예를 들면 악의적 쾌락의 충족을 위한 살인보다 훨씬 낮은 악의 등급이 매겨질 것이다. 인간의 의지가 상황적인 조건, 감정적인 흥분 혹은 알코올과 마약의 마비 효과에 의해 더 많이 방해를 받을수록 그리고 범인의 감정 상태가 평균적인 사람들도 경험할 만한 것으로 더 많이 공감될수록 악의 등급이 낮아진다.

스톤의 등급표에는 타인에 대한 다양한 공격적 행동이 들어 있고, 정당방위부터 냉혹하게 계획되고 실행된 사디즘적인 살인까지 모든 단계의 악이 포함되어 있다. 이미 언급되었지만 가장 미약한 악은 정당방위 혹은 법적·도덕적인 정당화에 의해 벌어진 살인이다. 정당방위가 악의적인 의도와 연관되지 않는 것에 비해 일단 정당방위의 단계를 넘어서면 악의적 의도가 중요한 역할을 하게 되고, 범인이 단순히 반응을 했다기보다 의도적인 행동을 했을 경우 그 의미가 더욱 커진다.

한편 미화된 표현으로 안락사라고 말하는, 심각한 고통을 겪거나 불치의 병을 앓는 사람들이 소위 자유로운 의지로 '안락한 죽음'을 간청했다는 살인의 문제에서 우리 사회는 점점 더 많이 도덕적 가치의 문제로 진통을 겪고 있다. 이와 연관해서 더 이상 악에 대한 토론을 하려고 하지 않는다. 연민의 살인은 일반적인 이해에 따라 악의 등급에서 훨씬 아래쪽에 위치해 있다.

특별한 형태의 자살

소박하지만 따뜻한 가정에서 성장한 프란치스카 S.는 간호학교를 졸업한 후에 수년 동안 간호사로 일하다가 고위 공무원과 결혼식을 올렸다. 주변 사람들에게 조용하고, 부지런하고, 온화하다는 평가를 받았던 그녀가 고위 공무원과 결혼을 한 것은 일종의 사회적인 상승을 의미했다. 그녀는 성공에 대한 욕심이 많은 남편의 입장을 이해하고 가사와 아이의 양육을 담당하는 역할을 잘 수행하였다. 그녀는 직업적으로 성공한 남편에게 별다른 부담을 주지 않았다. 이러한 분명한 역할 분담을 통해 두 사람은 매우 행복한 나날을 보냈다.

그런데 남편이 만성적인 신경학적 질병인 루게릭병에 걸리고 말았다. 이러한 상황에서도 그녀는 늘 자신의 역할에 대해 생각해왔던 당연한 마음가짐으로 남편을 돌보며 언제나 한결같이 정성을 다했다. 자신의 임무를 스스로 잘해 낼 것이라고 확신한 그녀는 간병인의 도움은 물론 자식들의 도움도 거절했다. 그러나 시간이 흐르면서 남편이 누워만 있게 되고 점점 더 무력해지는 상황이 되자 그녀가 24시간 내내 남편을 돌봐야 하는 문제가 발생했다. 고된 병간호에 프란치스카는 잠시 휴식을 취하기 위해 요양소에 가게 되었다. 그곳에서 의사는 번아웃 신드롬(오로지 한 가지 일에 몰두하던 사람이 신체적·정서적인 극도의 피로로 무기력증이나 자기혐오, 직무 거부 등에 빠지는 증후군)을 진단하고 그녀에게 항우울제를 처방해 주며 반드시 휴양할 것을 권유하였다. 그러나 프란치스카는 며칠이 지나지 않아 치료를 중단하고 남편의 간병을 위해 다시 집으로 돌아갔다.

그렇게 2주 정도 지난 어느 늦은 밤, 프란치스카의 아들은 어머니에게서 전화 한 통을 받았다. 그녀는 갈라지는 목소리로 아버지의 고통을 더 이상 지켜볼 수 없어 자신이 질식시켜 죽였다고 말했다. 그리고 자신 역시 목숨을 끊을 것이라고 말했다. 아들의 신고로 구조대원이 도착했을 때 그녀는 의식이 없었고 출혈이 심한 상태로 죽은 남편 곁에 누워 있었다. 남편을 죽인 후에 칼로 심장을 찔러 자살한 것이다.

프란치스카의 행동은 상대방이 동의하지 않은 상태에서 마음의 준비 없이 자살 과정에 가담하게 되는 전형적인 확대 자살에 해당된다. 이런 경우는 죽음에 대한 공동의 소망을 근거로 공동의 계획에 따라 실행된 특별한 형태의 자살, 즉 동반 자살 혹은 모든 참여자가 스스로 '자유로운 죽음'을 원했다는 대규모의 집단 자살과 구분된다.

잔인한 거짓말과 동기 없는 살인

악의 등급에서 중하위 쪽에는 비록 악한 행위를 했지만 그로 인해 더 나쁜 일이 제지되거나 방지된 경우들이 해당된다. 이와 관련해서 SA(나치 돌격대) 대장인 페터 폰 하이드렉의 글에 소개된 한 사례는 전혀 다른 맥락에서 소개되었지만 깊은 인상을 준다. 이 사례는 베베르크론 소위와 스파이로 밝혀져 사형 판결을 받은 젊은 여성 마리와의 사랑 이야기이다.

마리의 사형은 애인인 베베르크론이 직접 집행해야만 했다. 자정이 되었을 무렵, 베베르크론은 체포된 애인이 감금되어 있는 작은 오두막집 안으로 들어갔다. 보초를 서 있던 부하에게는 그녀에게 심문할 것이 있다고 말했다. 그는 초라한 방의 어두운 빛 속에서 마리와 마주 섰다. 마리는 나무 침대 위에 앉아서 눈을 크게 뜨고 황홀한 듯이 그를 뚫어지게 바라보고 있었다.

"오, 나는 당신이 올 것이라는 것을 알고 있었어요. 이제 모든 일이 잘될 거예요."

그녀는 베베르크론을 침대로 이끌었고 점점 뜨겁게 그를 애무하였다. 천천히, 아주 천천히 그들은 다시 현실로 되돌아왔다. 베베르크론은 자신의 계획을 성사시키기 위해 마음을 단단히 먹어야 했다. 그는 흔들림 없는 목소리로 이렇게 말하기 시작했다.

"내 말을 잘 들어요. 나는 당신을 반드시 구해 낼 것이오. 당신은 어려운 과정을 통과해야만 해요. 사람들이 내일 아침 5시경에 당신을 숲 속으로 데려가 예고된 그대로 진행할 거예요. 이제부터 잘 들어요! 내일 나는 총을 발사하라는 명령을 내릴 거예요. 하지만 총이 발사되어도 당신에게는 아무 일도 일어나지 않을 거예요. 당신은 그렇게 믿어야 해요. 부하들은 내 명령에 따라 권총을 위로 향해서 발사할 거예요. 그때 당신이 재빨리 나무숲 속으로 사라져야 살아남을 수 있어요."

마리에게 강렬한 행운의 빛이 비춰지고 있었다. 그녀는 베베르크론의 머리를 가슴에 끌어안고 자신의 뺨을 그의 머리카락에 댔다. 그리고 신뢰하는 마음으로 베베르크론에게 키스를 했다.

다음날 아침 5시경, 베베르크론은 작은 숲의 빈터에 서 있었다. 곤충들이 윙윙거리고 새들이 지저귀는 매우 생기 넘치는 분위기였다. 부하들은 마리를 데리고 와 커다란 떡갈나무 옆에 세웠다. 부하들은 그녀의 손을 묶지도, 눈을 가리지도 않았다. 그녀는 당당한 자세로 서 있었고 죽음의 공포를 전혀 드러내지 않았다. 그녀의 시선은 창백한 베베르크론의 얼굴로 향해 있었다. 드디어 베베르크론은 부하들에게 집행 명령을 내렸다. 그와 동시에 숲 전체에 총성이 울렸다. 마리는 잠깐 동안 똑바로 서 있다가 천천히 옆으로 쓰러졌다. 쓰러지는 동안에도 그녀의 시선은 베베르크론에게 고정되어 있었다.

확실한 한 번의 내리침이 진정으로 사형 집행인의 호의라고 말할 수 있을까? 위와 같은 종류의 동기를 지닌 범행은 악의 등급표에서 감정적인 흥분 혹은 증오와 분노와 같은 격정 때문에 유발된 치명적인 공격과 연이어 위치해 있다. 이 책에서 악한 감정과 원만하지 않은 관계라는 주제하에서 소개되는 사례들이 바로 이 범주에 속한다. 스톤 등급표의 중간에는 '동기 없는 살인'이라고 불리는 범죄, 더 정확하게 말하면 동기가 불명확한 범죄가 자리 잡고 있다. 왜냐하면 거의 모든 범행에서 결국에는 하나 이상의 동기가 발견되기 때문이다. 비록 그런 동기를 범인이 의식하지 못했거나 오랫동안 모른 채 지나갈 수도 있지만 말이다. 이러한 범죄는 사회적으로 엄청난 충격을 유발한다. 그런 범죄들은 대중들에게는 전혀 이해할 수 없는 행동이고, 범행의 동기가 미미하게라도 전혀 공감될 수 없기 때문이다.

2007년 1월 13일, 티치노에 사는 팰리스의 집에서는 행복한 장면이 연출되고 있었다. 아들 팰릭스와 여동생 야나, 팰릭스의 친구 토반, 야나의 친구 아일린이 부모님과 함께 저녁식사를 하고 있었다. 음식은 맛있었고 분위기는 편안했다. 그 어떤 것도 특이하게 보이는 것은 없었다. 나중에야 부모님은 두 소년이 평소와 다르게 자발적으로 부엌일을 하겠다고 나선 일이 떠올랐다. 그러나 아무도 그러한 열의가 두 소년을 칼에 접근시키는 계기가 될 것이라고 예상하지 못했다.

팰릭스와 토반은 방에 들어가서 새로 나온 〈마지막 판타지 Ⅶ〉라는 DVD를 본 뒤 아일린에게 자신들을 따라오라고 설득했다. 그리고 아일린을 데리고 외떨어진 집으로 갔다. 그곳에 도착한 소년들은 끈으로 아일린을 묶고 입에 재갈을 물렸다.

그렇지만 아일린은 특별히 놀라지 않았다. 소년들이 예전에도 자신을 묶어 놓고 악마의 제례를 거행한 적이 있었기 때문이다. 팰릭스는 아일린에게 이렇게 말했다.

"너는 오늘 여러 구의 시체를 보게 될 거야."

그런 후에 소년들은 아일린만 남겨 둔 채 밖으로 나가 바로 옆집의 벨을 눌렀다. 집주인인 46세의 E가 현관문을 열었다. 그 순간 소년들은 칼로 위협하여 E가 무릎을 꿇게 만들려고 했다. 그런데 당황한 E가 저항을 하자 두 소년은 증오감이 생겨 칼을 휘둘렀다. 칼에 찔린 E가 고통에 몸부림치는 동안 소년들은 2층으로 올라가 평소 잘 알고 지낸 E의 아들 플로리안을 찾았다. 다행히 플로리안은 아래층의 상황을 빠르게 파악하고 방문을 걸어 잠갔다.

이에 소년들은 흥분하여 침실에서 나오던 플로리안의 어머니에게 달려들었다. 후에 법의학자가 확인한 결과, 그녀는 62차례나 칼에 찔렸다. 플로리안의 어머니가 지르는 죽음의 비명 소리에 자극을 받은 팰릭스는 그녀의 얼굴을 발로 걷어찼다. 그리고 토반에게 창고에 있는 아일린을 데리고 오라고 시켰다.

그동안 팰릭스는 플로리안이 숨어 있는 방 안으로 들어가기 위해 다양한 시도를 했다. 동시에 플로리안은 방에 두었던 휴대폰으로 경찰서에 전화를 걸어 구조를 요청했다. 팰릭스는 플로리안의 방 앞에서 살기 어린 모습으로 소리를 지르며 위협을 했다. 또한 끊임없이 주변에 침을 뱉으며 문고리를 향해 물건을 던지고 칼로 문을 찍어댔다.

그 사이 토반이 아일린을 끌고 왔다. 팰릭스는 피로 범벅이 된 플로리안의 어머니가 희미하게 숨을 쉬고 있는 것을 확인하고 아일린에게 똑바로 보라고 말한 뒤 그녀의 머리를 강하게 칼로 찔렀다. 그러고는 충격에 빠진 아일린에게 이렇게 말했다.

"이제 내 말을 믿겠지?"

경찰이 도착했을 때 팰릭스는 아일린을 인질로 삼았다. 두 소년은 아일린을 데리고 자동차를 타고 도망을 가려고 시도했지만 다른 차와 충돌하여 결국 멈추어 섰다. 그렇게 세 사람은 1시간이 넘게 포위된 차 안에만 앉아 있었다. 경찰관이 접근하기만 하면 팰릭스는 아일린의 목에 칼을 들이대고 자신의 의도를 확인시켜 보이기 위해 차 안의 방석, 창문 유리, 덮개용 옷가지 등을 칼로 찔러댔다. 두 소년은 라디오로 N-조이의 음악을 들었고 최대한 편안한 분위기를 연출했으며 다른 사람을 칼로 찌르는 일이 얼마나 부담 없는 일인지에 대해 대화를 나누었다.

팰릭스는 경직된 채 앉아 있는 아일린에게 자신의 사랑을 고백하고 키스를 하려고 시도했다. 또한 토반에게 자신과 함께 죽을 준비가 되어 있느냐고 물었고 자신은 가슴에 총을 쏴서 자살을 하고 싶다고 말했다. 그러나 점점 더 불리한 상황이 되자 소년들은 칼을 차창 밖으로 던지고 팔을 올린 채 차 밖으로 나왔다.

독일의 시사 잡지인 《자이트》에 실린 한 기사에는 아무것도 예감하지 못한, 그러나 아이들을 최고의 지식과 양심으로 키웠던 부모들의 심정이 인상 깊게 묘사되었다. 아들의 범행 소식을 들은 팰릭스의 아버지는 오로지 한 가지 희망만을 가졌다고 한다. 자신의 아들이 갑자기 정신이 이상해져서 하룻밤 사이에 정신질환에 걸리기를 간절히 원한 것이다. 그러나 아버지의 소망은 이루어지지 않았다. 정신의학자의 판단은 다음과 같았다.

"범인은 장애도 없고, 약물에 중독되지도 않았으며, 정신병에 걸리지도 않았다."

가장 악한 범행은 상세하게 계획하여 냉철한 계산에 따라 실행하고 희생자의 고통스러운 죽음을 목표로 하는 행동이다. 범죄 역사상 모든 사람이 특별히 극악한 것으로 느꼈던 몇 가지 범죄 행위가 있다. 예를 들면 에드먼드 캠퍼의 끔찍한 살인 사건, 제프리 다머의 충격적인 토막 살인 사건, 사이비 종교 단체의 교주 찰스 맨슨의 범죄 등을 생각해 보자.

찰스 맨슨은 동족 전쟁을 일으키려는 의도로 1969년 8월 8일에 자신이 이끄는 '악마의 가족'이라는 단체의 일원들로 하여금 7명의 사람을 잔인하게 학살할 것을 지시했다. 그중에는 임신 8개월의 여배우 샤론 테이트도 포함되어 있었다.

객관적으로 수량화할 수 없는 악

미국의 실용주의와 함께 시도된 악의 등급화에도 불구하고 우리는 악한 행동을 결코 객관적으로 수량화할 수 없다. 종교적·도덕적·윤리적 그리고 법적인 기준과 더불어 언제나 주관적인 평가도 결정적인 판단의 척도가 되기 때문이다. 인생에서 겪은 사건들과 불행들이 정신적 상태에 미치는 영향을 알아보는 소위 '생애-사건-연구'를 통해 다음의 사례가 널리 알려지게 되었다.

2명의 노부인이 운명적인 사건을 겪게 되었다. 한 여성은 남편이 침대에서 죽어 있는 것을 발견하였고, 또 다른 여성은 자신이 키우는 카나리아가 새장에서 죽어 있는 것을 발견하였다. 그런데 카나리아를 잃은 여성은 심각한 우울증에 빠진 반면, 다른 여성은 남편의 죽음을 큰 문제없이 잘 극복하였다.

뉴욕의 정신과 의사인 마이클 웰너 박사는 최근에 악의 측정을 위한 시도로 악에 대한 사람들의 관점을 조사하고 있다. 그는 수년에 걸쳐 월드 와이드 웹에서 사용자들에게 설문조사를 실시하고 있다. 이 조사에서 사람들은 어떤 행동 방식을 악하고 혐오스러운 것으로 여기는지 그리고 이런 행동들을 얼마나 중요하게 여기는지 대답해야 한다. 악의 등급에서는 현재의 도덕 본능뿐 아니라 사람들의 시대 정신도 반영되기 때문이다. 대다수 사람의 느낌과 감정이 악의 어떤 얼굴을 그려 낼지 기다려 볼 필요가 있다.

동기 없는 악 혹은 동기 없는 살인?

오늘날까지 가장 뜨겁고 격렬하게 논의되고 있는 문제 중
의 하나는 동기 없는 살인, 혹은 기본적으로 동기 없는 범죄라
는 것이 존재하는가의 의문이다. 사실 작가와 철학자들이 범
죄학자나 정신의학자들보다 더 많이 이 문제를 다루어왔다.
프리드리히 니체의 《방랑자와 그 그림자》(1880), 혹은 막스 프
리쉬의 《외더란트 백작》(1951) 등이 그런 사례에 해당된다. 알
베르 카뮈의 소설 《이방인》의 주인공은 그 어떤 동기도 없이
한 남자를 죽인다. 카뮈는 주인공의 범죄가 삶의 공허함을 향
한 절규라고 생각했다. 문학가와 예술가들은 존재의 무의미
함과 만연된 소외감에 중점을 둔다. 삶이 아무런 의미를 지니
지 못할 때 범죄는 어떤 해명도 필요 없이, 그냥 그렇게 일어날

수 있다. 영국의 시인 새뮤얼 테일러 콜리지는 〈늙은 선원의 노래〉라는 서사시에서 범죄에 대한 자신의 생각을 잘 표현하였다. 한 늙은 선원이 고의적으로 귀한 새인 알바트로스(신천옹이라고 불리는 새, 이 새를 죽이면 흉한 기운이 붙는다고 전해짐)를 총으로 쏘았다. 그런데 작가는 여기서 결정적인 죄는 범죄에 있는 것이 아니라, 근본적인, 내적인 공허함에 있다고 보았다.

유명한 범죄 사건들에서도 동기의 부재가 언급되곤 했다. 사실 범죄 사건에서 모든 가담자로부터 어떤 동기를 찾는 일은 대단히 중요하다. 범인들은 이렇게 말한다. "난 아니에요. 나에겐 그럴 동기가 없었어요." 형사 재판관들은 "동기 없는 행동은 없다"는 원칙을 따른다. 기소를 하기 위해서는 절대적으로 동기가 필요하고, 변호 과정에서는 소위 동기의 부재가 무죄의 근거로 제시된다. 매체들도 사건의 동기를 원한다. 바로 "동기가 가장 아름다운 스토리를 제공한다"라는 원리 때문이다. 세상 사람들조차도 간절히 범인들의 동기를 알고 싶어 한다. 수년 전에 〈동기 없는 살인〉이라는 제목으로 한 범죄 영화가 예고되었을 때, 평론가들은 이렇게 말했다. "사람들은 당연히 우리를 혼란스럽게 만들려고 하지만, 우리는 거기에 속지 않을 것이다. 동기 없는 범죄란 존재하지 않는다."

실제로 토론과 논의 과정에서 동기는 흔히 원인과 혼동되곤 한다. 어쩌면 많은 범행이 동기 없이 일어나는 것이 아니라, 동기를 드러내지 않는 것일 줄도 모른다. 그런데 사람들은 동기가 불분명한 범행을 자세히 분석하는 과정에서 거의 언제나 원인이라는 것을 발견해낸다. 그 원인이란 흔히 통속적으로 추측가능하거나 진단학적으로는 확인될 수 없는 것들이다. 이런 경우 범죄자들에게 경계성 장애 혹은 망상적 사고와 같이 비교적 증상이 약한 정신장애들이 확인된다. 나르시시즘적인 긴장 상태라는 말도 점점 더 빈번하게 언급된다. 때로는 소위 전조범죄 내지는 최초범죄라는 표현도 등장하는데, 즉 범죄 행위를 마치 천둥 전의 번개처럼 어떤 정신질환이 발병되기에 앞서 나타나는 것이거나 혹은 어떤 정신질환의 최초이자 유일한 증상으로 본다. 아주 드문 경우에 일종의 몽롱 상태 혹은 소위 '대뇌변연계 정신질환적 방어쉬 반응'의 형태로 의식이 몽롱한 상태가 확인되기도 하는데, 이런 경우 범인들은 정신적으로 지극히 정상적으로 보이면서도 판단력 불능의 상태에서 복합적인 행위를 저지른다.

최근에는 범죄의 동기가 점점 더 희박해지고 있다. 매우 끔찍한 범죄의 경우조차도 단지 미미한 원인과 소소한 동기들만이 발견될 뿐이다. 이런 현실은 겉으로는 '쿨하게' 보이지만 쉽게 상처받는 우리 사회와 특히 젊은이들에게서 나타나는 현저한 분노의 기류로 설명될 수 있다.

어쩌면 요즘 청소년들의 설명할 수 없는 폭력의 동기는 과도한 센세이션 추구, 변화와 새로운 체험에 대한 중독적인 갈망에 있을지도 모르고, 그런 점이 매우 걱정스럽다. 왜냐하면 그것은 악이 그들로 하여금 최고의 흥분상태에 도달하거나 – 다른 말로 하자면 – 일탈적 행위를 통해서 인생과 현실을 제대로 한 번 느끼는데 이용된다는 뜻이기 때문이다.

3장

악과 정상은
어떤 차이가 있을까

"세상에는 괴물이 많다.
하지만 그들이 진정으로 위험해질 가능성은 적다.
그보다 더 위험한 것은 바로 정상적인 사람들이다."

프리모 레비(홀로코스트의 생존자)

복종 이행에 관한 실험

　당신이 어떤 학술적 실험에 참가해 달라는 요청을 받았다고 상상해 보라. 요청을 한 사람들은 당신에게 실험에 사용되는 모든 물건은 깨끗하고 안전하며 신체에 해를 입히는 경우는 절대 없을 것이라고 말한다. 그리고 학술적으로 매우 수준 높은 실험이며 실험이 끝난 후에 적정한 보수도 지급할 것이라는 말을 덧붙인다.

　당신은 상대방의 말에 관심이 간다. 그의 말에 자신이 존중받고 있다는 생각이 든다. 또한 당신은 그동안 신문 기사에 나오는 실험들이 실제로 어떻게 진행되는지 궁금증을 가지고 있었다. 그로 인해 당신은 실험에 참가해 자신의 능력을 보여 주겠다고 다짐한다.

실험을 진행하는 기관은 신뢰감이 가는 명망 높은 대학이다. 실험에 참여하기로 결정한 당신은 친절한 안내를 받으며 그들이 실험실이라고 부르는 깨끗한 방으로 들어간다. 실험을 세부적으로 계획한 학자들은 모두 능력이 있는 최고 수준의 전문가들이다. 이들은 과학의 발전을 위해 실험에 참여하기로 결정을 내린 당신에게 감사의 뜻을 전한다. 그리고 진행하고자 하는 실험이 학습 효과와 처벌에 관련된 것이고, 실험 결과는 국제적인 관심을 끌 것이 분명하다고 자신 있게 말한다. 그들은 학생들이 잘못했을 때 직접적으로 벌을 주면 더 나은 성과를 낸다는 사실을 증명하려고 한다.

실험 책임자는 당신이 '선생님' 역할을 맡아서 '학생' 역할을 맡은 사람의 잘못을 수정해 주어야 한다고 말한다. 학생은 단어의 짝을 올바르게 연결하는 매우 간단한 과제를 풀게 된다. 만약 학생이 실수를 하면 당신은 학생에게 전기 충격을 가해야 한다. 이때 학습 효과를 개선하기 위해 과제를 틀릴 때마다 전기 충격이 아주 조금씩, 구체적으로는 15볼트씩 높아진다.

실험 책임자에 의하면 전기 자극의 효과는 사람마다 조금씩 다르게 나타난다. 어떤 사람은 예민하게 느끼는 반면, 어떤 사람은 전혀 느끼지 못하는 경우도 있다. 당신은 선생님 그룹에 배정된 것이 무척이나 마음에 든다. 중요한 것은 당신이 실험 책임자들의 지시를 그대로 따라야 한다는 것이다. 실험 책임자들이 당신에게 어떤 세기로, 어떻게 자극을 주어야 할지를 지시한다.

당신은 다른 참가자들처럼 정해진 자리에 앉는다. 옆에는 복잡한 전기선들과 컴퓨터 모니터가 있는 기술적인 장비들이 설치되어 있다. 유리벽을 사이에 두고 학생 역할을 맡은 사람이 자신의 자리에 앉는다. 그는 유리벽을 통해 친절하게 당신에게 인사를 건넨다.

"우리는 잘 해낼 수 있을 거예요."

실험 책임자는 당신에게 학생은 전선으로 묶이게 될 것이라고 설명한 뒤 당신의 장비를 소개해 준다. 막상 실험을 하게 되니 불안감이 온몸을 휘감는다. 그로 인해 처음부터 이 실험에 참가하지 말았어야 하는 것은 아닌지 마음이 복잡하다. 하지만 이 모든 것이 학문의 발전을 위한 것이라고 생각하며 스스로를 다독인다.

실험이 시작되자 학생은 자신의 과제를 순조롭게 해결해나간다. 하지만 얼마 지나지 않아 첫 번째 실수를 한다. 당신은 어떤 일이 벌어질지 긴장한 상태로 학생에게 첫 번째 전기 충격을 가한다. 다행히 이번 전기 충격은 학생에게 큰 영향을 미치지 않았다. 학생은 괜찮다는 듯이 미소를 지어 보이며 당신에게 손짓을 한다.

실험 책임자는 당신에게 전기량을 등급대로 올릴 것을 요구하고 당신은 즉시 지시를 따른다. 학생이 또 다시 실수를 하자 당신은 두 번째 전기 충격을 가한다. 학생은 더 이상 이 실험이 즐겁지 않은 듯한 반응을 보인다. 잠깐 동안 당신은 전기 자극이 전기총과 같은 충격을 주는 것은 아닌지 생각한다. 그때 실험 책임자가 당신에게 자극의 세기를 더 높일 것을 요구한다.

"자, 어서 계속하세요."

당신은 불안한 마음에 주위를 둘러본다. 하지만 다른 참가자들은 아무런 동요 없이 실험에 참여하고 있다. 당신은 이 상황을 피할 수 없다. 그래서 다시 한 번 마음을 다잡는다. 당신은 스스로가 가장 적당한 실험 대상자이며 완벽하게 실험을 마쳐 많은 사람의 기대를 충족시켜 줄 것이라고 다짐한다.

당신은 자극의 세기를 높여 학생에게 전기 충격을 가한다. 학생은 깜짝 놀라 몸을 움츠린다. 그 모습에 당신의 머릿속은 다시 혼란스러워진다. 실험 책임자는 학생 역시 자발적으로 실험에 참여한 것이고 거기에 대한 대가로 아주 높은 보수를 받는다고 말한다.

"실험을 계속 진행하세요!"

이제 학생은 실수 없이 과제를 해결한다. 당신의 훈련이 최고의 효과를 내는 것처럼 보인다. 그런데 얼마 지나지 않아 학생이 무척이나 불필요한 실수를 한다. 당신은 이제 화가 난다. 학생은 더욱더 강력한 전기 충격을 받는다. 학생은 왜 자신이 그렇게 어리석은 실수를 했는지 모르겠다며 크게 소리를 지른다. 하지만 그 소리가 당신에게 특별히 거슬리지는 않는다. 실험이 계속되고 학생이 그 다음 실수를 했을 때 당신은 보수에 대해 생각한다. 이 실험이 끝나면 당신은 친구들에게 이 경험이 조금은 섬뜩하였지만 조금은 재미있었다고 이야기할 것이다.

학생이 또다시 실수를 하자 당신은 더 강력한 전기 충격을 가한다. 그러자 학생이 펄쩍 뛰어오르며 더 이상 실험에 참가하지 않겠다고 소리를 지른다. 학생의 모습에 당신은 불안해하면서 다른 참가자들을 바라본다. 그들은 여전히 확신에 차 있는 듯한 표정으로 실험을 진행하고 있다. 그로 인해 당신은 실험을 중단하지 못한다. 그 순간 실험 책임자의 엄격한 목소리가 들린다.

"당신은 이 실험을 계속 진행해야 합니다!"

전기 충격의 강도가 강해질수록 학생의 비명이 당신을 소름 끼치게 만든다. 학생은 유리창을 통해 제발 실험을 끝내 달라고 애걸한다. 이쯤되자 몇몇 참가자는 도중에 실험을 그만둔다. 그러나 당신은 아니다. 당신은 오히려 긴장되는 마음으로 학생의 다음 실수를 기다린다. 당신의 전기는 200볼트에 도달해 있다. 당신은 손과 발이 뒤틀리고 이를 꽉 깨물고 얼굴이 빨개졌다 파래졌다 하는 학생의 모습을 보자 갑자기 '전기 쇼크'라는 단어가 떠오른다.

이제 당신은 기분이 나빠져 더 이상 실험을 진행하고 싶지 않다. 구역질이 나 밖으로 나가고 싶은 마음뿐이다. 하지만 실험 책임자는 당신을 진정시키고 실험은 곧 끝날 것이라고 말한다. 그리고 끝까지 실험에 참여한 사람들에게만 수고비가 지불될 것이라는 말을 덧붙인다. 그 말에 당신은 다시 자리에 앉아 내키지 않는 마음으로 많이 지쳐 가련해 보이는 학생을 바라본다.

당신은 제대로 된 의식을 가지고 스스로 실험에 참가하겠다고 신청했다. 이 실험에 대한 결과는 당신이 책임지지 않아도 된다. 책임은 실험을 주도한 학자들의 몫이다.

전기 세기가 표시되어 있는 계기판에 긴 선이 그려져 있고, 그 옆에는 '300볼트, 생명 위험'이라는 말이 적혀 있다. 실험 책임자는 이제 곧 끝날 것이라고, 아주 높은 전기 세기의 효과를 알아보는 일도 실험에 속하는 일이라고 말한다. 그는 당신에게 계속해서 전기 충격을 가하는 빨간색 버튼을 누르라고 요구한다. 당신은 실험 책임자가 시키는 대로 버튼을 누른다.

하지만 고개를 들지 못한다. 당신은 300볼트의 전기 충격이 학생에게 어떤 영향을 주는지 보고 싶지 않다. 하지만 어느 정도 시간이 흐른 뒤에 당신은 용기를 내어 학생을 살펴본다. 다행히 학생은 아직 살아 있다.

학생은 이제 소리를 지르거나 애원을 하지 않는다. 그는 아주 조용했고, 실험이 그렇게 진행될 수밖에 없다는 것을 인정한다. 아무 일도 일어나지 않을 것이라는 실험 책임자의 말이 옳았다.

이제 실험은 학자들이 목표로 삼은 최고점인 330볼트의 전기 자극만이 남았다. 당신은 여러 명의 선생님이 자리에서 일어나 실험을 거부하는 모습을 본다. 몇몇 사람은 강력하게 저항을 하고 몇몇 사람은 조용히 실험실을 나간다. 실험 책임자는 당신에게 끝까지 실험에 참여해 줄 것을 부탁한다. 그렇지 않으면 실험이 엉망이 된다고 말한다. 당신의 가슴속에는 비참함, 두려움. 절망감이 뒤엉켜 있다. 이때 실험 책임자가 엄격한 목소리로 말한다.

"당신에게는 선택의 여지가 없습니다. 당신은 실험을 계속 진행해야 합니다!"

당신은 이제 어떤 결정을 내리겠는가? 마지막으로 빨간색 단추를 누를 것인가?

인간에게 잠재된 악에 대한 두려움

이는 미국의 심리학자 스탠리 밀그램이 예일 대학교에서 진행한 실험이다. 복종 이행에 관한 이 실험에서 실험 대상자의 65%가 권위적인 조건하에서 살해 명령을 수행할 마음의 준비가 되어 있다는 것이 증명되었다. 실험 대상이 되었던 사람들은 자기 확신이 없거나 미성숙하거나 정신질환이 있거나 사디즘적인 사람들이 아니었다. 그들은 지극히 정상적인 시민들이었다.

어떤 권한이 타인에게 부여되어 명령을 따라야 하는 상황에 처하면 스스로의 비판적·자율적 사고가 차단된다. 나만의 행동이 무의미해지는 것이다. 사람들은 어떤 상황에서도, 비록 그 뒤에 가장 순수한 형태의 악이 숨겨져 있다고 하더라도 반드시 충족되어야 하는 더 큰 목표를 위해 행동한다. 밀그램의 실험에 참가한 '학생'들은 전문 배우였다. 그들은 아무런 고통을 받지 않은 상태에서 '선생님'들 앞에서 연기를 한 것이다. 밀그램은 《하퍼스》지에 자신의 실험을 다음과 같이 설명하였다.

복종의 법률적·철학적인 측면은 대단히 큰 의미를 지니고 있다. 하지만 구체적인 상황에서 복종이 대다수 사람의 행동에 대해 말해 주는 것은 극히 적었다. 나는 일반 시민들이 단순히 한 학자가 요구한다는 이유만으로 다른 사람에게 어느 정도의 고통을 가할 수 있는지를 알아보기 위해 간단한 실험을 했다. 경직된 권위가 타인을 다치게 하면 안 된다는 참가자들의 가장 강력한 도덕적 토대와 대립하고, 희생자들의 고통스러운 비명이 참가자들의 귀에 울리는데도 불구하고 대다수의 경우 권위가 승리를 거두었다. 성인들은 거의 임의적으로 권위를 따르려는 극단적인 마음의 준비가 되어 있다는 것이 이 연구의 결과이다.

밀그램의 실험은 얼마 뒤에 미국 스탠퍼드 대학교의 심리학자인 필립 짐바르도에 의해 놀라운 방식으로 확인되었다. 그는 한 공간을 감옥처럼 꾸며 놓고 24명의 지원자에게 임의적으로 '교도관'과 '수감자'의 역할을 분배하였다. 놀랄 만큼 짧은 시간 안에 교도관들은 공격적이고 거칠게 변했다. 그들은 자신에게 주어진 권력을 사디즘적인 학대에 이를 정도로 무분별하게 악용하였다. 그들은 수감자들을 위험할 정도로 함부로 다루었다. 그로 인해 2주로 예정되었던 실험이 6일 만에 중단되었다. 수감자들은 짧은 시간 내에 극도의 적대감과 공격성을 보였고 절망감, 자기 비하 그리고 우울증에 빠져들었다.

짐바르도는 후에 '루시퍼 실험'이라고 표현했던 이 실험 결과를 통해서 밀그램의 주장을 확인하였고 이렇게 요약하였다.

우리에게 가장 극적이고 고통스러웠던 것은 결코 사디즘 타입이 아닌 개개인들로부터 얼마나 쉽게 사디즘적인 행동 방식이 유발될 수 있는지를 관찰하는 일이었다.

밀그램과 짐바르도는 이로써 유명한 철학자이자 홀로코스트의 연구가인 한나 아렌트가 주장한 악의 평범성이라는 구상이 진실일 가능성이 높다는 것을 증명하였다. 그들의 실험을 통해서 지극히 평범한 사람들도 집단 학살 과정에 참여하게 만들 수 있다는 것이 드러났다. 그리고 많은 악한 행위가 그렇듯이 금전적인 유혹을 통한 보상의 효과도 결코 과소평가할 수 없는 부분이다. 즉 외부적인 환경만을 통해서도 사람들의 내부에 잠자고 있는 악의 본성이 깨어날 수 있다는 말이다.

사람들은 자신에게 잠재되어 있는 악에 대한 두려움 때문에 모든 사람이 특정한 조건에서 범죄자가 될 수 있는지 그리고 지극히 정상적인 사람도 악한 행동을 할 수 있는지 의문을 갖는다. 과연 악의 기질이라는 것이 단지 인격 장애자, 사디스트 그리고 정신질환자들에게만 존재하는 것일까? 그렇지 않다면 우리 모두에게 존재하는 것일까? 그래서 사람들은 나치 시대, 스탈린 독재 시대, 폴 포트 정부의 대량 학살자들이 정신적으로 비정상적이었는지 혹은 그렇지 않은지에 대해 관심을 갖는다.

모든 학술적인 검사 결과에 의한 놀라운 사실에 따르면 대량 학살자들의 5~10%만이 정신적인 문제를 가지고 있었다. 이 그룹에 해당하는 사람들은 사디즘적이고 자기도취적이며 감정적으로 불안정한 인물들로, 어떤 권위자의 보호 아래에서 혹은 전쟁이라는 우산 아래에서 자신들의 악한 본성을 마음껏 발휘하였다. 나머지 범죄자들은 지극히 정상적인 사람들, 당신 혹은 필자와 같은 그런 사람들이었다.

뉘른베르크 재판 전에 이루어졌던 전범자들의 심리 검사

에서 기대와 다르게 그 어떤 특별한 정신병리학도, 정신적 질병이나 인견 장애에 대한 아무런 증거도 발견되지 않았다. 그들은 지극히 정상적인 사람들이었다. 경험이 많은 심리학자들이 익명의 상태에서 나치 범죄자들의 심리 검사를 진행하였다. 심리학자들이 추측한 검사 대상자들의 직업은 민권 운동가부터 지식인에 이르기까지 무척이나 다양했다. 심지어 어떤 사람은 테스트를 받은 사람들이 심리학자임이 틀림없다고 주장하기도 했다.

유일하게 눈에 띄는 사실은 대량 학살자들에게는 다른 사람의 마음을 공감하는 능력이 절대적으로 부족하다는 점이었다. 심리학자들은 매우 평범한 사람들도 대량 학살자가 될 수 있다는 한나 아렌트의 주장에 이의를 제기했다. 그들이 검사한 인물들은 일반적인 예상, 생각과는 다르게 지극히 정상적일 뿐만 아니라 높은 수준의 창의성과 상상력을 가지고 있었기 때문이다.

깜짝 놀랄 만큼 정상적이고, 성도착증이나 사디즘적인 특성이 없는 대량 학살자의 전형적인 사례가 바로 아돌프 아이히만이다. 심리학자들에 따르면 그는 아버지와 어머니에게, 아내와 아이들에게, 형제들과 친구들에게 매우 정상적인 것은 물론 대단히 모범적인 사람이었다.

아돌프 아이히만은 1906년에 졸링겐에서 태어나 빈에서 성장했다. 그는 1962년에 이스라엘의 람라에서 처형된 독일 나치 친위대 중령으로서 유대인들의 학살과 추방을 담당한 유대인 이주국의 책임자였다. 그는 6백만 명의 학살에 책임이 있는 인물이지만 사이코패스나 기괴한 인간이 아니었다. 그의 특성에 대한 소견에서 진정으로 우리를 불안하게 만드는 어떤 사항도 찾아볼 수 없었다. 아돌프 아이히만의 감정관은 그가 정상이라고 확신하며 이렇게 말했다.

"그는 검사를 마친 내 상태보다 더 정상적이다."

한나 아렌트는 홀로코스트의 유일무이한 특징이 모든 과정의 배타적인 관료주의적 성격과 도덕적 차원의 완전한 결여에 있다고 보았다. 충격적인 학살 기구가 악의 평범성에 의해 동기화되고 합리화되었다. 그녀는 아이히만의 재판 과정을 통해 나치의 범죄자들이 심각한 사이코패스와 같은 그런 잔인한 사람이 아니며 인간 같지 않은 사람, 즉 인간적인 특성이 없는 사람이 아니라는 점을 깨닫게 되었다. 그로 인해 그녀는 다음과 같은 결론을 내렸다.

"아이히만은 자신이 무슨 일을 저지르고 있는지 한 번도 생각해 보지 않았다. 그의 행동과 결정은 진부했고 경솔했으며 얄팍했다."

그녀는 아이히만에게서 보았던 현실성의 결여와 무감각이 사람들의 내면에서 숨 쉬고 있는 공격적 충동 모두를 합한 것보다 더 많은 불행을 가져올 수도 있을 것이라고 생각했다.

붉은 크메르의 비밀경찰 책임자인 카잉 구엑 에아브 역시 악의 진부성과 순진성의 정확한 복사판으로 표현된다. 이탈리아의 저널리스트인 발레리오 펠리차리에 의해 진행된 인터뷰에서 전직 수학 교사이자 후에 기독교로 전향한 66세의 에아브는 감옥 S-21에 대해 이렇게 말했다.

"나를 비롯하여 그곳에서 일한 모든 사람은, 그곳에 들어온 사람들은 끊임없는 노동으로 인해 고통을 받고 정신적으로 파멸되어 그 어떤 출구도 찾을 수 없을 것이라는 사실을 매우 잘 알고 있었다. 그 어떤 대답도 죽음을 막을 수 없었다. 일단 그 안에 들어오면 누구도 살아 나갈 수 없었다."

에아브는 자신의 일을 관료주의적으로 묘사하였다.

"나는 매일 아침 7시부터 자정까지 자백서를 읽고 검사를 해야 했다. 나에게는 선택의 여지가 없었다. 그저 복종할 뿐이었다. 나는 다른 사람들처럼 기계적인 조직 운영에 속해 있었다. 폴 포트는 사람은 항상 의심해야만 하고, 무엇인가를 두려워해야 한다고 말했다. 일반적인 지시 사항으로 다음과 같은 내용도 있었다. 그들을 한 번 더 심문하고, 그들을 더 자세히 심문하라. 우리는 도처에서 적, 적, 적을 만난다."

에아브는 자신의 사촌이 감옥에 들어왔을 때 고문 속에서 했던 그의 자백을 대수롭지 않게 여겼다. 하지만 이것이 상관의 의심을 불러일으켰다. 결국 에아브는 사촌이 좋은 사람이라는 것을 알고 있음에도 불구하고 억지로 강요된 자백을 믿는 것처럼 행동했고, 결국 사촌을 죽게 만들었다.

모든 사람의 내부에 존재하는 선과 악

한동네에 사는 친절한 아저씨가 강제수용소의 책임자로 수천 명의 사람을 죽음으로 내모는 일이 어떻게 일어날 수 있는 걸까? 또한 상냥한 동료가 전쟁에서 잔인한 행위를 하는 것이 어떻게 가능하고, 성범죄자가 어떻게 눈에 띄지 않게 우리 사이에 섞여 살아갈 수 있는 걸까? 어떻게 강제수용소의 지휘관은 하루에 수백 명의 사람을 고통스럽게 죽이고 자신의 가족과 평화롭게 크리스마스 트리에 촛불을 켤 수 있는 걸까?

많은 사람이 선과 악, 정상과 비정상이 어떻게 한 사람 안에서 합쳐지고 직접적인 형태로 나란히 존재할 수 있는지 의문을 갖는다. 정신의학적인 답변에 따르면 모든 사람의 내부에는 선과 악이 존재하고, 기질과 교육의 영향, 삶의 경험 그리고 외부 환경에 따라 이런저런 형태로 다양해질 수 있다.

정신적인 질병에 걸리지 않았다면 인간은 아주 선하고 아주 악한, 정상적이고 비정상적인 특성들을 함께 지닐 수 있는 능력이 있고 이런 특성들과 더불어 살아갈 수 있는 능력이 있음이 분명하다. 그러므로 선한 사람과 악한 사람의 뚜렷한 구분에 대한 질문을 하는 것은 쓸데없는 일이라고 볼 수 있다.

당신은 즐겁거나 우울할 때, 흥분하거나 질투심이 날 때, 취했거나 대중의 소용돌이에 휩쓸렸을 때 자기 자신과 자신의 행동에 대해 보장할 수 있는가? 당신은 어떠한 전체주의적인 체계 안에서 자유와 생명이 위협을 당하는데도 임무 완수에 항의하거나 명령을 거부할 수 있다고 확신하는가?

프랑스의 작가 쥘리앵 그린은 자신의 소망에 따라 클라겐프르트에 있는 성 에키드 교회에 묻혔다. 그는 직접 작성한 묘비문에 선과 악의 공존을 기독교적인 내용과 연관지어 멋지게 표현하였다.

나는 이 세상에 혼자 있었고, 신은 자신의 아들을 아래로 보내 나를 구원하도록 십자가에 처형하셨다. 의아하고 불손한 말이라고 생각될지도 모른다. 그럼에도 불구하고 그런 생각이 아주 많은 기독교 신자의 머릿속을 스쳐 지나갔음이 틀림

없다. 당신은 이렇게 물을 수 있다. 그렇다면 도대체 누가 그를 재판받게 만들고, 그를 때리고, 십자가에 매달았는가? 오래 찾지 말라. 내가 했다. 그 모든 일을 내가 했다. 우리는 자신에 대해 그렇게 주장할 수 있다. 그의 얼굴에 침을 뱉게 할 유대인이 손이 닿는 곳에 없다면, 내가 준비되어 있다. 그를 모욕하기 위해 로마의 관료가 필요하고, 그를 조롱하기 위해 군인이 필요하고, 시간이 끝날 때까지 매달려 있도록 나무에 못 박기 위해 사형 집행인이 필요할 때 항상 내가 그 사람일 것이다. 내가 그 모든 일을 저지를 수 있다. 그런데 그를 사랑했던 젊은이는? 그것이 바로 역사에서 가장 고통스러운 비밀이다. 당신은 아주 잘 알고 있다. 이 젊은이도 바로 내 안에서 찾게 된다는 것을 말이다.

죄책감 없는 살인에 대한 전제 조건

필자는 여기서 비슷한 형식으로 수백 번에 걸쳐 인용되었던 한 가지, 사실은 두 가지 이야기를 들려주려고 한다. 필자가 소개할 스레브레니차에 대한 글은 저자에게 허락을 받아 펠릭스 미터러의 드라마 〈애국자〉에서 발췌하여 수정하였다.

1995년 7월 10일, 중부 유럽의 한 장소

월요일 아침은 무척이나 평화로웠다. 아침 해가 오래된 중세의 도시에 휴양지의 분위기를 선사했고, 새들의 지저귐은 시민들이 눈을 뜰 때 배경 음악이 되어 주었다. 또한 구름 한 점 없는 하늘은 무척이나 아름다운 하루를 약속했다.

아빠가 고란을 유치원에 데려다 주었다. 고란은 아빠에 대해 자부심이 넘쳐 어른이 되면 아빠 같은 멋진 남자가 될 것이라 생각했다. 아빠는 키가 크고 강인했으며, 생기발랄하면서도 확신 있는 태도를 지녔다. 또한 회사에서는 뛰어난 전문 인력으로, 축구단에서는 사랑받는 단원으로, 가정에서는 최선을 다해 생활을 이끌어 나가는 가장으로 인정받았다. 아빠는 아이에게 거칠게 대한 적이 한 번도 없었다. 아빠는 유치원 입구에서 고란을 안아 준 뒤 머리를 쓰다듬어 주었다. 아빠의 오른쪽 손등에는 작은 가재 문신이 있었다. 아빠가 고란에게 말했다.

"아빠는 오늘과 내일 집에 없을 거야. 오늘 아빠의 고향으로 내려간단다. 그렇지만 모레는 아빠가 유치원에 데려다 줄게."

아빠의 말에 고란이 얼굴을 찌푸리며 이렇게 말했다.

"그곳에서 무슨 일을 하시는데요? 아빠, 가지 마세요. 여기가 훨씬 더 좋잖아요!"

이에 아빠는 낮은 목소리로 이렇게 말했다.

"아빠는 그곳에서 매우 중요한 일을 해야 한단다."

1995년 7월 11일, 보스니아의 스레브레니차, 유엔 안전 지역

세르비아 군인들이 남편과 아이들에게서 여자들을 떼어 놓았다. 네덜란드 유엔군은 그저 무력하게 그런 모습을 바라보고만 있었다. 유엔군 지휘관은 이런 사건이 벌어지는 동안 설사병 때문에 화장실에 앉아 있었다. 여자들은 울부짖으며 남편들의 손을 붙잡고 매달렸다. 200~300명의 여자와 아이 그리고 남성이 각각 다른 버스로 끌려갔다. 여자들을 태운 버스는 출발하지 않고 머물러 있었다. 그 안에서 군인들에 의해 몇 명의 젊은 여자가 끌려 나왔다. 그 후로 그 여자들을 본 사람은 아무도 없었다.

한 젊은 세르비아인이 버스에 올랐다. 그의 인상은 매우 험악했다. 그의 오른쪽 손등에는 작은 가재 문신이 새겨져 있었다. 그는 술과 담배 냄새가 나는 입으로 사람들에게 욕을 퍼부었다. 그러고는 갑자기 긴 칼을 꺼내 엄마의 품에서 자고 있던 아기의 목을 벳다. 피가 솟구치며 창문과 의자로 튀었다. 순간, 비명이 버스 안을 가득 채웠다. 남자가 소리를 지르며 여자의 머리를 아래로 짓눌렀다.

"마셔라, 이 회교도 창녀야. 네 자식의 피를 마셔라!"

1995년 7월 13일, 중부 유럽의 한 장소

어젯밤에 고향에서 기분 좋게 돌아온 아빠가 차를 타고 고란을 유치원에 데려다 주었다. 고란이 아빠의 얼굴을 바라보며 이렇게 물었다.

"아빠, 그곳에서 무슨 일을 했나요?"

"네가 아직 해서는 안 될 일을 했단다. 친구들과 즐거운 시간을 보내기도 했단다."

그때 차창 밖으로 혼자서 걸어가고 있는 친구를 본 고란은 아빠에게 이렇게 물었다.

"아빠, 친구를 차에 태워도 될까요?"

아빠는 고개를 돌려 고란의 친구를 보았다. 그리고 이렇게 대답했다.

"그래. 아이들에게는 많은 일이 벌어질 수 있으니까……."

미국의 사회학자 트로이 더스터는 베트남 전범들의 조사를 통해 죄책감 없는 살인에 대한 전제 조건들을 알아냈다. 가장 일반적인 조건은 희생자들에게 인간의 지위를 빼앗는 것이었다. 희생자들은 열등한 종족, 유충, 쓸모없는 식충, 국민에게 유해한 기생 동물, 살 가치가 없는 존재, 목표 집단에 따라 검둥이와 일본 놈 등으로 불렸다. 비인간화의 과정에서는 민족의 치욕, 종족의 청결화, 청소 등과 같은 표현이 사용되었다.

두 번째 조건은 개인이나 한 사회의 불행을 희생자에게 혹은 어떤 소수 집단에게 투사시키는 것이다. 예전에는 그런 소수 집단이 유대인과 집시들이었다면, 오늘날에는 외국인, 난민, 망명자들이다.

세 번째 조건은 집단 도덕의 발생이다. 집단 도덕은 갱, 테러 조직, 청년 단체, 간호 단체 등 전제적인 체계 안에서 발견된다. 이런 집단 도덕은 각 사회의 법에 어긋난다고 해도 집단의 일원들에게는 강한 구속력을 갖는다. 이런 사항을 지키지 않는 일원들은 정치적 암살에 이르기까지 그에 대한 처벌을 감수해야 한다. 그런데 이런 처벌은 흔히 공공의 침묵적인 허용을 전제로 하고 있다. 예를 들어 관타나모 수용소의 고문 방법에 대해 생각해 보면 그런 점을 알 수 있다.

네 번째 조건은 표적 집단의 존재이며, 다섯 번째 조건은 원초적인 반사 혹은 악한 이데올로기에 근거하는 동기 부여이다.

악과 정상 사이의 연관성은 어떻게 지극히 정상적인 남자들이 대량 학살자가 되고 눈에 띄지도 않는 사람들이 중범죄자가 될 수 있는가의 문제뿐 아니라 어느 정도까지 악이 경악스러움을 잃어버리고 평범하게 변하는지, 어느 정도까지 우리의 도덕 규범이 낮춰지고 악한 행위를 정상적인 것으로 체험하게 되는지의 문제와도 관련되어 있다. 실제로 이런 상황이 가장 위태롭다. 그렇게 되면 더 이상 도덕적 망설임도, 도덕적 본능과 양심도 존재하지 않기 때문이다. 악한 사건들이 흔히 있는 일이 되고, 범죄가 정상적인 일이 되어 버린다. 나치가 저지른 대규모 집단 학살 중의 한 사건을 목격한 한 사람은 이렇게 말했다.

"나는 흙 언덕 주위를 돌다가 거대한 무덤 앞에 섰다. 사람들은 머리만 보일 정도로 빽빽하게 포개어져 누워 있었다. 거의 모든 머리에서 피가 나와 어깨 위로 흐르고 있었다. 총에 맞은 사람 중 몇 명은 여전히 몸을 움직이고 있었다. 몇몇 사람은 팔을 들거나 머리를 돌려서 자신들이 아직 살아 있다는 것을 알리려고 했다. 구덩이는 이미 4분의 3 정도가 채워져 있었다. 구덩이 안에는 이미 1,000명 정도의 사람이 들어 있는 듯했다. 나는 보초병을 돌아보았다. 나치 친위대에 속하는 그 남자는 구덩이 가장자리에 앉아 있었다. 그는 두 다리를 구덩이 아래로 내려뜨리고 무릎 위에 총을 올려놓은 상태로 담배를 피우고 있었다."

사람들은 희생자의 슬픔, 고통 그리고 공포를 생각하고 있는데, 정작 범인은 편안하게 앉아서 담배를 피우고 있는 것이다. 인간은 매우 빠른 속도로 악에 적응한다. 오로지 자신에게 주어진 임무를 기술적으로 멋지게 수행하는 것에만 관심이 있는 사형 집행인의 업무, 전쟁의 승리만을 목적으로 하는 소위 전술 그리고 나중에는 살인에 싫증을 내는 한 연쇄 범죄자의

행동 등을 생각해 보라. 폴란드의 작가이자 작센하우젠 강제
수용소에서 살아남은 안제이 슈치피오르스키는 이런 점을 대
단히 압축된 형태로 표현하였다.

> 나는 어떤 사람들을 알게 되었다. 그들은 부지런하고 헌신적
> 으로 다른 사람들을 죽였고, 사욕 없이 책임감 있게 그리고
> 정확하게 자신의 이웃들을 밀고했으며 이들을 성실하고 열
> 심히 고문했다. 이때 그들은 모범적인 청렴함과 신중함을 보
> 여 주었다.

상상의 차원을 넘어서는 범죄들은 왜 일어나는 것일까? 암
슈테텐에서 일어났던 근친상간의 드라마, 바로 요제프 F.의 범
행이 그런 경우에 해당된다.

요제프 F.는 1984년 8월 28일에 당시 18세였던 딸을 지
하실로 데리고 가 묶은 뒤 마취를 시켰다. 그러고는 사이비 종
교에 빠져 가출한 것으로 신고를 했다. 그 후 딸은 그곳에서 노
예와 다를 바 없는 대우를 받으며 몇 년 동안 성폭행을 당했다.
요제프 F.는 딸과의 사이에서 8명을 아이를 낳았는데, 그중 한
명은 사산되었고 1996년에 태어난 쌍둥이 중 한 명은 요제프

F.에 의해 살해되었다. 그리고 3명의 아이는 집 나간 딸이 부모의 집 앞에 버려 두고 간 것이라고 속여 집으로 데리고 간 뒤 그러한 사실을 전혀 알지 못한 아내와 함께 키웠다. 딸과 나머지 3명의 아이는 2008년 4월 26일에 발견될 때까지 지하실에 방치되어 있었다.

우리가 어떤 범죄 행위에 대해 최상급의 표현을 사용하는 일은 쉽지 않다. 이는 엄청난 범죄, 믿을 수 없는 공포의 사건, 기괴한 드라마 등과 같은 표현은 언제나 악과 인간적 고통의 증대를 의미하기 때문이다. 범죄가 심각하고 비열해질수록 필연적으로 희생자의 정신적 쇼크는 더욱더 커진다. 물론 우리가 희생자의 충격을 제대로 알 수 없고 개별적인 고통을 비교할 수는 없지만 말이다. 희생자의 끔찍한 고통, 참을 수 없는 두려움 그리고 끝없는 괴로움을 상상하는 것만으로도 견디기 어렵다.

그럼에도 불구하고 암슈테텐의 사건에 대해서는 절대적으로 유일무이한 혹은 지금까지 결코 일어난 적이 없었다는 표현을 사용하지 않을 수 없다. 이 사건은 매우 기괴하고 이해하기 힘들어서 모든 제작사나 출판사들이 지나친 과장과 심한 비현실성 때문에 동일한 플롯의 범죄소설에 대한 제안을 거절했을 정도이다.

이 범행에는 여러 가지 범죄가 결합되어 있고, 그 범죄들 하나하나가 큰 충격을 준다. 자신의 딸과 8명의 아이를 낳은 근친상간, 성폭행과 위협 그리고 상상할 수 없을 정도로 긴 시간 동안의 감금, 노예라는 법적 개념 뒤에 숨겨져 있는 모든 악행, 한 아이의 살해가 있었다. 그러나 가장 충격적인 것은 사회에서 잘 적응하고 지속적으로 눈에 띄지 않게 살던 한 사람이 자기만의 지하 왕국을 만들어 놓고, 그곳에서 24년이 넘도록 자신의 근친상간적인 욕망을 마음껏 펼쳤으며, 절대적인 통치권을 가지고 다른 사람의 운명을 결정했다는 사실이다.

요제프 F.는 무의식적인 욕구, 사디즘적인 충동, 억압된 근친상간의 욕망에 대해 추측하는 것들, 심층심리학적인 경향의 철학자들이 '남성의 환상' 항목으로 분류하는 것들 중 많은 것을 별다른 생각 없이 현실에서 실행하였다. 그는 완벽한 이중생활을 연출했다. 공개적으로 딸이 버리고 간 아이들을 기르는 할아버지의 역할을 잘 해낸 동시에 지상 세계 아래에 지옥의 감옥이라는 왕국을 만들었다. 요제프 F.는 인간이라는 존재가 선과 악으로 구분되지 않고, 이러한 상반된 힘이 서로 나란히 동일한 인물 안에 존재한다는 사실을 두려울 정도로 확실하게 보여 주었다.

사실 근친상간, 성폭행, 감금 등의 사건은 늘 벌어지고 있
다. 우리는 이러한 끔찍한 범행들의 비율이 매우 높다는, 거의
90%가 넘는다는 슬픈 사실과 함께 살아야 한다.

　　요제프 F.의 사건보다 더 심한 범죄가 있기는 했다. 무서운
전쟁, 대량 학살 그리고 동족 살해 등을 생각해 보라. 그러나 요
제프 F.의 행동이 어떤 범죄와도 비교될 수 없는 이유가 있다.
그것은 터부시되고 배제되어 온 근친상간을 저지른 충격적인
극단성, 엄청나게 긴 범죄의 지속 기간 그리고 이런 일이 어떤
미개한 문명이나 고요한 농가와 같이 외떨어진 공간 혹은 외
부와 차단된 어떤 체제 안에서가 아니라 유럽의 도시 한복판
에서, 우리 사회 한가운데에서 일어났다는 점 때문이다. 그로
인해 암슈테텐의 사건은 다른 범죄들보다 우리에게 더 많은
교훈을 준다. 즉 악은 우리들 사이에 살고 있다.

4장

범죄는
악한 생각에서부터
시작된다

"그 어떤 것도 선하지도 악하지도 않다,
생각이 비로소 그렇게 만들 뿐이다."

윌리엄 셰익스피어(영국의 극작가)

망상에 대한 이론

1913년 9월 3일 조금 더운 늦여름 밤, 수석 교사인 바그너는 자신의 가족들 그리고 미망인인 이웃 여자와 함께 정원에 앉아 있었다. 분위기는 매우 평온했다. 대화는 아이들과 학교, 수업에 대한 이야기로 흘러갔다. 바그너는 언제나 그렇듯이 침착했고 친절했다. 그 누구도 이 남자의 머릿속에 무서운 생각이 스쳐 지나가고 있음을 상상도 하지 못했다. 9시가 되었을 무렵, 바그너는 이웃 여자와 인사를 나누고 가족들과 함께 집 안으로 돌아와 잠자리에 들었다.

다음날 먼동이 트기 시작했을 때 바그너는 수년 전부터 소유하고 있던 단도와 호신용 단장을 이용하여 아내와 4명의 아이를 살해했다.

경찰 보고서의 내용을 그대로 옮기면 다음과 같다.

잠자리에 들었던 바그너는 침대에서 일어나 아내의 머리를 호신용 단장으로 때려 의식을 잃게 만든 후에 칼을 이용하여 목과 가슴에 수없이 많은 상처를 냈다. 그로 인해 아내의 목에 있는 대동맥이 절단되고 심낭, 심장 그리고 폐가 심각한 상처를 입었다. 법의학적인 부검 결과에 따르면 사망은 대단히 빠르게 이루어졌다. 아내의 팔과 왼쪽 엄지에 상처가 나 있는 것으로 보아 그녀는 저항을 하며 몸부림을 친 듯하다. 그때 아내가 의식이 있는 상태였는지, 그렇지 않은 상태였는지는 확인할 수 없다. 바그너는 아내가 의식을 차리지 못한 채 죽음에 이르렀다고 확신했다. 아내의 시체가 발견되었던 장소는(그녀의 왼쪽 다리는 침대 가장자리 너머로 걸쳐져 있었다.) 그곳에서 어떤 다툼이 있었는지 아무런 정보도 주지 않았다. 그러나 나로서는 바그너의 진술을 의심할 이유가 없다. 잠옷 셔츠와 양말만을 신은 채 그는 (나는 여기서 그의 표현을 그대로 사용한다.) 단도를 들고 두 아들 로베르트와 리하르트의 침실로 갔다. 그는 아이들의 폐와 심장, 목의 여러 곳에 심각한 상처를 내 살해하였다. 부검 기록을 보면 아이들의 죽음역시 출혈로 인해 빠르게 이루어졌음을 확인할 수 있다. 그런 다음 그는 부엌을 통과하여 두 딸 클라라와 엘자의 침실로 갔고 그들의 목과 심장을 여러 차례 칼로 찔러 살해하였다. 이때도 두 딸은 의심할 여지없이 빠르게 죽음에 이르렀을 것이다. 큰딸인 클라라가 심각한 상처를 입었을 때 의식이 있었을지도 모른다는 서류상의 기록은 사실 여부가 밝혀지지 않았다. 사람이 갑자기 강력한 고통을 느끼게 되면 깊은 수면 상태에서도 저항적 행동을 하게 마련이다. 바그너는 아이들 혹은 아이들 중 한 명을 단도로 찌르기 전에 의식을 잃게 만들기 위해 호신용 단장을 사용했다고 진술했으나 나중에는 확실하지 않다고 번복했다. 그가 확실하게 기억하고 있는 것은 아내를 칼로 찌르기 전에 그녀의 모든 저항을 불가능하게 만들기 위해 의식을 잃게 만들었다는 것이다. 바그너는 살인을 저지른 후 침대 시트로 시체를 덮어 놓았다.

여기까지는 범죄사와 정신의학사에서 자세히 다루어야 할 끔찍한 만행의 제1부에 불과했다. 바그너는 집단 살해 후 피가 묻은 잠옷 셔츠를 침대 위에 벗어 놓고, 샤워를 한 뒤 옷을 갈아입었다. 그리고 3자루의 권총과 500개의 탄창, 쇠로 된 2개의 개머리판을 챙긴 뒤 현관문에 '루드비히스부르크로 소풍'이라는 글이 써진 석판을 걸어 두고 자전거와 기차를 이용하여 뮐하우젠으로 떠났다. 그가 뮐하우젠에 도착한 시간은 밤 11시 정도였다.

그곳에서 그는 성냥을 이용하여 4곳에 방화를 했다. 완전무장을 한 채 그는 첫 번째로 방화를 한 곳 앞에 서서 사람들이 건물 밖으로 뛰쳐나오기를 기다렸다. 그러고는 눈에 보이는 사람들에게 무작위로 총을 쏘았다. 그는 길을 가고 있던 사람이건 집의 창가에 서 있다가 자신의 눈에 띈 사람이건 상관없이 무작위로 공격을 가했다. 그로 인해 8명이 죽고, 12명이 중상을 입었다. 바그너는 살의에 넘쳐 가축들에게도 총을 쏘았다.

결국 바그너는 용감한 남성들에게 제압을 당해 범행을 멈출 수 있었다. 그 과정에서 그는 왼쪽 팔의 아랫부분을 절단해야 할 정도로 심한 부상을 입었다. 그는 후에 자신은 자살을 하려고 했지만 유감스럽게도 그렇게 할 수 없게 되었다고 말했다. 또한 더 이상 살고 싶지 않기 때문에 사형을 당해도 아무런 불만이 없다고 덧붙였다.

9월 6일에 열린 심문에서 바그너는 재판관에게 끔직한 범행을 저지른 것은 12년 전에 있었던 자신의 도덕적 과오, 즉 소와의 부도덕한 성관계 때문이라고 진술했다. 수간 행위로 인해 그는 무거운 양심의 가책을 느끼고 있었다. 그는 예전에 살던 뮐하우젠 주민들의 말과 행동을 통해 많은 사람이 자신의 도덕적 과오를 알고 있다는 결론을 내렸다. 이때 사람들이 느꼈을 악의적 즐거움이 그를 매우 고통스럽게 했다. 그로 인해 그는 가족들을 치욕으로부터 지키기 위해 함께 죽기로 결정을 내렸다. 또한 자신에게 잘못된 일이 벌어진 장소이자 사람들에게 비난을 받은 장소인 뮐하우젠에도 복수를 하고 싶었다. 그가 훗날에 쓴 글 속에 핵심적인 문장이 들어 있다.

'나는 수간자이다.'라고 고백하는 것, 나는 그것을 겨우 해냈다. 그러나 더 이상은 그것에 대해 말하지 않을 것이다. 당신들의 호색함이 내가 느끼는 자기 경멸을 보상해 주지는 않으니 말이다.

그런데 여러 가지 조사를 한 결과, 바그너가 수년 전에 실제로 소와 성 관계를 가졌다는 그 어떤 증거도 발견되지 않았다. 또한 그런 사실에 대해 듣거나 알고 있는 사람은 단 한 명도 없었다.

바그너는 저명한 정신의학자인 튀빙겐의 로베르트 가우프와 스트라스부르의 로베르트 볼렌베르크에 의해 정신감정을 받았다. 전문가들은 바그너에게 '추적 망상'이라는 진단을 내렸고, 그는 자신의 행동에 책임질 능력이 없는 상태라는 결론을 내렸다.

그로 인해 그들에게 엄청난 비난이 쏟아졌다. 한 신문 기사에서는 가우프를 '정신병학의 바보'라고 표현했다. 재판이 중단된 후 바그너는 비넨탈에 있는 치료 시설로 옮겨졌고, 1938년 4월 27일에 죽기까지 그곳의 독방에서 지냈다. 그는 살아 있는 동안 많은 사람과 편지를 주고받았고, 몇 편의 드라마를 썼으며, 문학상 공모에도 참여했다. 또한 많은 사람의 방문을 받기도 했다. 특히 바그너의 심리에 큰 관심을 가지고 있던 가우프 교수는 그와 잦은 만남을 가졌고 바그너의 사례를 기반으로 망상에 대한 이론을 정립했다.

악한 생각, 병적인 생각

　수석 교사인 바그너로 하여금 끔직한 범행을 저지르게 만든 생각은 악한 것이 아니라 병적인 것으로 표현되어야 한다. 우리는 악의 정신병리학에 대해 말할 때 여러 증상의 '악성'을 고려해야 한다. 신체 부위에 생기는 악성의 질병과 유사하게 악성의 본성을 가진 정신적인 장애가 존재할 수 있다. 이런 경우는 도덕적인 평가와 아무런 상관이 없다. 따라서 정신적 증세의 질병적 특성을 알아보아야 한다.

　정신적인 질병은 완치를 향해 가는 과정을 밟을 수도 있고, 악성의 형태로 불행한 사고, 만성화, 심지어 죽음에 이를 수도 있다. 정신병의 증상들은 무해하고 심각한 악성일 수도 있다. 그런데 이상하게도 우리는 악성이라고 표현된 정신 질병에 대해 말하는 것을 악성의 신체적인 질병에 대해 말하는 것보다 훨씬 더 어렵게 여긴다.

우리는 악한 생각, 환상적인 생각 그리고 병적인 생각을 구별할 수 있다. 악한 생각은 높은 수치의 자유 의지를 전제로 한다. 악한 생각은 (그것이 가지고 있는 사악함에도 불구하고) 병적인 사고 과정 혹은 심각한 감정적 영향의 결과가 아니라 정상적인 정신과 우리의 자유로운 사고로부터 나온다. 이 때문에 형법에서 '악의'라고 부르는 것의 토대가 된다.

반면에 바그너가 저지른 만행의 근거가 되었던 병적인 생각의 경우에는 자유로운 의지 형성이 불가능하다. 당사자는 자신의 병적인 생각에 무력하게 정복당해 자유롭게 의사 결정을 내릴 수 없다. 광신의 경우는 병적인 생각 중에도 어느 정도의 교정과 자기 조절이 가능한 반면, 망상은 생각과 감정 그리고 의지를 절대적으로 지배한다. 그래서 편집증이라고 불리는 질병은 현실의 오판으로 이르게 되고, 이런 판단은 절대적인 확신으로 방어된다. 망상적인 생각은 아무리 객관적인 현실에 대한 분명한 모순이 드러나고 정상적인 주변 사람들의 판단을 통해 동의를 얻지 못한다고 해도 당사자에 의해 수정될 수 없다. 망상의 특징은 충분한 근거 없이 고수하는 동요하지 않는 확신이다. 망상증 환자는 그것이 분명한 사실이라고 믿는다.

그들은 흔히 이렇게 말한다.

"그것은 사실이고, 그것에는 어떤 의심의 여지도 없다."

망상적으로 느끼고 생각한다는 것은 어떤 일들을 아무런 동기 없이 서로 연결시키는 것을 말한다. 바그녀는 이웃 사람들의 평범한 말과 웃음을 자신의 비밀에 대한 비웃음과 조롱이라고 해석했다. 자기 생각 속에 미쳐 있던 그는 자신의 생각에 확신을 가졌다.

흔히 악은 이러한 악성 증세들, 예를 들면 채무 망상, 범법 망상, 광란의 망상 등에서 구체화된다. 망상은 암과 같은 질병과 유사하게 시간이 흐를수록 더 제지할 수 없게 되고, 영혼을 사로잡는다. 또한 생각과 상상 그리고 최종적으로 병든 자의 행동을 완전히 지배한다. 이런 사람은 '망상적인 무방비' 속에서 편집증에 걸리게 되고 더 이상 달리 행동할 수 없게 된다. 또한 무언가를 책임질 능력을 잃는다.

법원의 정신의학 감정단은 자유로운 의지 형성에 미치는 망상적인 생각의 영향에 대해 자주 논의한다. 그들이 병적인 생각의 영향을 받은 행동이라 해도 그것이 면책의 사유가 될 수 없다고 말한다.

A라는 사람은 근거 있는 시기심 때문에 그리고 B라는 사람은 오로지 망상 때문에 누군가를 죽였다고 가정해 보라. 두 사

람의 도덕적 책임 사이의 차이점은 무엇인가? 두 사람 모두 살인 행위의 위법성을 알고 있을 것이다. 미국의 정신의학자들은 병적인 동기 한 가지만으로 행동에 대해 책임질 능력이 없다는 것은 증명될 수 없다고 주장한다. 그렇지 않고서는 전반적인 법질서가 개인적인 도덕 관념을 위해 포기될 것이기 때문이다. 반면에 유럽에서는 정신의학적인 면에서 '망상적인 무방비'를 인정하는 것을 전제로 한다. 즉 망상적 사고에 의해 지배된 사람은 의지의 형성이나 자기 조절에서 진정으로 자유롭지 않고, 달리 행동할 수 없다고 간주한다는 뜻이다.

망상적인 세계에서는 흔히 무시무시함의 전형들, 예를 들면 악마, 유령, 마법사, 마녀 등이 나타나고 이들이 생각 명령 혹은 부정적인 에너지를 통해 망상증에 걸린 사람에게 영향을 미친다. 더 많은 반대 증거가 주변 환경으로부터 제시될수록 망상 환자는 더욱더 자신의 생각에 집착한다. 그는 점점 더 자신의 공상적인 현실, 즉 자신의 망상 세계로 빠져든다. 이 때문에 망상 환자는 독특하고 기괴한 기인처럼 보인다.

38세의 한 남자가 있었다. 마약 문제와 정신분열증 때문에 조기 퇴직하고 사회적으로 완전히 고립된 채 살아가던 그는 자신의 집에서 초자연적인 힘을 느꼈다. 그리고 자신의 생각은 빛을 통해 조종되고, 자신의 뇌는 뇌파에 의해 고통을 느낀다고 믿었다. 그는 이러한 증상들이 멀리 떨어져 살고 있는 형에 의해 주도된 악마의 작업이라고 생각했다. 즉 형이 자신의 생각에 영향을 미치고 자기 삶의 에너지를 빼앗아 간다고 믿은 것이다. 그로 인해 남자는 진정한 정당방위를 위해 형의 집 근처에 숨어 있다가 형이 나타나자 총을 쏘아 죽였다.

필자는 심리 검사를 위해 그와 마주했다. 필자의 눈에 비친 그는 증오심이 가득한 남자가 아니었다. 그저 낙담하고 고통스러워하면서 자신의 범행을 정당방위로, 억압하는 힘에 대항하는 유일한 방법으로 여긴 가련한 몰골의 남자였다. 그는 정신질환을 가진 범법자들이 모여 있는 시설로 보내졌다. 광범위한 정신과적 치료에도 불구하고 그는 자신의 망상을 계속해서 발전시켜 나갔다. 그는 이제 형의 아들이 자신의 정신적인 잠재력과 생명력을 어떻게 빼앗아 가고 있는지 분명하게 느끼고 있다고 말했다.

우리는 끔찍한 범죄를 감정적이고 이성적으로 평가할 때 두 가지 양극, 즉 '병적인' 행동과 '악한' 행동을 두고 고민한다. 우리는 불안감과 두려움을 느끼면서 무시무시한 범죄의 계획이 실제로 건강한 뇌에서도 나올 수 있는 것인지, 그러한 끔찍한 생각이 반드시 병적인 정신 상태의 결과가 아닐 수도 있는 것인지, 실제로 정신질환이 그런 끔찍한 일을 유발할 수 있는지 의문을 갖는다. 또한 반사적으로 냉혹한 범죄들에 대해 정신착란자 범인, 정신적 질병이 있는 살인자, 비정한 사이코패스의 행동이라는 말을 한다. 우리는 그런 범죄의 동기는 정신분열적인 환상과 비정상적인 인격적 특성에서 찾을 수 있을 것이라고 생각하고, 악한 생각의 원천은 영혼의 절벽에 그리고 무의식의 어두운 비밀 속에 있을 것이라고 추측한다.

그러나 독일의 한 저명한 정신의학자는 자신이 감정했던 연쇄살인범의 정신 상태에 대한 생각을 털어놓았다. 그는 범인에게 그 어떤 정신적 질병과 심각한 성격적 문제를 발견할 수 없었다고 확신하면서 다음과 같은 의문을 제시하였다.

"나는 그것이 아주 두려운 일인지 혹은 아주 좋은 일인지 모르겠다."

그는 이 말을 통해 두 가지를 표현하려고 했다. 그것은 바로 정상적인 이성을 가지고도 악한 범행을 생각하고 계획하고 실행할 수 있다는 점과, 어쩌면 우리가 정신질환이 있는 사람들에게 악을 전가시키고 부당하게 대하고 그들의 고통을 범죄시하고 계속해서 그들에게 오명을 씌우고 있을지도 모른다는 점이다.

정신 작용으로서의 생각은 우리의 주의를 완전히 사로잡고 그 위력을 모든 방향으로 발산한다. 선에 관한 생각과 악에 관한 생각 두 가지 모두 엄청난 효과를 발휘한다. 생각이란 모든 행동의 토대가 되는 어떤 착상이나 사상, 상상, 의도이다. 생각은 긍정적인 힘과 영향력을 미칠 수도 있지만 범죄의 토대와 악의 근원이 될 수도 있다. 그러므로 우리는 생각이 악의 발달 단계에서 기초 과정에 해당한다고 말할 수 있다.

많은 악한 범행와 대부분의 범죄, 논쟁의 시초에는 '생각'이 있다. 생각은 처음에는 고귀하고 정당한 것으로 느껴지고 흔히 사람들을 기쁘게 한다. 하지만 그 다음에는 과대평가되고 결국에는 광신적으로 변한다. 그런 종류의 고정된 생각은 누군가 특정한 생각에 의해 이끌리게 될 때 시작된다. 본인의 원래 생각은 끊임없이 이러한 압박적인 확신의 주변을 맴돌고, 결국 그런 확신에 의해 점령당한다. 그리고 고정된 생각을 고수하기 위한 투쟁이 시작된다. 정당한 이의가 더 이상 고려되지 않고 상반되는 견해는 존중되지 않으며, 이론 제기는 적대적으로 받아들여진다. 또한 선교적인 듯한 열정 뒤에서 일상적 과제는 중요하지 않게 되고, 고정된 생각이 삶과 그 사람의 행동을 지배한다. 그러나 망상과는 다르게 절대적인 확신을 지닌 생각은 오랫동안 현실 통제가 유지된다.

광신적인 사람의 의식

'도끼 살인자'로 유명한 39세의 라인하르트 S.는 주식 투자로 전 재산을 잃은 후에 가족들을 치욕에서 벗어나게 해 주어야 한다는 강박관념을 가지게 되었다. 그로 인해 그는 가족을 살해하는 것이 존경받을 만한 행위이며, '순수한 사랑'에서 나온 행동이라고 여겼다.

수년 동안 허무주의적·철학적 사상에 심취했던 그는 모든 것이 파괴되면 더 이상 고통이 존재하지 않을 것이라고 생각했다. 또한 인간은 출생하기 전과 죽은 후에만 고통에서 자유롭다고 생각했다. 선한 일을 하는 것이라는 굳은 확신 속에서 그는 사랑하는 아내와 딸 그리고 수백 킬로미터 떨어진 곳에 살고 있는 부모와 장인을 도끼로 살해하였다.

라인하르트는 살해 동기에 대한 질문에 전후 시대의 가장 극단적인 문화비평가 중의 한 사람인 철학자 에밀 시오란의 사상을 언급하였다. 허무주의의 특성을 띠는 그의 세계관에 따르면 인간은 유한성의 의식으로 인해 죽음에 대한 두려움을 갖는다. 따라서 그는 죽음의 공포로부터 우리를 자유롭게 해 주는 초의식을 발달시켜야 한다고 주장하였다.

　　라인하르트의 경우에는 그러한 초의식이 자신의 가치 세계와 사랑하는 사람들의 운명을 결정해야 한다는 생각과 연관되어 있었다. 그의 정신감정에서는 정신분열적이거나 강박 관념적, 우울증적인 질병에 대한 아무런 증거도 발견되지 않았다. 그의 악한 생각은 실패로 인해 느낀 수치감과 무능력에 대한 일종의 보상으로 해석될 수 있다. 이처럼 광신적인 생각은 특정 인물들의 특성과 연관되어 있다.

　　광신적이라는 의미를 지닌 라틴어 'fanaticus'는 프랑스 'fanatique'와 마찬가지로 '신의 영감을 받은'이라는 의미의 어원을 가진다. 실제로 광신적인 사람들은 자신이 일반 사람들보다 더욱 차원이 높고 훌륭하며, 어떤 경우에도 옳은 생각을 한다고 믿는다. 광신적인 사람은 어떤 사상이나 상상, 확신에 완전히 사로잡혀 있다.

그러나 이런 사람은 자신의 생각을 절대적 진실이라고 여기는 것만으로 만족하지 않고, 자신의 생각을 의심하거나 상대화시키려는 모든 사람에게 너그럽지 않은 모습을 보인다. 그로 인해 일종의 선교적인 열정을 가지고 다르게 생각하는 사람을 설득하려고 하고, 격렬하게 자신의 생각을 방어하며, 다른 어떤 이성적인 논쟁도 허용하지 않는다.

베른하르트 페어비크는 저서 《전쟁의 뿌리》에서 이렇게 말했다.

광신적인 사람들의 주관적인 도덕적 안락은 확실히 한계를 모른다.

'광신적인 사람'이라는 표현은 이러한 인물의 전형을 잘 묘사해준다. 그런 사람은 다른 분야에서만큼은 지극히 이성적으로 생각하고 판단하지만 자신의 광신적 생각과 관련해서는 모든 비평적 투영의 능력에서 벗어나 있다. 광신적인 생각은 정치적·종교적인 문제 제기, 극단주의적인 이데올로기, 근본주의, 인종주의에서도 발견된다. 40년 전에 일어난 일이지만 오늘날까지도 대중들에게 영향을 미치는 또 하나의 사례를 볼 수 있다.

찰스 맨슨은 흑인종이 백인종을 없애야 한다는 광신적인 생각을 가지고 있었다. 그래서 사람들에게 어떻게 백인종을 죽이는지를 직접 보여 주기 위해 자신의 킬러들과 함께 길을 나섰다.

광신주의란 무언가에 빠져 과장된 열광 그 이상을 훨씬 넘는 것이다. 광신적인 생각은 감정적으로 매우 많은 영향을 받고 한 사람의 생각과 느낌 그리고 행동의 점점 더 많은 부분을 소유하게 된다. 이미 광신적인 생각의 위험성을 인식한 볼테르는 이렇게 말했다.

"광신주의자들이 악당보다 더 위험하다는 것을 유념하라. 광신적인 생각에 미친 사람들은 다시 이성적으로 만들 수 없지만, 악당은 가능할 수도 있다!"

수많은 범죄의 토대가 된 광신적 생각과 연관된 유명한 문학 사례가 있다. 바로 쾰른 출신의 말 거래상 한스 콜하제의 이야기이다.

1532년에 한스 콜하제는 라이프치히 박람회에 가는 길에 왕복 여행에 대한 담보로 두 마리의 말을 빼앗기자 부당함을 느껴 법적으로 맞서려는 시도를 했다. 하지만 소용이 없었다. 그는 긴 싸움 후에 폭력적인 방법으로 자신의 권리를 찾기로 결정하였다. 그리고 1534년에 전쟁을 선포하고 비텐베르크에서 여러 채의 집에 불을 질렀다. 그는 자신의 권리를 찾기 위한 투쟁을 하면서 계속적으로 범죄를 저질렀고, 결국 체포되어 1540년 5월 22일에 베를린에서 공개 처형되었다.

클라이스트의 이 소설은 침해받은 권리의 회복 문제를 공개적인 복수극을 통해, 그러니까 악을 통한 악과의 전쟁을 통해 다루고 있다. 클라이스트의 소설을 모방하여 오늘날 정신의학에서는 어떤 사람이 상상의 불이익에 대해 극단적인 수단을 사용하고 결국 불행하게 끝을 맺을 때 '콜하스 신드롬'이라는 용어를 사용한다.

독재와 전쟁은 이데올로기와 광신적이고 악한 생각 없이는 불가능하다. 이에 대해서는 수많은 역사적인 사례를 들 수 있다. 예를 들면 성스러운 땅을 이슬람교도의 손으로부터 해방시키려는 생각이 근거가 되었던 십자군 원정이 있다.

나치의 인종 망상은 선천적 범죄자와 건전한 부류에 대한 롬브로소의 생각에서 유래하였다. 그러나 '인종 망상'이라는 표현은 근본적으로 잘못된 것이다. 나치 이데올로기는 어떤 병적인 생각이나 책임을 질 수 없는 생각이 아닌 건강한 뇌로부터 나온 생각이기 때문이다.

뿐만 아니라 최근에도 광신적인 생각들이 어떤 영향을 미치고 어떻게 악이 전개되는지를 보여 준 사례가 있다. 필자는 '킬링필드'라는 핵심어가 전면에 떠오르는 사건에 대해 말하고자 한다.

1998년에 사망한 학살자 폴 포트는 캄보디아를 하룻밤 사이에 농업 국가로 바꾸는 악한 생각을 가지고 있었다. 아주 오래된 문명국가가 농업의 유토피아, 즉 지식인, 시민 혹은 기술도 없고, 오로지 기본 욕구들에만 부합하는 사회로 바뀌기 위해서는 강제적으로 '제로 상태'로 되돌려져야 했다. 2006년에 사망한 '외발 학살자' 타목과 광신적인 이데올로기의 한 작은 그룹은 '형제 넘버 원'으로 불리었던 독재자 폴 포트의 망상적인 상상을 현실로 옮기려고 시도하기도 했다.

또한 1975년부터 1979년까지 지속된 4년의 지배 기간 동안 붉은 크메르는 캄보디아 인구의 4분의 1을 몰살시켰다. 악명 높은 S-21 고문 감옥에서만 14,000여 명이 목숨을 잃었다. 특히 교수, 의사, 승려 그리고 교사들이 살해되었다. 희생자들은 사진을 찍힌 후에 쇠막대기나 곡괭이로 맞았다. 그 전에는 끔찍한 고문을 당하기도 했다.

생존자 중의 한 명인 68세의 보우 맹은 유엔의 공개 질문에서 "그들은 매일 나를 때렸고 전기 충격을 가했으며, 정신을 잃을 때까지 물속에 머리를 처박았다."라고 대답했다.

그들은 수감자들의 손톱과 발톱을 빼고, 머리에 비닐 봉투를 씌우기도 했다. 무자비한 경비병들은 아기와 어린이들의 발을 잡아서 나무에 치대 목숨을 잃게 만들었다. 오로지 악한 생각의 실현을 위해 200만 명에 이르는 사람이 사형 집행, 기아와 질병에 의해 생명을 잃었다.

정상적인 그리고 광신적이고 병적인 생각이 서로의 내부로 얼마나 잘 옮겨 갈 수 있는지는 앞서 소개한 에른스트 바그너의 사례가 잘 보여 준다. 다시 바그너의 사례로 돌아가 보자. 이후에 초기 국가사회주의자로 표현된 바그너는 이미 1909년에, 그러니까 그가 망상증에 걸리기 전에도 끔찍한 생각을 한 적이 있었다. 미래의 대량 학살자가 다음과 같은 글을 쓴다면 이때 토대가 된 생각이 정상적인지, 광신적인지 혹은 병적인지 구별하는 것은 쉽지 않을 것이다.

우리는 심하게 악취가 나는 골짜기에서 항해를 하고 있다. 이

제 진정으로 건강한 지역에 떠 있기 위해서는 짐을 던져 버려야 한다. 나는 모든 환자와 약자를 알아보는 날카로운 눈을 가지고 있다. 나를 집행관으로 임명해 준다면 2,500만 독일인을 책임질 것이다. 예전보다 1g이라도 더 무거워져서는 안 된다.

5장

무엇이
인간의 감정을
조종하는가

—

"감정은 사치가 아니라 생존 경쟁 속에서의
복합적인 보조 수단이다."

안토니오 R. 다마시오(미국의 뇌신경과학자)

—

인간의 부정적인 정체성

황폐한 집에서 발견된 패트릭의 시신은 심하게 상처를 입은 상태였다. 법의학자는 시신에서 63개의 자상을 확인하였다. 왼쪽 측두골과 두 번째 흉골, 왼쪽 견갑골에 칼로 찔린 상처가 있는 것으로 보아 외날의 칼을 이용한 이 범행은 엄청난 힘과 압력에 의한 것임이 분명했다. 사망한 후에도 희생자의 머리와 왼쪽 안구를 여러 차례 칼로 찌른 흔적이 있었다. 뿐만 아니라 범인은 생식기 전체를 떼어 얼굴 위에 올려 놓았다.

형사들은 잔인하게 시신을 훼손한 것을 보아 힘이 센 남자가 범인일 것이라고 생각했다. 범인은 희생자보다 신체적으로 우세한 사디스트 혹은 동성애적 성범죄자가 분명했다. 하지만 범인을 확인한 형사들은 놀란 입을 다물지 못했다. 그들 앞에는 가냘프고 창백한 얼굴의 18세 소녀가 몸을 떨며 서 있었다. 그녀는 패트릭의 여자 친구인 자비네 K.였다. 그녀는 심문 과정에서 자신의 이야기를 털어놓았다.

자비네는 2년 전에 패트릭을 알게 되었다. 그를 처음 본 자비네는 다른 사람들과 다르게 성숙해 보이는 그가 무척이나 마음에 들었다. 패트릭 역시 자비네에게 관심을 보였다. 패트릭은 모임에서 항상 강인하고 지배적인 태도를 보였다. 그녀는 이런 남자가 자신에게 관심을 가져 주고 자신과 사랑에 빠지게 된 것이 무척이나 기뻤고 자랑스러웠다.

이후 패트릭과 살림을 합친 자비네는 그의 다른 면들을 알게 되었다. 패트릭은 사사건건 자비네의 흠을 잡았고, 그녀의 친구들을 비난했다. 또한 그녀에게 '방탕한 여자', '더러운 여자'라는 표현을 아무렇지 않게 사용했다. 심지어 두개골을 부수겠다는 협박을 하기도 했다. 패트릭의 태도는 그녀를 좌절하게 만들었다. 패트릭은 행동 변화가 매우 심해서 사랑스럽고 친절하다가도 갑자기 아무런 이유 없이 과격하게 변하곤 했다.

또한 그녀는 패트릭의 사디즘적인 특성도 발견했다. 패트릭은 인터넷을 통해 동물 학대와 인간 고문 혹은 사디즘적인 포르노 영상들을 자주 보았다. 패트릭은 술에 취하면 자비에

의 몸에 술을 쏟고, 술병을 집어 던졌다. 그리고 수갑을 채우려고 하고 그녀의 머리카락을 모두 자르겠다고 위협했다.

뿐만 아니었다. 시간이 지날수록 질투심이 심해져서 그녀와 대화를 나누는 모든 사람을 욕했고 심지어 그들을 신체적으로 공격하기도 했다. 그녀가 매우 아끼는 토끼 인형의 머리를 자르고 눈에 연필을 꽂아 놓고는 웃으면서 이제는 누구랑 붙어 있을 것이냐고 비아냥거리기도 했다. 또한 집에서 키우고 있던 개를 발로 차고 때렸으며 그녀가 선물한 기니피그를 벽에 던지고 일부러 얼어 죽게 만들었다.

패트릭의 지나친 행동에 자비네는 그에게서 벗어나기 위해 노력했지만 결국 성공하지 못했다. 그로 인해 좌절감에 빠져 있던 자비네는 처음으로 자신의 손목에 상처를 냈다.

그 후 그녀는 절망 속에서 더 자주 자해를 했다. 한 번은 상처가 감염되어서 의사의 치료를 받아야 한 적도 있었다. 병원에서 그녀는 소형 예초기 때문에 상처를 입었다고 말했지만 사람들은 그녀의 말을 믿지 않았다. 하지만 패트릭이 그녀의 말을 확인해 주었기에 병원 서류에는 그렇게 기록되어 있었다. 그녀는 의사에게 심리 치료를 받으라는 충고를 들었지만, 그렇게 하지 않았다.

그녀는 무엇이 자신을 그렇게 패트릭에게 얽매이게 하는지 정확히 알 수 없었다. 그녀는 패트릭에게 두려움을 느꼈지만 동시에 보호를 받는다고 생각했다. 그들의 관계는 대단히 이중적이었다. 그녀는 패트릭을 좋아하면서도 한편으로는 그를 거부했다.

"그는 사랑스러울 때도 있었지만, 동시에 너무나 비정상적이었어요."

지난 몇 주 동안 그녀는 점점 더 공격적으로 변하는 패트릭의 행동을 보면서 그가 자신에게서 떠나려 한다고 생각했다. 패트릭은 그녀와 성관계만 맺으려고 했을 뿐 더 이상 그녀에게 관심이 없었다. 패트릭에 대한 감정이 좋지 않던 자비네는 그가 성관계를 요구할 때면 강하게 거절했다. 그때마다 패트릭은 그녀의 모습에 격분하며 이렇게 소리를 질렀다.

"너는 더 이상 아무 쓸모가 없어!"

그녀는 범행 과정에 대해서는 모든 것을 구체적으로 기억할 수 없다고 진술하였다. 그녀는 범행을 저지르는 동안 술이나 약물에 취해 있지 않았지만 조금 어지러웠다고 했다. 사건이 벌어지기 몇 시간 전에 그녀는 굴욕적인 억압과 관계를 청산하지 못하는 자신의 무능함에 대해 곰곰이 생각하였다. 그러나 그때까지도 그녀는 패트릭을 해칠 생각이 눈꼽만큼도 없었다. 그런데 집으로 돌아온 패트릭이 그녀와 성관계를 맺으려 했다. 그녀는 또다시 저항했다. 흥분을 한 패트릭은 힘으로 그녀를 제압했다. 그러자 그녀가 소리를 지르면서 저항하기 시작했다.

"그만해!"

그 순간, 매우 흥분한 그녀는 오직 한 가지만을 생각했다.

'자비네, 너는 자유로워져야 해. 그래야 살 수 있어!'

계속되는 저항에 그녀에게서 물러난 패트릭이 휴대폰에 몰입해 있는 동안 그녀는 그에게서 선물로 받았던 칼을 꺼내 그를 찔렀다.

그녀는 자신이 패트릭을 얼마나 여러 번 찔렀는지 말할 수 없고, 전혀 알고 싶지도 않다고 했다. 그녀는 오로지 그에게서 벗어나야 한다는 생각만 했을 뿐이라고 했다. 그녀의 가슴속에는 패트릭에 대한 복수심이 가득했다. 패트릭은 그녀의 인생을 파멸시켰고, 그녀를 무력하고 절망적으로 만들었으며, 그녀에게서 희망이 가득한 삶을 빼앗아 버렸다.

그렇지만 그녀는 아무리 생각해도 이미 생명을 잃은 몸과 눈을 칼로 찌르고 생식기를 도려낸 이유를 알 수 없다고 말했다. 아마도 이런 행동은 그녀가 성적인 접촉에서 빈번하게 참

아내야 했던 역겨움과 관련이 있을 것이라고 추측된다.

"그는 섹스를 할 때 변태적으로 행동했어요. 매우 사디즘적인 특성을 보였죠."

정신의학적 검사 결과 자비네에게서는 미성숙함, 불안정한 기분, 경솔한 공격성 표출의 경향에 대한 증거들이 발견되었다. 심리학적인 검사에서는 실패 배척, 까칠하고 예민하며 의심이 많은 성격적 특성이 나타났고 부조화적인 상태나 충동적인 경향과는 거리가 멀었다. 심각한 정신적 장애는 확인되지 않았다.

한편 범행으로 유도되는 감정적 발전의 결정적인 토대가 되고 정서적 흥분의 격렬함을 설명해 줄 수 있는 관계 구조에서는 다음과 같은 특징들이 발견되었다.

자비네는 패트릭과의 관계에서 스스로를 그와 함께 사회적인 아웃사이더로 고립화시킴으로써 뚜렷하게 '부정적인 정체성'을 가지고 있었다. 그녀는 패트릭의 행동에서 아웃사이더적인 면을 찾았고 그런 특징을 본인과 동일화했다. 이것은 그녀가 성장했던 중산층의 환경 수준, 유복한 가정 상황, 그곳에서 그녀가 보여 준 이상적인 모습들(그녀의 어머니가 표현한 것처럼 영리하고, 예쁘고, 사랑스러운)에 대한 역반응으로 해석되어야 할 것이다. 심층심리학적인 해석에서는 그녀가 인생의 다른 면을 알게 되었고, 외형적으로 상황이 좋지 않은 누군가를 구하려고 했던 것뿐 아니라 부모가 가졌던 기대에 부응하지 않는 것이 어쩌면 그녀에게는 어떤 보상을 의미했을 것으로 보고 있다.

또 다른 측면은 그녀가 성숙하고 지극히 남성적이면서 공격적으로 행동하는 패트릭과 자신을 동일시했다는 점이다. 패트릭의 그러한 행동이 그녀에게는 안전함과 평안함 그리고 방향성을 제공해 주었어야 할 아버지상의 부분적인 손실을 채워 주었다.

그런데 관계가 지속되면서 서로 다른 면이 나타난 것이다. 자비네는 남성적인 강함과 안전을 원하는 밀착된 연대감을 원했고, 패트릭은 애인을 굴복시키고 지배하려는 강제적인 요구를 표현했다. 자비네의 표현에 따르면 패트릭은 많은 행동 방식을 통해 자비네를 밀어내려는 의도를 보였다. 하지만 그는 이별을 시도하다가도 다시 그녀의 마음을 잡기 위해 노력하곤 했다. 자비네는 이중적으로 패트릭과의 결합 그리고 그 관계에서 벗어나고 싶은 소망 사이의 갈등에 빠져 있었다. 이렇게 끊임없는 긴장 속의 삶이 절망적인 상황으로 빠져들기 시작한 것이다.

자비네는 질투심과 복수심 그리고 그에게서 벗어나고 싶은 소망 때문에 끔찍한 고통을 받았고, 견딜 수 없는 상황에 처하게 되었다. 이런 상황이 그녀에게서 삶의 기쁨과 자존감을 빼앗아 갔을 뿐 아니라 자기 통제와 충동 통제의 힘까지 무너뜨리고 말았다.

　　자비네는 패트릭이 자신을 떠나서 다른 여자에게 갈 수도 있다는 생각을 하기도 했다. 그로 인해 그녀는 마음의 상처를 입고 범행 의지가 증폭되는 상황에 빠져든 것이다.

감정이 인간 행동에 미치는 영향

감정이 인간 행동에 미치는 영향의 의미는 오랫동안 과소 평가되어 왔다. 이성과 지능이 인간 발달의 최고 수준으로 여겨져 온 반면 감정은 불확실하고 표현할 수 없으며 측정할 수 없는 것으로 평가절하되었다. 그런데 이러한 생각이 지난 몇 년 동안에 완전히 바뀌었다. 우리는 감정이 인간의 본성을 확실하게 결정한다는 것을, 감정이라는 것은 생존을 위해 매우 중요한 것이며 감성 지능이라는 것도 존재한다는 사실을 알게 되었다.

학계에서는 다양한 기본 감정(기쁨, 슬픔, 두려움, 부끄러움 등)은 선천적인 것이며 각각의 감정은 뇌의 고정된 회로들에 의해 조종된다고 전제하고 있다. 이런 회로들은 우리에게 생존을 위해 필요한 각각의 모드를 전달한다. 예를 들면 위험과 만났을 때는 '두려움 모드'를, 사랑하는 사람들을 생각할 때는 '행복 모드'를 전달하는 것이다. 모든 사건, 모든 기억, 모든 생각이 그 어떤 감정적인 의미를 지니고 있다. 누군가 뇌질환 혹은 심각한 정서 장애 때문에 자신의 감정 세계로부터 단절되어 있다면 그는 인간적인 삶으로부터 동떨어져 있는 것이다.

미국의 심리학자 아놀드 A.와 클리포드 N. 라자루스는 감정, 느낌 그리고 정서의 본질을 다음과 같이 정리하였다.

지구상의 모든 생명체 중에서 인간은 가장 감정적인 동물이다. 우리의 언어, 행위 그리고 얼굴에서 흔히 우리의 감정이 읽힌다. 우리는 분노, 두려움, 충격, 수치, 기쁨, 사랑, 슬픔, 죄책감, 시기, 질투, 자랑스러움, 안도, 희망, 감사, 동정심 등을 표현한다. 우리에게 일어나는 모든 중요한 것은 감정을 불러일으킨다. 왜 그런 걸까? 태어나서 죽을 때까지 우리는 물질적·사회적인 환경의 다양한 요구와 투쟁을 해야 한다. 인간이 표현하는 다양한 감정은 우리가 해결해야 하는 다양한 물질적·사회적 문제를 반영한다. 감정과 지능은 손을 맞잡고 간다. 따라서 인간은 매우 지적인 존재인 동시에 매우 감정적이다. 우리의 특별한 이성은 우리가 위험 속에 있는지 혹은 안전한지, 그 상황이 유용할 수 있을지를 결정해야 하는 상황에서 섬세하고 추상적이고 복잡한 개인적인 감정적 전조를 느낄 수 있다. 그리고 우리의 감정은 부적응을 쉽게 용서하지 않는 세계에서 생활 여건에 적응하기 위한 투쟁과 밀접하게 연관되어 있다.

유명한 스위스의 정신의학자 오이겐 블로일러는 이렇게 말했다.

"감정 상태가 무엇인지 우리는 잘 알지 못한다."

그리고 베를린의 법의학자 한스 루드비히 크뢰버는 이렇게 말했다.

"감정 범행이란 무엇인가? 아무도 그것을 정의할 수 없다."

하지만 감정(우리의 기본 느낌)과 정서(즉 우리의 감정 표현)는 악의 생성에서 대단히 중요한 역할을 한다. 이 두 가지는 우리가 어떤 것을 아주 즐거운 것으로 혹은 혐오적인 것으로 체험하는지, 옳은 일 혹은 잘못된 일로 분류하는지, 선한 것 혹은 악한 것으로 평가하는지를 결정하기 때문이다.

또한 감정과 정서는 인물과 행동에 대한 우리의 기본 입장을 결정하고 우리의 의지를 조종하며, 우리의 행동에 큰 영향을 미친다. 우리 뇌의 가장 오래된 부분, 즉 변연계(limbic system, 대뇌반구의 안쪽과 밑면에 해당하는 부위)에 그 근원이 있는 감정들은 단지 행동 조절에서만 핵심적인 지위를 차지하는 것이 아니다. 감정들은 우리 인간에게 무척이나 중요해서 순수한 이성과 전혀 분리될 수 없을 정도이다.

니체는 다음과 같이 말했다.

"감정 뒤에는 판단과 가치 평가가 서 있다."

그는 전문적인 뇌 연구가 시작되기 이전의 시기에 이미 이런 점을 인식하였던 것이다.

다양한 심리학적·정신적 작용에서 진행되는 감정들의 복합적인 과정은 우리가 특히 부담을 느끼는 상황에서 행동에 큰 영향을 미친다. 스트레스 상황에서 나타나는 감정들은 공격적인 특성과 방어적인 특성으로 분류된다. 분노, 화 그리고 시기심은 사람을 호전적으로 만드는 근력형 정서로 표현된다. 이와 달리 신체적·정신적 행동을 제어하는 무력형 정서는 두려움, 슬픔, 공포 등을 포함한다. 모든 공격 행위에는 감정이 덜 혹은 더 강력한 형태로 개입한다. 단지 감정이 완벽하게 무디거나 정신적으로 심각하게 아픈 사람들만이 근본적인 감정의 움직임이 없는 상태에서 다른 사람을 죽일 수 있다. 오로지 '기술적인' 계약 내용의 정확한 임무 수행만을 중시하는 냉혹한 전문 킬러들도 그럴 수 있지만 말이다.

공격 행위, 특히 살인 행위는 대부분 격렬한 감정적 반응을 동반하거나 품게 된다. 특히 치정 범죄에서 분노, 실망 혹은 증오의 감정이 뚜렷하게 나타난다. 여기서는 표면적으로 보이는 괴로움의 감정 그리고 나르시시즘적인 두려움을 지닌 심오한 심리학적 차원도 고려되어야 하기 때문이다.

또한 일반적으로 조금씩 진행되는 감정 정체와 시간이 더 흐르면 저항력을 무너뜨릴 수 있는 길고 긴 과거사도 중요하다. '마른 하늘에 날벼락'처럼 갑자기 일어난 것이 아닌 범행에서는 이전에 시작된 감정의 위력과 흥분되는 동기가 함께 작용하고 감정 폭발을 불러일으킨다. 이런 감정 폭발은 통제 상실의 방식으로 대단히 역동적이면서 파괴적으로 진행된다. 이러한 감정 상태는 모욕감과 상심이 그 마지막 한 방울에 넘쳐흐를 수 있을 정도로 가득 차 있는 상태로 비유될 수 있다.

자비네의 범행 전개와 과정에서는 그러한 감정적 요소를 많이 찾아볼 수 있다. 전제 조건으로는 그녀의 조화롭지 못하고 미성숙한 인격 구조를 들 수 있다. 이런 인격 구조는 감정적으로 부담을 느끼는 상황에서 자아 공격적이고 타인 공격적인 충동의 발생과 그것의 폭발을 유리하게 한다. 과거의 부정적인 요소로 그녀가 어린아이로서 지켜보아야 했던 부모 사이의 격한 논쟁과 몸싸움이 있었고, 더 나아가 아버지의 상실과 어머니와의 지나친 동일화가 있었다.

일상적인 상호 공격만 있었던 부모의 불화 속에서 그녀는 마음의 방황을 했지만, 결국 그녀에 의해 지나치게 이상화된 어머니의 편에 서게 되었다. 파트너에게 맞는 여성의 모습은 이미 당시에 그녀에게 참을 수 없는 것으로 각인되었고 이 부분에서 그에 상응하는 민감성을 지니게 되었다. 어머니의 강력한 이상화는 깊이 뿌리박힌 두려움, 즉 자신도 언젠가 폭력적인 파트너의 희생자가 될 수 있다는 두려움과 연관되어 있다. 그래서 그녀는 어린 시절부터 그러한 문제에 지나치게 예민했다.

자비네가 항상 좋은 관계를 유지했던 아버지를 잃었을 때 그녀의 마음속에 강인하고 듬직한 파트너에 대한 소망이 생기게 되었을 것이다. 부부 관계 분석과 가정 분석으로부터 알려진 현상에 따르면 어린 시절에 폭력적인 아버지 밑에서 고통을 겪거나 아버지의 공격적인 행동을 체험해야 했던 소녀들은 나중에 유사한 방식으로 행동하는 친구, 동반자 혹은 남편을 찾는다. 심리분석적인 면에서는 이런 특징의 근거를 '공격자와의 동일화'라는 방어 메커니즘에 두고 있다. 그들은 좋지 않은 기억이나 경험에 근거한 폭력적인 파트너에 대한 두려움을 새로운 도피를 통해 극복하려고 한다.

자비네와 패트릭의 파트너 관계에서 첨예화된 문제들은 범행을 유발하는 요소로 볼 수 있다. 자비네는 상대방의 거칠고 예측 불허이며 좌절감을 주는 행동 때문에 무척이나 괴로워했고, 그로 인해 비난, 질투 그리고 가치 절하와 대면하는 자신을 보게 되었다. 또한 그의 사디즘적인 상징적 행동들을 견뎌야 했고, 그 때문에 불만스런 위치로 내몰리는 체험을 했다. 그녀는 이런 고통을 오래 그리고 희생적으로 견뎠음에도 패트릭이 자신에게서 떠나려 한다는 것을 느꼈을 때 두 배로 실망을 했다.

우유부단함, 희망, 벗어나고 싶은 소망 그리고 헤어지고 싶지 않은 감정 사이에서의 발생한 끊임없는 갈등이 그녀의 가슴속에서 절망적이고 우울한 기분을 유발시켰다. 이런 기분은 두통과 수면 장애와 같은 심신 상관적인 반응을 통해 더욱 악화되었다.

이런 상황의 위험성은 인형 머리 자르기, 애완동물 학대 그리고 기니피그의 치명적인 방치와 같은 패트릭의 사디즘적인 상징적 행동들을 통해 더욱 커져 갔다. 최종적인 동기 유발자는 그녀의 인격에 대한 끊임없는 가치 절하에도 불구하고 그리고 그의 변심에도 불구하고 그녀와 성관계를 가지려는 패트릭의 요구였다.

공격 행위를 하는 동안에 자비에는 우리가 '피의 중독'이라고 표현하는, 전문적으로는 '오버킬(과잉 살인)'이라고 부르는 것에 빠져들었다. 이런 상황에서 그녀는 대단히 흥분해 있었고 자신의 행위 목적에 완전히 몰입해 있었다. 이미 죽은 패트릭을 계속해서 칼로 찌른 것은 오랜 시간 지속된, 깊이 배어 있던 감정, 결코 가라앉을 수 없는 증오를 표현한 것과 다름없다. 이런 증오는 시신의 거세와 눈을 찌르는 행위에서 절정에 이른다.

앞에서 언급했던 시신 훼손은 악의적인 자기도취자의 사디즘적인 행동이 아니라 '남성의 억압'으로부터 해방되는, 즉 성의 대결에서 승리를 획득한 한 여성의 상징적인 행동으로 해석해야 한다. 생식기의 분리는 오랫동안 참아야 했던 성적인 역겨움에 대한 복수로 보아야 할 것이다. 거세는 그녀가 사랑하기도 하고 혐오하기도 했던-패트릭뿐 아니라 아버지에 대해서도-남성에 대한 승리를 의미한다.

마찬가지로 피살자의 눈을 찌른 것은 마치 원시민족의 관습적인 행위와 전쟁 중의 시신 훼손을 연상시키는 것으로 상징적인 의미를 가진다. 눈은 엄격함, 통제, 맹목적인 고정, 기대 혹은 완전한 투영 등을 대변한다. 자비네에게는 눈이 아마도 파트너의 특성 중에서 그녀가 떠나는 것과 자신의 생각을 실현하는 것을 불가능하게 만든 부분을 상징했을 것이다.

어쩌면 그녀는 자신을 몰락하게 만든 모든 것을 없애 버리고 싶었을지도 모른다. 그리고 어쩌면 자신의 젊은 시절을 파괴한 인생의 한 부분을 지워 버리고 싶었을지도 모른다. 그녀는 자신의 머릿속에서 경멸과 역겨움에 대한 기억을 없애고자 했다. 그녀의 가슴속에는 분명 과거에 부모의 눈에 비쳤던 대로 젊고 예쁘고 사랑스러운 모습으로 돌아가고 싶은 욕구가 있었을 것이다.

그런데 감정은 갑작스럽게 통제되지 않은 격렬함과 원초적인 분노와 함께 나타날 수 있을 뿐 아니라 지연되어 더욱 뚜렷해질 수도 있다. 차가운 분노와 같이 지연된 감정의 격앙은 뜨겁고 과열된 것으로 나타나는 갑작스러운 감정 격앙과 반대의 의미를 가진다.

차가운 분노의 경우에는 괴로운 질투심 혹은 끓어오르는 복수심을 가진 당사자가 부정적인 감정을 오랜 시간 동안 참고 폭발을 억누를 수 있다. 그러나 이런 분노는 더 정확한 계획과 그로 인해 덜 맹목적인 범죄 실행을 위한 시간도 제공한다. 그렇게 되면 공격 행위는 훨씬 더 구체적으로 실행될 수 있다.

갑작스런 감정은 모든 것을 휩쓸어 버리고 맹목적인 파괴의 흔적만을 남기는 폭풍과 비교되는 반면, 지연된 형태의 감정은 그 사용이 훨씬 더 신중하게 결정되는 시한폭탄에 상응된다. 이런 폭탄이 정확히 정해지지 않은 시점에 흔히 사소한 동기에 의해 폭발하게 되면 명중도가 상승하여 그 효과는 더욱더 끔찍해진다. 대부분의 경우 치명적인 계획과 파괴적인 폭발의 악한 결합은 그 결과가 더욱 심각하다.

감정 변화가 보여 준 끔찍한 범죄

이쯤에서 필자가 당신에게 몇 가지 사례를 소개한다. 모두 끔찍한 감정 변화가 지니는 의미를 잘 보여 준다.

* 32세의 볼프강 M.은 아내에게 버림을 받았다. 그 후 볼프강은 아내의 뒤를 밟았고 아내가 다른 남자의 집으로 이사한 사실을 확인하였다. 몇 주 뒤에 그는 작업복과 공구를 구입했다. 그러고는 아내와 남자가 있는 집으로 가 초인종을 누른 뒤 집주인의 지시로 집을 수리하러 왔다고 말했다. 그러자 가운을 입은 한 남자가 문을 열어 주었다. 그 순간 볼프강은 망치로 그의 머리를 여러 번 가격했다. 그는 아내의 새로운 남자친구를 한 번 보려고 했을 뿐인데, 그를 보는 순간 맹목적인 증오가 몰려오는 것을 느꼈고 부정적 감정의 위력에 스스로를 제어

할 수 없었다고 말했다. 법의학적 평가단은 범인의 감정이 책임 능력의 상쇄 혹은 제한을 유발했는지 의견을 모으지 못했다. 법정은 가해자에게 살인의 죄를 짊어지게 해도 될 것인지 분명하게 판단하지 못했다.결국 볼프강은 일반적으로 이해될 수 있는 격렬한 감정의 변화를 고려하여 7년의 징역을 선고받았다. 어떤 범죄에서 강렬한 감정과 정서가 문제될 때는 피고에 대한 배려의 여지가 존재한다.

* 21세의 미하엘 F.는 형의 아내와 사랑에 빠졌다. 형은 직업상 여행을 자주 다녀 주말에만 집에서 생활했다. 그로 인해 그와 형수의 열정적인 애정 관계가 지속되었다. 하지만 형수가 형의 아기를 임신했다며 갑자기 관계를 정리할 것을 통보했다. 이에 화가 난 미하엘은 형수를 칼로 찔러 치명적인 상처를 내 죽음에 이르게 했다. 그러고는 죽은 형수의 하복부를 절개하여 자궁 속의 태아를 꺼내 창문 밖으로 던졌다. 오래 지속된 감정에 따른 블랙아웃, 즉 의식 상실이었다는 그의 대답은 인정되지 않았다. 그는 무기징역을 선고받았고, 인격 장애가 있는 범법자들이 모여 있는 시설로 보내졌다.

* 37세의 페터 H.는 이혼한 지 반년이 지난 어느 날 전 부인의 직장 앞에서 그녀를 기다렸다. 그는 수갑, 망치, 칼, 긴 철사 등을 준비해 놓은 상태였다. 전 부인이 야간 작업 후에 공장 건물에서 나오자 그는 뒤에

서 망치로 그녀를 때리고 철사로 목을 묶어 질식하게 만들었다. 피고인은 전 부인을 보는 순간 감정이 파괴되어 '신경 기능의 붕괴'가 일어났기 때문에 자신의 행동에 책임질 능력이 없었다고 변론했다. 하지만 법정은 인정하지 않았고 그에게 무기징역을 선고했다.

사례들을 살펴보면 의미가 다르기는 하지만 전적으로 갑작스럽거나 격한 감정만의 탓이 아니라는 것을 알 수 있다. 그런 종류의 범행은 감정과 정서를 통해서만 유발되는 것이 아니라 다른 요소들도 중요한 역할을 하는 것이 분명하다. 감정의 격앙으로 인한 어떤 사건들은 용서될 수 있지만 모두 그런 것은 아니다. 뿌리가 다양한 이런 폭력의 동기들 속에는 실망, 시기, 분노, 노여움과 더불어 악도 들어 있다.

갑작스러운 감정보다는 오랜 기간 지속되어 온 감정의 억제와 발달이 악한 행동방식을 유발할 수 있다. 시기, 질투, 증오, 분노 그리고 복수 등의 경우에는 이런 점이 잘 확인되는 반면에, 겉으로 보기에 중요해 보이지 않는, 일상적인 감정이 지닌 범죄의 잠재력은 매우 간과되고 있다. 바로 모욕과 상처받은 마음이 지닐 수 있는 범죄의 잠재력이다.

악한 사고와 행동의 유발인자

멸시와 비방부터 무례함과 무시에 이르기까지 모욕의 다양한 형태들은 가장 중요한, 그러나 가장 적게 주목받고 있는 악한 사고와 행동의 유발인자들이다. 사실 모욕이란 일종의 사회적 과정이고 상처를 주고 상처를 받는 사람 사이에 이루어지는 상호작용이지만, 많은 악한 행동의 감정적 배경이 되곤 한다. 그런데 모욕의 중요성은 심리치료, 범죄학 그리고 학문 분야에서 도외시되어 왔다. 심지어 통상적으로 인증된 개념 정의나 의학적인 진단법도 없다. 모욕감을 느끼는 대부분 경우 객관적으로 볼 때는 사소한 일에 관한 것이기 때문에, 주관적으로 느끼는, 한 개인의 인생을 좌우할 수 있을 정도의 중요성은 쉽게 간과된다. 그 결과 강박관념과 금기화 증상이 나타날 수 있다. 자아와 자존감의 지속적인 훼손이라고 할 수 있는 모욕은 가장 내면에 있는 자아를 겨냥하는 것이고, 사랑 결핍과 사랑의 상실에 대한 인간의 원초적 불안감을 유발한다. 모욕을 당한 사람은 수치감 때문에 흔히 자신의 문제를 밖으로 말하지 못하고, 내적으로 지치고 소진되는 과정을 겪는다. 이런 상태는 – 겉으로는 드러나지 않게 – 우울증과 심리적, 신체적 고통, 병적 욕망과 불쾌감, 그리고 복수심과 증오를 유발할 수 있다. 아마존에 있는 한 나비의 날갯짓이 몇 주 뒤에 텍사스에서 회오리 돌풍을 일으킬 수 있다는 나비효과와 마찬가지로, 모욕감이 불화, 심각한 범죄, 살인과 테러의 뿌리가 될 수도 있다는 뜻이다.

2015년 3월 24일, 당시 27세였던 안드레아스 L.은 부조종사로서 149명이 탑승한 에어버스 A320을 의도적으로 산을 향해 조종하여 프랑스의 알프스 지역에서 추락시켰다. 조사 결과 안드레아스 L.은 지난 몇 년 동안 시각 장애로 인한 시력 상실에 대한 두려움과 우울감 때문에 모두 41명의 의사를 방문했고 매우 다양한, 대부분 향정신성인 약들을 처방받았다. 그는 부분적으로 심리적으로 불안정하고 비행에 부적합한 것으로 판정되었고, 빈번하게 진단서가 제출되었다. 그가 사건에 앞서 자살 생각에 얼마나 몰두했는지는 그의 태블릿 PC를 조사한 결과 밝혀졌다. 그는 자세하게 자살에 대한 정보를 찾아보았고, 치명적인 약물 등을 검색하였다. 그의 시신에서는 항우울제와 수면 유도제의 잔재가 검출되었다. 우울증과 불안 장애가 자살 위험성의 상승과는 연관되어 있지만 타인 가해의 위험성은 감소시키는 것으로 알려져 있기 때문에 아마도 이 비극의 주요 동기는 한 상처받은 사람이 신호탄을 쏘아 올린 것으로 봐야 할 것이다. 즉 안드레아스 L.은 사랑하는 직업을 잃을 것에 대한 두려움 때문에 자신의 문제를 숨기려고 했다. 그래서 그는 혼자 남겨진 채, 자신의 우울함 감정에 빠져 공격적 감정을 단지 자신의 회사뿐 아니라, 냉정하고 매정하다고 느꼈던 주변 세상, 그의 경우에는 승객들을 상대로 발산했을 수도 있다. 다른 살인자와 대량 학살자에 대한 많은 조사에서도 흔히 어떤 결정적인 동기는 발견되지 않고, 기껏해야 사소하게 보이는 유발인자만이 확인되곤 한다. 그러나 전반적으로 겉으로는 '쿨하게' 보이는 범인들을 검사하는 과정에서 자신도 인지하지 못했던 마음의 상처, 모욕감 등이 확인되었다.

사회적으로 인정되는 모욕의 한 형태라고 할 수 있는 명예훼손은 아직도 명예가 매우 중시되는 나라들에서는 소위 명예

살인과 피의 복수의 주요 원인이 되고 있다. 때때로 몇 세대에 걸쳐 이어지는 이런 범죄들에서 모욕의 엄청난 파괴력을 볼 수 있다. 거의 언제나 그 시작은 가족의 명예훼손, 통상적인 논쟁, 사소한 불공정함이나 일상적인 갈등에 있다. 복수심의 배경에는 언제나 상처 입은 정의감과 공격받은 자존감 등이 있다. 곁으로 보기에 이런 사소한 유발원인의 효과가 얼마나 극적인지는 UNO의 발표가 잘 보여주고 있다. 여기에 따르면 세계적으로 10,000건 이상의 명예살인이 자행되고 있고, 피의 복수는 해마다 5,000명이 넘는 살인 희생자를 만들고 있다고 한다.

모욕은 전쟁의 경우 그 갈등의 뿌리로서 보다 더 극적으로 나타난다. 과거에 특히 독일의 연구원 에블린 게르다 린트너가 주장했던 멸시, 혹은 비하에 관한 가정에 따르면 수많은 대규모의 전쟁들, 예를 들어 1·2차 세계 대전의 발발도 자부심, 명예 그리고 품위에 상처를 입은 사람들이 느낀 심각한 굴욕감으로 설명될 수 있다고 한다.

그렇게 보면 우리가 1차 세계대전의 근본적인 원인을 모욕으로 본다고 해도 완전히 틀린 말은 아닐 것이다. 당시 세르비아에서 일어난 오스트리아 황태자 암살은 막강한 합스부르크 왕국에게 바로 그런 모욕이 되었다. 마찬가지로 아돌프 히틀러는 대중들을 상대로 발표한 전쟁 선전문에서 자신의 경험을 통해 잘 알고 있는 굴욕과 멸시에 대해 언급하며 선동하였고 이를 통해 인류에 대한 최악의 범죄가 자행되는 근본적인 동기를 제공했다. 가장 심각한 결과를 초래할 수 있는 모욕의 형태인 굴욕과 멸시는 오래전부터 권력 남용, 억압, 노예화, 전쟁의 발발, 범죄 그리고 악의 확실한 구성 성분이 되고 있다.

6장

성과 쾌락
그리고
범죄

|

"언젠가 저지른 잔인한 행위,
그것의 근간을 이루는 것은 숨어 있던 약점이다."

알프레드 아들러(오스트리아의 정신의학자)

|

감정적 접촉에 대한 지속적인 두려움

고양이는 곧 있으면 굶어 죽을 것 같은 모습으로 계단 아래에 누워 있었다. 이웃 사람의 신고로 이 고양이의 주인, 이름난 매춘부의 집에서 조사가 진행되었다. 경찰들은 집에서 여자를 발견하지 못했다. 평소대로라면 그녀는 이웃들과 규칙적으로 만나 대화를 나누었을 텐데 그녀의 모습은 일주일이 넘도록 보이지 않았다.

조사를 하던 경찰은 여자의 가게 단골 고객인 48세의 에른스트 K.를 범인으로 지목했다. 그리고 그의 집을 수색하다가 비정상적인 섹스 게임을 위한 몇 가지 도구와 포르노 영화 그리고 뿔뿔이 흩어져 있는 혈흔을 발견했다. 계속 범행을 부인하던 에른스트는 갑자기 단호하게 자신의 범죄를 자백하였다.

에른스트는 일주일 전에 평소 신뢰하던 매춘부를 찾아갔고 그녀를 자신의 집으로 데리고 갔다. 대물성 성도착성과 마조히스트적인 성향이 있었던 그는 여자 옷으로 갈아입은 후 게임용 수갑을 차고 매춘부에게 자신을 묶은 뒤 세게 때려 달라고 부탁하였다. 매춘부는 그의 요구대로 행동했다. 그런데 그가 거의 절정에 도달하려 했을 때 매춘부가 경멸적인 말을 했다.

"당신이 아무리 노력해도 사정할 수 없을 거예요. 그리고 난 시간이 그렇게 많지 않아요."

그녀의 말에 에른스트는 모욕감을 느꼈다. 순간 그의 내부에 분노가 강렬하게 일렁였다. 그는 게임용 수갑을 푼 뒤 그녀의 얼굴을 여러 차례 때렸고, 가죽 끈으로 목을 졸라 살해했다. 그러고는 시신을 면 수건으로 둘둘 말아 지하실로 옮겼다. 에른스트는 시신을 어떻게 처리할지 고민하다가 소형 톱으로 시신의 팔과 다리를 잘라 내 쓰레기봉투에 담았다. 작업을 마친 에른스트는 자신의 방으로 돌아가 잠을 청했다. 그리고 새벽에 일어나 쓰레기봉투를 상자에 넣은 뒤 수레에 실어 길을 나섰다.

에른스트의 말에 따르면 그는 평소 자신이 좋아하는 거리를 활보했고, 시신 수레와 함께 출근 인파가 가득한 기차역 광장을 가로질러 갔다. 또한 시신이 들어 있는 쓰레기봉투를 외떨어진 숲에 버리기 30분 전까지 철로 둑에서 들어오고 나가는 기차 사이를 행진했다. 그는 자신이 성도착증이 있고 마조히스트적인 성향이 있기는 하지만 결코 사디스트는 아니며 의도적으로 시신을 훼손한 것이 아니라고 말했다. 단지 그는 눈에 띄지 않게 운반하기 위해 시신을 토막 냈을 뿐이라고 주장했다.

에른스트는 공식적인 심문 후에 자신에 대해 이야기하기 시작했다. 거의 모든 살인자가 그렇듯이 그의 어린 시절은 아름답지 않았다. 그는 무관심하고 냉정하며 정신적으로 문제가 있었던 어머니와 성질 급한 아버지 사이에서 자랐다. 그는 아버지에게 사소한 일로 매를 맞는 일이 잦았다. 그로 인해 머리를 꿰맨 적도 있었고, 치아가 부러진 적도 있었다. 학교생활 역시 평온하지 않았다. 그는 선생님에게 혹독한 체벌을 받는 등 다른 아이들과 차별을 받았다. 선생님이 그의 부모를 불러서 그의 행동에 대해 불평을 하면 아버지와 어머니는 선생님의 말만 믿고 그에게 매를 들었다. 그는 당시 선생님을 죽이고 싶다고 생각한 적이 많았다. 그로 인해 몇 년 뒤 그 선생님이 죽었다는 소식을 들었을 때 진정으로 기뻐했다.

그는 수영을 하지 못해 친구들에게 놀림을 받기도 했다. 한 번은 여러 명의 소녀가 그에게 자신들이 물에 빠지면 구해 줄 거냐고 물어보자 그는 이렇게 대답했다.

"나는 너희들의 돈지갑을 꺼내고 액세서리를 뺏은 후에 너희가 물속으로 가라앉게 놔둘 거야."

그는 시간이 흐를수록 사소한 일로 화를 내는 일이 많아졌다. 그는 직업 교육 기간 동안 동료들이 농담으로 예쁜 여동생과 함께 잠을 자느냐고 묻자 화를 억누르지 못하고 커다란 나뭇가지를 가져와 그들을 마구 때렸다.

그러던 중 그에게 첫 번째 이상 신호가 나타났다. 한 가게에 들어가 일을 보는데 여자 판매원이 일을 느리게 처리하자 판매원에게 성관계를 할 때도 그렇게 느리냐는 황당한 말을 한 것이다. 여자가 당황하여 그를 비난하고 질책하자 순간적으로 그녀의 목을 조르고 싶은 강렬한 욕구를 느꼈다고 한다.

그동안 그는 성적으로 자신이 정상적이지 않다고 느끼고 있었다. 그 일이 있은 후부터 그는 성관계를 할 때 아무런 느낌도, 아무런 흥분도 감지하지 못했다. 사춘기 시절에 그는 여성용 옷, 특히 하이힐과 여성 속옷에 강한 흥미를 가지게 되었다. 그는 종종 자신이 매춘부가 되어 실크 스타킹과 에나멜 부츠만을 신고 도도하게 걸어 다니는 꿈을 꾸었다.

그는 성관계를 할 때 자주 실패했다. 상대방이 사랑스럽지 않거나 그를 재촉할 때는 더욱 그러했다. 그는 자신의 성관계 대상으로 나이가 든 여자들, 대부분 매춘부를 선호했다. 그들은 성급하게 행동하지 않고 그에게 충분한 시간을 허용했기 때문이다. 그는 그러한 여성들과 있으면 조금은 보호받는 듯한 느낌이 들었다. 그래서 종종 그녀들에게 자신에 대한 이야기를 들려주곤 했다.

어린 시절부터 그의 마음속에는 치명적인 증오심이 있었다. 처음에는 부모, 나중에는 선생님, 그 다음에는 완전히 무관한 사람들에게 증오를 느꼈다. 이런 증오심은 사람들이 자신을 비판할 때 혹은 어떤 형태로든 자신을 차별할 때 더욱 강렬해졌다. 그럴 때 그는 완전히 자제력을 잃어 위험한 인간, 일종의 시한폭탄처럼 행동했다.

하지만 그는 매춘부의 살인은 우발적으로 벌어진 일이라고 주장했다. 그는 자신에게 신뢰감을 보여 준 그녀를 좋아했다고 말했다. 사건 당일 그는 퇴근길에 간단하게 맥주를 마시고 집으로 돌아와 TV를 켰다. 화면에는 한 여자가 물이 가득 찬 욕조에서 목이 졸려 질식당하는 장면이 나왔다. 그 장면을 본 에른스트는 자극을 받아 성관계를 맺기 위해 거리에서 매춘부를 데리고 왔다.

그렇게 성관계를 시작할 때부터 그의 머릿속에는 공격적인 생각, 교살, 피 그리고 무지막지한 살인의 모습이 떠올랐다. 그런데 매춘부는 평소와 달리 그를 성의 없이, 정확히 말하면 직업적으로 대했다. 그런 와중에 그녀가 자신을 무시하는 발언을 하자 그녀를 죽이고 싶은 강렬한 욕구가 생겨난 것이다. 에른스트는 이렇게 말했다.

"그때 나는 영화를 생각했고, 그녀를 때리고 그녀의 목을 졸랐어요. 목을 조르자 비로소 제대로 흥분이 되었어요. 나는 그녀에게서 떨어져 그녀를 바라보며 자위를 했어요. 절정에 이르기까지는 아주 짧은 시간밖에 걸리지 않았어요. 그 점에 대해서는 나 스스로도 놀랐어요. 그때 벨트가 눈에 들어왔어요. 그 순간 벨트를 그녀의 목에 두르고 제대로 조이고 싶다는 생각이 들었어요. 왜 내가 그런 욕구를 가지게 되었는지는 설명할 수 없어요. 그냥 그러고 싶었어요. 물론 그녀가 나중에 나를 고발할 수도 있겠구나 생각했어요. 그런데 난 그녀가 죽은 것을 확인하고 싶기도 했어요."

에른스트는 정신의학적 감정에서 이미 세분화된 성도착증과 높은 충동성, 자기도취적인 긴장 상태가 있는 심각한 인격 장애가 확인되었다. 그의 사디즘적인 환상은 최종적으로 뚜렷한 악성을 보였고 성범죄 살인범의 FBI 유형학에서는 해체된 유형으로 분류되었다.

그의 성적인 장애는 성적 성향·애호와 관련이 있다. 그에게는 뚜렷한 사정 지연의 증상과 더불어 점점 심해지는 사디즘적이고 마조히즘(자기학대)적인 경향, 대물성 음란증적 의상 도착증이 확연하게 나타났다. 이런 증상은 대물성 음란증의 대상물 혹은 의상을 직접 입을 뿐 아니라 그 모습이 자신을 다른 성의 인물로 깨닫게 한다는 점에서 단순한 대물성 음란증과 구별된다.

전형적인 방식으로 그는 아주 오랜 기간 동안 비밀스럽게 여성 물품을 들고 다녔고, 때때로 여장을 하기도 했다. 대물성 음란증적 의상 도착증의 특징이 그렇듯이 성적인 자극과 욕구는 옷의 착용과 외모와 강하게 연결되어 있다.

이런 성향과 관련해서 그는 파괴적인 과정을 동반하는 중독적인 행동을 하게 되었다. 즉 그는 자신의 성적인 체험에 점점 더 몰입하게 되었고 대물성 음란증과 사디즘의 성향으로 고정되었으며, 익명을 사용함으로써 진정한 파트너 관계를 맺을 수 없게 되었다. 성도착적인 행동이 늘어나면서, 특별한 성적 행위 없이는 만족을 느끼지 못하면서 그에게는 악성의 성도착증이 나타났다. 부족한 만족감은 환상과 현실의 해체, 끊임없는 감정의 상승, 강렬한 내적 불안의 억압 그리고 중독적이고 도취적인 행동 등을 유발하였다.

에른스트에게 나타난 사도마조히즘(가학피학증적 변태 성욕)은 다른 측면으로 향하는, 즉 충동적으로 표현되고 극치감으로 폭발되는 성적인 행동의 표현으로 이해될 수 있다. 또한 그의 경우 20년의 징역을 판결받은 후에도 계속해서 무서운 성적 환상으로 나타났던 사디즘은 쾌락적인 파괴 충동으로 해석될 수 있다. 이와 더불어 사디즘적인 경향은 섹스 파트너의 장악, 전면적인 복종의 마음가짐, 독립성의 완전한 포기 등을 겨냥한다. 매춘부가 오래 지속되어 온 에른스트의 사도마조히즘적인 행위에 대해 언어적인 저항을 하자 매춘부에 대한 그의 호감이 증오로 바뀌었다. 에른스트는 어린 시절에 그러했던 것처럼 그녀에게서 모욕감을 느끼고 실망을 한 것이다.

다른 사람의 관심과 배려를 느끼지 못하고 성장한 사람들은 이후에 악한 증오감과 치명적인 분노를 표출할 가능성이 크다. 에른스트의 경우, 성적 장애와 함께 사회생활의 문제점도 고려되어야 한다. 악으로 이끄는 감정들은 흔히 고립에서 발생하기 때문이다. 그에게서 나타나는 사회적 접촉에 대한 불안정성은 대단히 거부적인 결합의 두려움으로부터 유래하였다. 이런 두려움은 감정적으로 문제가 있는 모자 관계와 연관이 있다. 인간관계를 통해 그는 자신의 의존 문제와 자율성 문제를 접하게 되었고 그 때문에 상대방에 대해 공격적인 경향, '투쟁 관계'의 특징을 드러내게 되었다.

그의 성적인 미성숙은 성도착적인 행동 방식에서 나타났고, 그중에서도 대물성 음란증적 의상 도착증, 사디즘이 압도적으로 나타났다. 안정된 성적 관계는 증오가 넘치고 공격적이며 통제 불능인 충동의 개입 때문에 결코 성공하지 못했다.

살인 행위는 성적 측면이 강조된 공격적 충동의 갑작스런 폭발로 볼 수 있다. 살인은 의식화되었거나 미리 확정된 것이 아니었다. 처음부터 매춘부를 노린 것은 아니었다. 희생자의 교체는 얼마든지 가능했다. 살인의 유발인자는 사소했지만 에른스트의 성숙도를 생각하면 (그는 부분적으로 커다란 아이였다.) 결코 우연은 아니었다.

에른스트의 모자 관계를 분석해 보았을 때, 그가 어머니의 모습을 좋은 부분과 나쁜 부분으로 나누어 놓았음이 분명하게 나타났다. 일찍부터 나타났던 그의 두려움, 갈등, 충동이 지속적인 자기도취적 긴장과 진정한 감정적 접촉에 대한 지속적인 두려움으로 이어졌던 것이다.

성과 관련된 살인

성과 관련된 살인에서는 악의 두 가지 형태가 합쳐진다. 그것은 바로 폭력적인 성행위와 인간의 살해이다. 성과 관련된 살인은 성적인 공격과 살인의 결합을 의미하고 성적인 요소들과 최종적으로 희생자를 죽음에 이르게 하는 공격성이 포함되어 있다.

이런 범행은 살인과 함께 성폭행과 같은 명백한 성적인 공격이나 성적인 상징 행동을 보여 준다. 이런 것들은 희생자의 나체 상태, 성적인 면이 강조된 신체의 자세, 시신의 위 혹은 옆에 있는 정액의 흔적과 생식기의 훼손 등에서 나타난다. 때로는 소위 위장 살인이 일어나기도 하는데, 살인을 통해 희생자가 그 전에 일어난 성폭행에 대해 영원히 입을 다물게 만드는 것이다. 이런 경우에는 사디즘적인 충동과 성적인 살인의 희열은 아무런 역할을 하지 않는다.

세계적으로 유명한 범죄심리분석관 로버트 레슬러는 그가 검사한 성범죄 살인자들을 조직적 살인범과 비조직적 살인범으로 구분하였다. 조직적 유형의 성적 살인범은 대부분 중산층의 가정에서 성장했고, 신체적인 혹은 성적인 쇼크를 체험한 적이 없으며 일찍부터 눈에 띄는 행동을 보인 적이 없었다. 그들은 대부분 좋은 교육을 받았고, 직업적으로 안정되어 있었으며, 정상적인 파트너 관계 속에서 생활했다. 그러나 이렇게 눈에 띄지 않는 평범한 시민적인 외형 뒤에는 끔찍한 사디즘적인 환상이 숨겨져 있고, 당사자들은 이런 환상에 중독될 정도로 집착하는 모습을 보였다. 이런 특징은 심각한 긴장 상태를 유발하고, 드물지 않게 심신 상관적인 장애, 예를 들면 두통 등으로 표현된다.

조직적인 성적 살인범은 자신의 범행을 치밀하게 계획한다. 그들은 기습을 위해 고려의 대상이 되는 장소들과 확실한 도주로를 탐색하고 적당한 희생자의 뒤를 쫓는다. 또한 돌발 상황을 신중하게 생각해 둔다. 희생자들은 대부분 범인과 알고 지내지 않은 사람들, 그 어떤 결정적인 자극을 통해 그의 흥미를 끌었던 사람들이다. 기습은 소리 없이 그리고 희생자에게 어떤 기회도 허용하지 않는 방식으로 실행된다. 조직적인 범인들에게 상황에 대한 통제는 희생자에 대한 통제만큼이나 중요하다. 그리고 범행도 절대로 성급하게 실행하지 않고 대부분 일종의 의식처럼 거행한다.

조직적 유형의 성적 살인은 소설과 영화에 나오는 연쇄살인범의 모습과 유사하게 거의 흔적을 남기지 않는다. 우리가 생각할 수 있는 것처럼 체포 가능성도 적다. 그러나 그들은 대부분 자신에 대한 과대평가와 희생자에 대한 오만에 빠진다. 그들은 스스로 대단히 안전하고 대단히 막강하다고 느낄 때 결정적인 실수를 저지른다. 그러나 불안하게도 세계적으로 100명 이상의 연쇄살인범이 잡히지 않고 자유롭게 거리를 활보하고 있다. 악은 우리들 사이에서 계속해서 움직이고 있다.

이와 달리 비조직적 유형의 성적 살인범은 대부분 폭력적이고 불안정한 환경에서 성장하였고, 흔히 신체적 혹은 성적 폭력의 희생자가 된 경험이 있다. 그리고 이른 행동장애를 보이고 젊은 시절에 처음으로 범죄자가 된 경우가 많다. 이러한 사람은 대부분 학업을 중단하였고 직업 교육도 받지 않았다. 또한 관계 행동이 매우 불안정하고, 독신으로 사는 사람이 많았다. 그들의 인격 구조는 심각한 소심함과 예민함을 보이고 따돌림이나 비판에 긴장과 공격성의 반응을 보인다.

그들은 특별히 범행을 계획하지 않는다. 희생자는 대부분 주변에서 알고 지내던 사람 중 한 명이다. 치명적인 사건에서 대부분 문제가 된 것은 지인들 사이에서 감정적으로 격화된 긴장감이 넘치는 상황이다. 이때 흔히 모욕을 주는 말이나 무시하는 행동이 나온다. 그러면 내재되어 있던 범인의 공격성이 발휘되고, 둑이 무너져서 쏟아지듯 살인 행위가 벌어진다. 그들은 최고로 흥분된 상태에서 성적인 공격을 가하는데, 많은 경우에 이미 죽은 희생자를 상대로 그런 행동을 한다. 그들은 자신의 갑작스러운 힘을 극단적일 정도로 즐긴다. 그러한 행동은 스스로에게도 낯설게 느껴진다. 범행을 저지른 것은 인격이나 소망과 아무런 관련이 없는 것으로 보인다. 이런 경우 자연히 발각될 확률이 훨씬 더 높다.

비조직적인 유형의 모든 성범죄, 특히 살인의 경우, 범인은 상해 사건과 유사하게 술에 취해 있는 경우가 자주 있다. 알코올의 영향이 일반적으로 성적인 공격성을 상승시킨다. 성범죄에 대한 매우 다양한 연구에서 각기 다른 종류의 수치가 언급되었다. 그것에 따르면 범인의 38~63%가 범행을 저지르는 동안 술에 취해 있었다고 한다. 이로써 술의 소비가 성적인 범죄에 대한 근본적인 위험 요소의 역할을 한다고 볼 수 있다. 술은 두려움 감소와 사회적인 자제력 상실을 유발하고, 충동의 이성적인 처리, 장기적인 결과의 고려와 희생자에 대한 감정 이입을 강하게 제한한다.

전통적인 성적 연쇄살인에서는 흔히 범죄 영화에 나오듯이 생물학적·사회학적 그리고 발생학적 요소들의 상호작용이 관찰된다. 여러 차례의 검사에서 어린 시절에 뇌 손상을 입었거나 뇌 이상, 특히 오른쪽 측두엽 부위에 이상이 있는 범인의 비율이 평균 이상으로 높게 나왔다. 이를 통해 유발된 성격 장애와 행동 장애는 성적인 통제, 정서적 공감 그리고 사회생활과도 관련이 있다. 그러나 이러한 세부적으로 확인되지 않은 요소들이 사디즘적인 환상의 생성을 유리하게 만든다고 가정할 수는 없다.

연쇄살인에서 우리는 특수한 결정적 체험과 발단이 되는 자극을 관찰할 수 있다. 예를 들어 범인들은 어린 시절에 동물 학대 장면을 보았거나 자신의 애완동물이 화물차에 치이는 모습을 목격한 것과 같은 인상적인 경험에 대해 말했다. 또한 어린 시절의 체벌, 어머니에 대한 폭력 혹은 성폭행 경험 등도 그러한 사건들에 포함될 수 있다. 특별히 연쇄살인범의 심리를 전문적으로 연구했던 슈테판 하르보르트는 그러한 살인 행위가 이런 결정적 자극의 근본적인 요소들을 반영할 수 있다고 지적했다. 예를 들면 돼지를 찔러 죽일 때처럼 칼을 측면에서 찔러 살해하거나 동물을 도살할 때처럼 희생자의 내장을 끄집어내는 경우를 말한다.

하르보르트는 사디즘적인 폭력 환상에 의해 자행된 연쇄 살인과 관련하여 7개의 진행 단계로 이루어진 특이한 감정의 발달 주기와 행동 주기를 설명하였다. 그는 많은 소설과 영화에서 묘사되는 오늘날의 악의 화신, 바로 성범죄 살인자의 내면적인 삶, 사고 세계 그리고 감정 세계에 특별한 관심을 쏟고 있다.

* 각인 단계_ 이 단계에서 범인은 결정적인 자극을 체험한다. 처음에는 이것을 자신의 성생활의 구성 요소로 느끼지 않는다. 그보다는 이런 자극이 불분명하게, 감정적 차원에서 말하자면 어딘지 모르게 자극적으로 기묘하게 기분이 좋은 혹은 말 그대로 이상한 감정이 들게 작용한다.

* 발전 단계_ 조금 더 시간이 지난 후에는 발전 단계가 시작된다. 각인된 체험이 생각 속에서 다시 경험되고 환상 속에서 발전되는 것이다. 즉 처음에는 가벼운 환상 속에서, 나중에는 도구를 이용한 자위 행위로, 최종적으로는 폭력 환상으로 형성된다. 이 단계에서 다른 성적인 자극들은 의식적으로 사라지거나 더 이상 지각되지 않는다.

* 독립 단계_ 이 단계가 되면 일종의 제의와 같이 비정상적인 성행위가 이루어지는 자기만의 체험 세계가 발달한다. 이것은 성도착증, 즉 성행위의 병적인 일탈의 형태로 나타난다. 그러나 이런 상황은 다른 한편으로 자존감을 망가뜨리고 좌절감을 불러일으키며 자신의 인성을 '정상적'과 '비정상적'으로 혹은 '선한 것'과 '악한 것'으로 구분하려는 욕구가 생기게 한다. 동물 학대나 수간 행위가 본인에게도 낯설고 거부감을 주고 비밀스럽고 강제적인 것으로 느껴지지만 동시에 즐거운 것으로도 느껴진다. 이와 동시에 극단적으로 커진 환상 속에서 충동이 점점 커지고 이런 충동이 처음으로 살인을 생각하게 만든다. 이때 중요한 것은 성적인 문제가 아니라 힘과 통제, 희생자의 무력함과 당혹함으로부터 얻어지는 희열의 획득이다. 이때 완전히 굴복당한 희생자를 상대로 점점 강렬하게 의기양양한 본인의 전능함을 느끼고, 이를 통해 현실 세계는 전능함의 믿음으로 대체된다. 이것이 범인을 고립되게 만들고 그들만의 세계에서 살게 만든다. 그래서 그들은 외부적으로 괴짜와 기인으로 간주된다.

* 시험 단계_ 이 단계는 환상을 행동으로 옮기려는 욕구에 의해 지배된다. 다른 성적인 행동들은 세월의 흐름 속에서 자극을 잃어가고 점점 더 의미가 적어진다. 환상을 실제로 직접 체험하고 싶은 소망이 점점 더 커져 간다. 적절한 범행 장소와 잠재적인 희생자를 물색함으로써

시험과 준비 행동이 시작된다. 대부분 첫 번째 기습을 통해 시험 행동이 일어나는데, 이때는 살인이 일어나지는 않는다. 흔히 그 전에 여러 가지 시도가 실행된다. 특히 높은 비율의 성폭행 시도, 성적인 강요와 신체적 상해 등이 후에 체포된 성범죄 살인자들에게서 확인되었다.

* 전환 단계_ 이 단계에서는 마침내 일이 어느 정도까지 진행되고, 첫 번째 살인이 벌어진다. 이 살인 행위는 바로 환상이었던 소망의 극적인 상승, 완전하게 능력을 펼치고 모든 것을 할 수 있기를 바라는 성적인 욕구를 표현하는 것이다.

* 심화 단계_ 이 단계에서는 범인이 한편으로는 마음이 가벼워지고, 다른 한편으로는 충격을 받고 당황스러워하는 모습을 보인다. 범인의 내면은 두 가지 이중적인 감정, 즉 책임에 대한 비난과 에로틱한 반응이 지배한다. 또한 금방 발각될 것에 대한 두려움이 생기기 시작한다. 이러한 새로운 관점의 확립 과정은 그 다음 범행이 긴 간격을 두고 (평균적으로 2년이 넘은 후에) 일어나게 만든다.

* 반복 단계_ 이 단계의 초기에는 살인 환상의 지속적인 작용과 그것의 강화가 나타난다. 상상 세계 속에서의 범행 체험으로는 더 이상 충분하지 않다. 힘이 더 소진되고, 매혹적인 느낌이 무감각해져 이제 쾌

락이 현실에서 다시 반복되어야 한다. 다양한 감정의 반응을 체험하게 되는 이 시기 동안 직업적인 후퇴 혹은 개인적인 질병과 같은 좌절의 경험이 과정의 가속화를 유발한다. 살인에 대한 망설임은 반복을 통해 점점 감소하고, 범인은 빠르게 자신의 범행에 익숙해진다. 폭력의 상호 경쟁 속에서 범행 사이의 간격이 점점 짧아진다. 발각되지 않는 한, 범인은 자기도취적인 망상에 빠져 완전범죄를 꿈꾼다. 하지만 시간이 지날수록 범인에게는 이런 생각이 오히려 방해물이 되기도 한다. 그로 인해 범인은 점점 더 신중함을 잃고, 결정적인 실수를 하게 된다.

인간에게 집약된 다양한 악의 요소

에른스트의 사례는 기본적으로 비조직적 유형으로 분류되지만 조직적 유형의 특징도 보이고 있다. 반면 범죄사에서 가장 유명한 사례 중의 하나인 에드먼드 에밀 켐퍼의 범행은 그 유형이 명백하게 구분된다. 그의 연쇄살인은 대형 범죄가 결코 적지 않은 미국의 범죄사에서 가장 떠들썩했던 사건이다. 사건은 1972~73년에 일어났다.

아버지 없이 성장한 켐퍼는 어린 시절부터 고양이를 토막 도살하는 등 동물 학대를 했고 누나인 수잔과 죽음의 의식 게임을 하는 특별함을 보였다. 음침한 생각과 사디즘적인 환상에 빠져 있던 켐퍼는 확실히 아이 같은 행동을 했다. 그러한 행동은 방화와 일관적인 학업 태만과 더불어 훗날에 나타난 인격 장애에 불리한 요소로 간주되었다.

켐퍼는 아이들을 키우는 것을 힘들어한 어머니에 의해 외떨어진 농장에서 살고 있는 친할아버지 집으로 가게 되었다. 그가 14세 때인 어느 날, 할머니가 할아버지와 함께 들에 나가는 것을 허락하지 않자 증오심에 할머니에게 총을 쏘았고, 부엌칼로 시신의 목을 찔렀다. 경찰 심문에서 그는 이런 행동에 대해 다음과 같이 말했다.

"나는 단지 할머니를 총으로 쏘는 것이 어떤 느낌인지 알고 싶었을 뿐입니다."

또한 그는 집으로 돌아온 할아버지 역시 총으로 쏴 죽였다.

이 어린 범인을 감정한 심리학자들은 그에게 소심하고 공격적인 인격 장애가 있되 특별히 극단적이지 않다는 진단을 내렸다. 하지만 정신질환자 범법자들을 위한 패쇄적인 병원에 수감하도록 조치했다. 그리고 7년 후, 2m의 키에 몸무게가 150kg이나 되는 거구로 성장한 그는 완치가 된 듯해 결국 석방되었다.

그는 어머니의 보호 아래 임시직 일을 하면서 생활하다가 샌타크루즈에 있는 고속도로 사무국에서 정규직으로 일하게 되었다. 하지만 성숙하고 똑똑하여 수감 시설에서 심리학자들의 조수로도 일을 한 그의 위험성이 과소평가되었다는 사실이 끔찍한 방식으로 증명되어야 했다.

많은 연쇄살인자가 그러했듯 그는 하루에 몇 시간씩 자동차를 타고 큰길과 고속도로 주변을 돌아다녔다. 적당한 희생자를 물색하기 위해서였다. 그는 언제나 젊은 여성인 히치하이커를 차에 태웠다.

1992년 5월, 그는 18세인 2명의 여성 히치하이커를 찔러 죽이고 그들의 시신을 어머니의 집으로 가져갔다. 그러고는 시신에서 내장을 꺼내고, 시신을 가지고 노는 자신의 모습을 폴라로이드로 찍었다. 그런 후에 그는 머리를 잘라 내 좁은 골짜기에 버리고, 나머지 부위는 샌타크루즈의 산에 파묻었다. 그리고 4개월 뒤에는 15세의 여학생을 질식시켜 죽인 뒤 시신에 부정한 행위를 하고 토막을 냈다.

외형적으로 확실히 치료가 된 것처럼 보인 살인자가 전문적인 정신의학자를 얼마나 잘 속일 수 있는지 그리고 그의 조작된 힘이 얼마나 강력할 수 있는지를 다음의 부수적인 사건들이 잘 보여 준다.

켐퍼는 살해를 한 뒤 토막 낸 머리가 자신의 차 트렁크에 들어 있던 시점에도 한 정신과 의사에게 정신감정을 받았다. 이 의사는 의례적인 검사를 한 후에 켐퍼에게 아무런 위험성이 발견되지 않는다고 확신하였고 관청에 지속적인 보호 수단과 통제 수단을 중단해도 좋을 것 같다는 조언을 했다.

그러나 켐퍼의 악행은 계속되었다. 켐퍼는 1993년 1월에 한 여대생을 자신의 차 트렁크에 억지로 태운 뒤 총으로 쏘아 죽였다. 그러고는 시신을 어머니의 집까지 옮겨 성폭행하고 토막을 냈다.

연속적인 실종 사건으로 두려움과 공포가 만연해진 샌타 크루즈에서는 이윽고 젊은 여성들에게 대학교 소속이 표시된 차량 외에는 히치하이크를 하지 말라고 권고했다. 하지만 켐 퍼는 어머니를 통해 대학교 스티커를 구해 차에 붙인 후 계속 해서 범행을 저질렀다. 그는 2명의 여성을 더 납치하여 이전의 희생자들처럼 사디즘적인 방식으로 살해하였다.

시간이 지나도 자신의 범죄가 발각되지 않자 켐퍼는 거리 낄 것이 없었다. 그로 인해 그에게 '나르시시즘적인 절정의 도 취'라고 표현할 수 있는 증세가 시작되었다. 그는 스스로를 삶 과 죽음의 지배자로 여겼을 뿐 아니라, 경찰 수사가 아무런 효 과가 없다는 생각에 자신을 더 이상 그들의 손에 닿을 수 없고 체포될 수 없는 존재라고 생각하게 되었다. 켐퍼는 점점 더 커 다란 환상 속에 빠져들었고, 결국에는 제어할 수 없는 살인의 희열에 휘둘리게 되었다. 그래서 그는 자신이 살고 있는 주택 단지의 모든 세입자를 쏘아 죽일 계획을 세웠다. 하지만 결국에는 그 계획을 실행하지 않았다. 그 대신 그는 이해할 수 없는 중대한 범행을 저지렀다.

그는 자고 있는 어머니의 머리를 망치로 때려 살해한 뒤 머리를 잘라 냈다. 그리고 머리가 없는 시신을 성폭행했다. 법의학자들은 어머니의 시신에서 성대가 떼어진 것을 확인하였다. 이후에 켐퍼는 그러한 자신의 행동에 대해 이렇게 말했다.

"어머니가 수년 동안 지른 소리가 무척 신경에 거슬렸어요. 나는 악한 언어가 나오는 기관을 없애 버리고 싶었어요."

그는 어머니를 살해한 후에 '서프라이즈 메뉴'가 있다고 여자 친구를 집으로 초대한 뒤 그녀를 때리고, 목을 졸라 죽였다. 그리고는 머리를 떼어 내 분쇄기로 갈았다. 그는 범행을 저지른 뒤 침대에 놓여 있는 어머니의 시신 옆에 누워 몇 시간 동안 잠을 잤다. 그리고 그 다음날인 부활절에 아침 일찍 차를 타고 주변 지역을 돌아다니다가 한 공중전화 박스에서 경찰서에 전화를 걸어 살인을 자백한 뒤 경찰이 체포하러 올 때까지 그 자리에서 기다렸다.

결국 켐퍼는 조기 석방의 가능성이 없는 종신형을 선고받았고 캘리포니아 주립 의료 교도소에서 죄의 대가를 치르게 되었다. 이미 첫 번째 수감 생활을 통해 정신감정을 위해 실시되는 모든 테스트의 정답을 외우고 있었던 켐퍼는 모범적인 수감자로 분류되어 수많은 특혜를 누렸다. 지능 검사를 통한 그의 IQ는 145였다.

그는 수많은 정신의학적 전문 용어를 사용해 가며 자신의 감정과 행동에 대해 이야기를 해 범죄심리학 전문가로 불리기도 했다. 그런 켐퍼는 인기가 좋은 연구 대상이었다. 그는 로버트 레슬러와 FBI 요원인 존 더글러스와 함께 몇 시간씩 인터뷰를 했다. 켐퍼는 영화 〈양들의 침묵〉의 주인공 한니발 렉터의 모델이 되기도 했다.

켐퍼의 범행에서는 매우 다양한 악의 요소가 집약되어 있다. 미성숙함부터 극치감의 성폭행, 시신에 대한 성도착적 사랑까지 무척이나 다양하다. 켐퍼의 인성은 심각한 사이코패스의 특성, 믿을 수 없을 만큼 강렬한 사디즘적인 에너지 그리고 폭넓게 확대된 성도착증의 모든 특징을 보여 준다. 그의 위험성은 상상을 뛰어넘는 성도착성, 사디즘적인 사고, 이것을 실현하려는 각오, 중독적인 특성을 가정한 살인의 희열, 외부적인 적응 능력과 자신의 모습을 조작할 수 있는 엄청난 능력으로부터 나온 결과이다. 그리고 절대적인 냉혹함과 희생자의 느낌을 전혀 공감할 수 없는 특징이 악의 결합을 완벽하게 만들었다. 그러나 이때 켐퍼가 정신분열증이나 조울증과 같은 정신질환을 앓고 있었던 것은 아니었다. 만약 그랬다면 오히려 켐퍼는 그런 범행들을 저지를 수 없었을 것이다.

켐퍼는 재판에서 어떤 처벌이 자신의 행동에 적합하다고 생각하느냐는 질문을 받게 되자 이중적인 의미가 담긴 답변을 했다.

"고문에 의한 죽음."

그의 말 속에는 자신이 저지른 범행의 무게를 잘 알고 있으므로 희생자들이 당한 고통에 비교될 만한 벌을 원한다는 의미와 비정상적인 소망, 자기중심적인 악용, 마조히즘의 특징이 숨어 있었다.

7장

정상적인 상태에서도
일어날 수 있는 악

"존중받지 않는 사람이 살인을 한다."

앙투안 드 생텍쥐페리(프랑스의 소설가)

살인 광란자들은 왜 자신을 파괴하려고 하는 것일까

2009년 3월 11일 수요일, 슈투트가르트 인근의 빈넨덴. 그동안 별로 알려지지 않았던 평온한 독일 남부의 이 소도시가 전 세계에 이름을 알리게 되었다. 17세였던 팀 K.는 독일 연방 방위군의 위장복을 입고, 아버지의 무기 수집 창고에서 베레타 총을 꺼내 들었다. 그리고 자신이 졸업한 학교의 한 학급에 들어가 총을 쏘았다. 그로 인해 8명의 여학생과 1명의 남학생 그리고 3명의 여선생이 목숨을 잃었다.

그의 살인 행각은 여기서 멈추지 않았다. 그는 가까이에 위치한 병원으로 가 무고한 사람들에게 총을 쏘았다. 이때 팀이 빈넨덴 정신병원으로 도망감으로써 독일의 가장 중요한 두 가지 사건이 서로 연관성을 갖게 되었다. 빈넨덴 정신병원은

1913년에 17명의 목숨을 빼앗아 간 살인 광란의 대량 학살자 에른스트 바그너가 죽기 전까지 25년 동안 수감되었던 곳이다.

팀은 자동차를 훔친 뒤 운전자를 풀어 주고 40km 정도 떨어진 밴드링엔으로 갔다. 팀은 그곳에 있는 자동차 대리점에서 2명의 사람을 죽이고 2명의 경찰관을 다치게 했다. 그곳에서 그는 경찰이 쏜 탄환에 맞자 총을 자신에게 겨눠 자살을 하였다.

팀은 유복한 가정에서 성장한 상냥하고 착한 소년으로 알려져 있었다. 그는 음악 단체의 일원으로 활동했으며 탁구 선수로서 능력을 인정받기도 했다. 지역 사격협회 회원이었던 아버지는 그를 사격장에 데려가 총과 친숙하게 만들어 주었다. 그는 매우 다양한 활동을 했지만 어떤 학생들은 그를 부분적으로 소심하고 내성적인 아이, 접근하기 어렵고 조금은 건방진 아이라고 평가했다.

팀은 친구가 별로 없었다. 날이 갈수록 그는 더욱더 소극적으로 변했다. 그는 몇 시간씩 컴퓨터 앞에 앉아서 게임을 했는데, 대부분 킬러 게임이었다. 그리고 지하실에서 공기총을 여기저기 쏘아대곤 했다. 결국에는 부모와 형제들조차도 사람들과의 접촉을 피하고 좌절한 듯 행동하는 팀에게 더 이상 가까이 다가가지 않았다.

그는 2008년에 우울증으로 인해 심리 치료를 받은 적이 있었다. 어린 시절부터 눈에 띄는 행동을 했음에도 불구하고 어느 누구도 그의 끔찍한 범행에 대해 이해할 수 있는 해명을 하지 못했다. 팀의 범행이 유일한 사례가 아니다. 아주 오래전부터 우리 사회가 무능력하게 대면하고 있는 사례가 많이 있다.

* 1998년 3월 24일, 아칸소주의 존스버러에 있는 한 학교에서 11세와 13세의 학생이 거짓으로 화재경보기를 울리고 피신하는 사람들에게 사냥총을 겨누었다. 그들은 숨어서 4명의 소녀와 1명의 선생님에게 총을 쏘았다.

* 1999년 4월 20일, 18세의 에릭 해리스와 17세의 딜란 클레볼드는 콜로라도주의 리틀턴에 있는 콜럼바인 고등학교에서 14세에서 18세에 이르는 12명의 학생과 1명의 선생님에게 총을 쏘았다. 그리고 24명의 사람에게 부상을 입힌 뒤 스스로 목숨을 끊었다.

* 2002년 4월 26일, 에르푸르트에 있는 구텐베르크 김나지움에서 1년 전에 학교에서 퇴학을 당한 로베르트 슈타인호이저가 12명의 선생님, 2명의 학생, 비서, 경찰을 총으로 쏘아 죽인 후 자살을 했다.

* 2005년 3월 21일, 미네소타주의 레드 레이크에서 16세의 인도 출신 제프 와이즈가 총을 쏘아 자신의 할아버지와 할머니를 죽인 뒤 학교로 가 근접한 거리에서 총을 쏘아 경비원과 선생님 그리고 5명의 동료 학생을 죽였다. 한 소녀가 대량 학살을 벌이는 와이즈에게 왜 이런 행동을 하는 것이냐고 묻자 그는 이렇게 답했다. "빵, 빵, 빵 그 다음엔 더 이상 비명이 들리지 않아." 그는 인터넷에서 '죽음의 천사'라는 닉네임으로 국가사회주의적 민족 이론의 추종자로서, 아돌프 히틀러의 숭배자로서 활동하였다.

* 2006년 11월 20일, 엠스데텐의 실업중학교에서 장총과 권총 그리고 수류탄으로 무장한 18세의 세바스티안 B.가 주변 사람들을 향해 총을 쏘아 27명의 사람이 부상을 당했다. 그는 범행 직후 스스로 목숨을 끊었다. 예전에 이 학교의 학생이었던 그는 인터넷에 자신이 수년에 걸쳐 학교 친구들에게 괴롭힘을 당했다고 불만을 토로했다. 그는 자신의 범행을 인터넷에서 다음과 같이 예고하였다. '나는 떠나기 전에 어떤 인간도 나를 잊지 않도록 너희에게 엄한 징벌을 내릴 것이다!'

* 2007년 4월 16일, 한국 출신의 23세 영문학과 학생 조승희는 버지니아 공대에서 32명을 총으로 쏘아 죽이고 26명이 부상을 당하게 만들었다. 그는 예전에 선택적인 무언증으로 정신과 치료를 받은 적이

있었다. 사건 직후 그는 스스로 목숨을 끊었다. 그는 NBC 방송사에 보낸 성명서에 자신의 범행에 대한 근거를 부자들에 대한 증오라고 밝혔다.

* 2007년 11월 8일, 핀란드의 요켈라에 있는 학교에서 18세의 학생인 페카 에릭 우비넨이 8명의 사람에게 총을 쏘았다. 그중에는 교장선생님도 포함되어 있었다. 그는 사전에 자신의 범행을 인터넷의 동영상을 통해 예고하였고, 범행 후 스스로 목숨을 끊었다.

* 2008년 9월 23일, 핀란드 서부의 소도시 카우하요키에서 22세의 직업학교 학생인 마티 유하니 사리가 9명의 학생과 1명의 선생님 그리고 자신에게 총을 쏘았다. 같은 날 오전에 그는 폭력 비디오를 소지했다는 이유로 경찰에게 심문을 받았다. 그는 범행 2시간 전에 총을 들고 유튜브에 등장하여 자신이 좋아하는 것은 컴퓨터, 무기, 섹스 그리고 맥주라고 소개했다.

* 2009년 11월 5일에 육군 소령이자 군부대의 정신과 의사였던 니달 말릭 하산은 텍사스의 포트후드에서 마침 아프가니스탄으로 투입될 예정이었던 미군 기지의 부대원들에게 총을 발사했다. 그는 13명의 군인을 살해했고 32명은 부분적으로 심각한 부상을 당했다. 범인

은 군부대의 공격으로부터는 살아남았지만, 총격 과정에서 하반신 마비가 되었다.

* 2012년 7월 20일에 24세의 대학생인 제임스 홈스는 심야에 배트맨 영화의 시사회가 열리고 있는 극장에서 총기를 난사했다. 12명의 관람객이 살해되었고, 70명이 부상을 당했다. 범행 직후에 체포되었던 홈스는 사형을 면할 수 있었는데, 그가 예전에 조현병으로 정신과 치료를 받은 경력이 있었기 때문이다. 그러나 평생 보호 감찰을 받아야 했다.

* 2012년 12월 14일에 20세의 아담 란자는 미국 코네디컷주의 소도시인 뉴타운에서 먼저 자신의 집에서 어머니를 죽이고, 이어서 직장이었던 샌디훅 초등학교에서 그 다음 범행을 저질렀다. 거기서 그는 자살하기 전에 20명의 1학년 학생들과 6명의 교직원들에게 총을 쏘았다. 이 정신착란적 행위의 동기는 전혀 밝혀지지 않았다.

* 2015년 12월 2일에 타시핀 말릭과 사이드 리즈완 파룩 부부는 미국의 샌 버나디노에서 파룩이 일하고 있는 한 관공서의 연말 파티에서 14명의 직원을 살해하였다.

* 2016년 6월12일에 29세의 오마르 마틴은 아프가니스탄 출신의 미국 시민으로 주로 LGBT(레즈비언, 게이, 양성애자, 트랜스젠더)가 드나드는 한 나이트클럽에서 총을 발사했다. 그는 49명의 손님을 살해하였고 53명이 부분적으로 심각한 부상을 입었다. 스스로 테러 조직인 IS에 호감을 느끼고 있다고 밝혔던 범인은 경찰 투입 과정에서 사망하였다.

* 2017년 11월 5일에 검정색으로 옷을 입은 전직 공군이었던 26세의 데빈 페트릭 켈리는 미국 텍사스의 서덜랜드 스프링스에서 열린 한 미사에서 총을 난사하였다. 26명이 살해되었고 24명이 부상을 입었다. 범인은 추격 과정에서 사고를 당했는데, 경찰에 따르면 머리에 두 개의 총상이 있었다고 한다. 그가 스스로 총을 쏴서 자살한 것인지는 밝혀지지 않았다.

이러한 중산층 사회의 현대적 재앙은 어디에서 기인하는 것일까? 대체적으로 유복한 가정에서 자란 한 젊은이가 자신을 삶과 죽음의 지배자로 착각하고 스스로 목숨을 끊기 전까지 믿을 수 없을 만큼 냉혹하게 사람들에게 총을 쏘아댔다. 과연 어떤 것들이 그들을 그러한 상황에 내몰았던 것일까?

외형적인 요소들은 금방 나열된다. 어린 살인 광란자와 대량 학살자의 생활사, 관계 모형, 사회 환경과 행동에는 큰 유사성이 있다. 그들은 대부분 눈에 띄지 않게 생활하고, 내성적이고 외톨이로 간주되는 개인이다. 그들의 가정에는 평소에 비난받을 만한 어떤 반사회적 구조의 특징도 없고 부모가 돌보지 않아 황폐해진 경향도 전혀 나타나지 않는다. 한 프로파일러는 이렇게 말했다.

"이런 범인들과 그들의 생활 수준에 있어 진정으로 비정상적인 것은 그들 모두 지극히 정상적이라는 점이다."

그들은 흔히 높은 지능을 가지고 있지만 일상적인 생활의 어디에선가 좌절을 느낀 적이 있고, 조금 더 가까운 거리에서 관찰해 보면 감정적으로 고립되어 있고 사교성이 부족하다.

많은 범인이 선행자들의 의상과 대응 방식을 따르고, 인터넷을 통해 총을 들고 자세를 취한 모습을 공개한다. 또한 과거 범행들이 일어난 날을 범행 날짜로 선택하기도 한다. 그들은 대부분 쉽게 손에 넣을 수 있는 총기류를 사용한다. 학교에서의 살인 광란은 대부분 한 개인에 의해 벌어지고, 흔히 인터넷에 본인의 좌절감을 담은 메시지를 공개한다. 그들은 먼저 자신이 아는 사람들, 그러니까 '책임이 있는 사람들'을 죽이지만 그 후에는 전혀 알지 못하는 사람들도 죽인다. 희생자들의 3분의 1이 학생, 학교 직원 그리고 무고한 사람들이다. 최근 몇 년 동안 광란의 살인극은 대부분 범인의 자살로 끝이 났다.

범행 장소로 학교가 선택되는 것은 그곳이 가장 큰 상처의 장소이기 때문이다. 범인은 조롱과 괴롭힘에 노출된 상태에서 실제로 혹은 망상적인 차별을 느꼈고, 또래의 학생들을 거부적이고 거만한 대상으로 인식했다. 학교는 건강한 세상을 대변하는 장소이지만 많은 사람에게 깊은 상처를 주기도 하는 곳이다. 또한 희망이 가득한 세대, 가정의 자부심, 우리 사회의 미래를 대변하는 곳이기도 하다. 범인들에게 학교보다 더 많은 상징성을 지닌 곳은 없다.

그러한 생각과 동기는 단지 현대적 방식의 학교 총기 난사 사건에서만이 아니라 '일반적인' 살인 광란에서도 발견된다. 테러리스트들은 자신들이 어디에 가면 많은 사람을 만나게 될지 잘 알고 있다. 그리하여 엄청난 시민을 대량 학살한 사건이 한 학교에서 일어났다. 1927년 5월 18일에 미시건주의 베스에서 벌어진 사건을 소개하겠다.

앤드류 케호는 학교위원회의 위원이었음에도 불구하고 학교 건물 신축을 위해 인상된 토지세가 자신의 농장에 손해를 입히자 심하게 분노하였다. 그로 인해 화를 억누르지 못하고 아내를 죽인 뒤 자신의 농장에 불을 질렀으며 시한폭탄과 다이너마이트를 이용하여 학교 건물을 폭파시켰다. 이때 37명의 학생이 목숨을 잃었다. 구조 작업이 시작되는 동안 그는 금속 조각을 가득 채운 차를 타고 달리면서 차 역시 폭파시켰다. 그로 인해 또 다른 4명의 사람이 사망하고 자신 역시 사망하였다. 후에 파괴되지 않은 학교의 남쪽 건물에서 폭파되지 않은 230kg짜리 다이너마이트가 발견되었다.

도대체 젊은 살인 광란자들의 내면에 어떤 일이 벌어진 것일까? 한 인간이 현대 사회의 총기 난사 살인자로 변해 가는 과정의 근본적인 요소는 체념과 씁쓸한 퇴보에 있다. 살인 광란자들은 어린 시절에 많은 상처를 참고 견뎠다. 그들은 사람들이 추측하는 것보다 훨씬 더 예민하고 민감하다. 그들은 자신이 진지하게 받아들여지지 않고 가치를 인정받지 못하고 있다고 느낀다.

또한 또래 친구들과 비교해서 자신이 낮은 위치에 있다고 생각한다. 그들은 대부분 사교성이 부족하고 이성과의 관계에 두려움을 가지고 있다. 뿐만 아니라 자신의 문제를 다른 사람들과 공유할 용기를 내지 못한다. 그로 인해 사람들과 접촉하는 횟수가 점점 줄어들어 사람에 대한, 세상에 대한 증오심을 갖는다. 엠스데텐의 테러 범인은 자신의 인터넷 사이트에 이렇게 적어 놓기도 했다.

*너희들이 이 싸움을 시작했어. 내가 한 게 아니야. 나의 행동
은 너희의 세계, 나를 있는 그대로 봐 두려고 하지 않는 세계
의 결과물이야.*

흔히 우울증이 동반되는 이런 상황에서 결정적인 한 걸음
을 내딛게 된다. 바로 자기만의 환상 세계로 들어가는 것이다.
거기서 경멸감이 형성되고, 더 심한 패배감을 느끼게 된다. 또
한 주변 사람들이 이기적으로 보이며, 자기 의심에서부터 열
등감이 자라난다. 또한 실패의 두려움이 좌절의 느낌으로 바
뀐다.

그들의 머릿속에는 굴욕과 경멸, 타인으로부터의 인정 그
리고 부족한 애정의 상황에서 이 모든 것을 더 이상 용인하지
말고 저항하고 복수해야겠다는 생각을 하게 된다. 그들은 자
신에게 상처를 주었던 모든 사람에게 부당하다고 소리를 지르
고 싶은 충동, 사회가 자신의 말에 귀를 기울이고 자신을 진지
하게 받아 주도록 만들고 싶은 충동, 세상에 자신의 증오를 알
리고 싶은 충동을 느끼며 자기 자신이 더 이상 아무것도 아닌
존재에서 벗어나기를 바란다. 환상은 우월감에 대한 정당화의

욕구를 막강한 지배의 욕구로까지 상승시킨다. 한 번쯤 일상에서 벗어나고 싶고, 한 번쯤 우리를 마비시키는 진부함을 타파하고 싶고, 한 번쯤 중심부에 서 있고 싶게 만든다.

이러한 불행한 전개 과정에서 결정적인 요소는 잠재적인 복수자가 인터넷을 이용하여 가상 세계에 정착하는 것이다. 가상 세계에서 그들은 이상형을 찾고, 비슷한 감정의 딜레마를 겪는 또래들의 이야기를 듣고, 자신의 메시지에 대한 관심을 발견한다. 더군다나 대규모 네트워크에서는 아무도 그들에게 할 수 없는 것을 하라고 요구하지 않는다. 즉 느낌을 표현하고 감정을 인정하는 것을 강요하지 않는다는 말이다.

또한 그들은 가상 세계에서 빠르고 확실한 해결책이 중요하다는 것, '클릭'을 통해 그 어떤 상황도 깨끗이 없앨 수 있다는 것 그리고 누구든지 감정이입 없이 파괴할 수 있고 총을 쏠 수 있고 폭발시킬 수도 있다는 것을 배우게 된다. 여기에서 컴퓨터 게임이 공격성 감소에 기여하는지 혹은 공격적 행동의 모방을 자극하는지의 싸움은 그다지 중요하지 않다. 두 가지 이론은 각자 자신들의 입장을 위한 확고한 주장을 펼 수 있을 것이다.

그런데 가상 게임의 치명적인 점은 타인, 게임 상대자, 경쟁자, 반대자, 희생자의 비인격화이다. 모니터에서 제거될 수 있는 상대자는 피와 살로 이루어진 인간이 아니고, 사랑스러운 아기 혹은 자상한 아버지가 아니며, 운명을 지닌 존재도 아니고, 사람이 아니다. 컴퓨터의 클릭을 통한 제거는 어느 누구에게도 눈물이나 슬픔을 유발하지 않고 동정심도, 연민도 가질 필요가 없다. 바로 그 점이 치명적이다. 즉 게임을 하면서 배운 주변 사람의 비인격화 그리고 이것이 모니터에서 수천 번 반복적으로 주입된 반응을 거쳐 심장과 뇌로 넘어가는 것이다.

살인 광란자들은 흔히 우울증에 걸려 있다. 그들은 자신의 삶에는 희망이란 것이 존재하지 않는다고 생각한다. 또한 동기 부여의 문제로 괴로워하며 그 어떤 것에서도 삶의 의미와 즐거움을 느끼지 못한다. 그런데 남성과 여성은 그들의 삶을 덮어 버리는 우울증이라는 장막에 대해 서로 다르게 반응한다. 그들은 다양한 방법으로 멜랑콜리한 감정의 포위에서 벗어나기 위해 노력한다. 여성은 좌절을 느끼게 하는 경험들을 바로 안으로 삼키고 나쁜 기분을 스스로 해결하려는 경향을 보이는 반면, 남성은 어떤 충격을 통해 짓누르는 감정적 포위로부터 벗어나고 공격적인 행위를 통해 우울증의 속박을 풀어 버리려는 욕구를 가지고 있다. 그래서 우울증은 잠재적인 살인 광란자들에게 범행 유발의 요인이 된다.

최종적인 유발 인자가 규칙적인 모욕의 경험들로 이미 가득 채워진 통을 넘쳐흐르게 만든다. 그 인자는 대부분 나쁜 성적이나 학교의 징계 등이다. 계속되는 또 다른 굴욕은 더 이상 극복되지 않고, 완전히 망가진 자아의식은 이러한 충격을 또다시 감수할 준비가 되어 있지 않다. 보상과 복수에 대한 희망은 책임이 있는 것처럼 보이는 세상에 대한 차가운 분노를 증대시킨다. 우울증 때문에 힘겹고 지친 자아는 무서운 파괴적 힘에 더 이상 어떤 저항도 할 수 없다. 그로 인해 존경과 명성에 대한 환상이 승리를 거둔다.

살인 광란자가 범행을 결정하고 나면 그에게는 자살자들의 경우와 유사하게 '폭풍 전의 고요함'이 찾아온다. 이런 상황은 주변 환경을 허위적으로 보이게 만들고, 위기의 종결과 마침내 도달된 안정화로 착각하게 만든다. 범행을 결정한 살인 광란자의 머릿속에는 파멸적인 청명함이 찾아온다. 분리된 감정은 그에게 냉철한 사고와 계획을 가능하게 한다. 광란적 살인과 대량 학살이 특히 끔찍한 이유는 감정에 얽힌 범행과 달리 이런 범행들은 그 어떤 감정의 순간적인 동요, 싸움의 열기, 과열된 시기의 반응에서 나온 것이 아니라 정확한 계획에서 나온 것이기 때문이다. 범인들은 '분노로 눈이 먼 것'처럼 행동하지 않고, 섬세하고 신중하며 확실한 계산에 따라 행동한다.

첫 번째 총알의 발사로 범인은 결정적인 한계선을 뛰어넘는다. 이제 살인 광란자는 더 이상 돌이킬 수 없고, 그에게도 감정적으로 새롭고 전혀 알지 못했던 상태가 벌어진다. 그는 자신이 중대한 인물이 된 듯한 느낌을 경험하고 처음으로 강력한 힘, 엄청난 우월감, 비범함의 감정을 맛보게 된다. 자기도취적인 절정의 무아경과 몰락의 뒤섞임 속에서 그는 무자비한 복수자, 무적의 싸움 기계, 삶과 죽음의 지배자가 된 듯한 환상에 빠진다. 우리는 이런 상황을 어떤 것과도 비교할 수 없고 예측할 수 없으며 계산할 수 없다.

첫 번째 단계에서는 희생자가, 예를 들면 범인에게 비호감적이었던 동료 학생 혹은 냉정하게 보이는 선생님 등이 특정한 목표를 위해 선택되는 반면 이어지는 과정은 발작적인 특성을 지닌다. 살인 광란자는 자신의 계획, 즉 자아의 총체적인 통제의 본능을 저지하고, 수많은 모욕과 상처의 파괴적인 잠재력으로부터 생성되어 경멸의 토대 위에서 자라나고 복수를 향한 욕구로 만들어진 계획을 따른다. 그들은 어떤 것과도 비교할 수 없는 종말의 분위기, 결코 알지 못했던 파괴의 도취 속에 처하게 된다. 그렇게 악은 자신의 길을 가는 것이다.

현대의 살인 광란자들은 인터넷을 통한 공개와 밀접한 연관성을 보인다. 인터넷이라는 도구가 범인들에게 과격한 메시지를 세상에 알리고 한 번쯤 중요한 존재가 될 수 있는 가능성을 열어 준다. 그래서 사람들은 젊은 살인 광란자들을 헤로스트라트(유명해지고 싶어서 범죄를 저지르는 사람을 일컬음)로, 명성과 명망의 중독자로 표현하기도 한다. 헤로스트라트라는 명칭은 기원전 356년에 7대 불가사의 중의 하나였던 에페소스의 아르테미스 신전에 불을 지른 헤로스트라토스의 이름에서 유래하였다. 고문 끝에 자백한 바와 같이 그는 이 사건을 통해 자신의 이름이 전 시대에 알려지기를 원했다. 이미 당시에도 분명히 그런 행동의 모방 효과가 염려되었고, 그 때문에 에페소스 정부는 방화자의 이름을 입에 올리는 것을 금지하였다. 이러한 고대의 조치는 어쩌면 현대의 살인 광란을 예방할 수 있는 방법을 표현한 것일 수도 있다.

미디어 시대에는 결코 간단한 일이 아니지만 만약 모든 살인 광란이 일어난 후에 바로 정보 차단이 이루어진다면 우리는 범인으로부터 중심적인 동기, 즉 공개적인 표현의 가능성, 다시 말해서 매우 결정적인 범행의 근원을 빼앗는 것이다.

오늘날의 수많은 테러범과 자살 테러 그리고 학교 난사 살인자는 영웅주의의 특징들을 보여 준다. 존 힌클리는 여배우 조디 포스터를 열렬히 숭배하고 소위 구애를 했던 사람으로서 미국 대통령 로널드 레이건을 테러하여 세상에서 유명해지기를 원했다. 또한 데이비드 체프만은 1980년에 마음깊이 존경했던 존 레논을 살해했다. 그는 법정에서 한 번쯤 자신의 이상형인 존 레논만큼 유명해지고 싶었다고 고백했다. 19세의 한 호주인은 1980년에 유명한 정치인을 살해하려고 하였다. 그는 그 계획의 근거를 다음과 같이 설명했다.

"만약 내가 어떤 기이한 일을 하지 않으면, 나의 인생이 아무것도 아닌 것으로 끝나게 될 것이라고 생각했다."

그러나 악한 형태의 영웅주의는 자기 파괴를 포함한다. 왜냐하면 그런 특성을 지닌 범인들에게는 경멸과 유죄 판결의 치욕과 처벌을 견디는 것이 불가능하기 때문이다. 말하자면 자기도취적인 상처가 매우 깊어서 그 상처의 회복을 위해서는 생명까지 내놓아야 할 정도가 된 것이다. 살인 광란자는 시위적인 자살을 통해서 자신을 이해하지 못했던 사회에게 잘못을 깨닫게 하고 복수를 하려고 시도한다.

"여기를 보라! 바로 너희들이 매정하고 냉혹하게 나를 죽음으로 내몰았다!"

심리분석적으로 볼 때 헤로스트라트는 자살을 통해 악명과 다른 사람의 희생으로 얻은 자기 상승의 대가를 치르는 것이다. 동시에 그들은 무의식적으로 자기 체벌의 욕구를 충족시키는데, 이런 욕구가 많은 악한 행위의 토대가 된다.

세 가지 악: 살인 광란, 테러, 대량학살

오늘날 큰 문제가 되고 있는 심각한 범죄들이 바로 살인 광란, 테러 그리고 대량학살이다. 이 단어들의 개념은 현저한 차이가 있음에도 불구하고 중복적으로 사용되거나 대부분 불분명하게 설명되곤 한다. 그래서 이 '세 가지 공포'의 각기 다른 형태에 대한 보다 정확한 구분이 필요하다. 흔히 언급되는 이론에 따르면, 살인 광란을 저지르는 사람은 많은 경우에 심각한 정신적 장애를 가지고 있고, 반면에 테러리스트들은 어떤 장애나 정신적 질병을 지니고 있지 않은 것으로 설명된다. 대량학살을 저지르는 사람의 경우에는 대부분 가장 눈에 띄는 특징으로 정신적인 소극성만이 발견될 뿐이다.

살인 광란(amok)이란 WHO가 내린 정의에 따르면 돌발적, 임의적, 비선동적 폭력행사로, 살인 혹은 최소한 파괴적인 행동과 흔히 자살이라는 방어적 대응으로의 급변을 동반하는 것으로 이해된다. 이 단어는 원래 말레이시아-인도네시아 문화권에서 나온 것이긴 하지만, '광란'이라는 말 자체는 다양한 문화에서 등장하고 있다. 북유럽에서는 버서커라이(bersekerei), 북아메리카의 인디언 문화권에서는 리아(li'aa), 남아메리카에서는 콜레리나(colerina)라는 표현을 사용한다. 살인 광란은 전형적으로 개별적인 사건으로 일어나며, 대부분 기억상실이 동반되며 3가지 단계로 진행된다. 이 단계들은 극도의 피로와 경직 증상이 동반된 수면과 유사한 상태에서 진행되고 흔히 자살로 마무리 된다. 살인 광란과 같은 행동은 거의 남자들에 의해서만 일어나고, 위험 나이로는 15세에서 30세 사이가 해당된다.

살인광란을 저지르는 사람들은 흔히 심각한 정신적 장애, 뇌 기능 이상으로 유발된 몽롱한 상태, 망상증과 병적인 도취의 증상을 보이며, 또한 적인 모욕감과 최면상태의 느낌을 경험한다. 거의 언제나 감정적인 상처, 모욕, 따돌림, 왕따 혹은 다른 부정적인 삶의 사건들이 얽혀있는 고통스러운 과거가 확인된다. 전형적인 살인 광란의 범인들은 쉽게 굴복하고 소심한, 그러나 동시에 예민하고 자기도취적이며 쉽게 흥분하는 성격을 가지고 있다. '극한 분노의 행위'이기도 한 살인 광란은 시대를 초월한 현상이기도 하다. 한편 학교에서 벌어지는 총기난사 사건은 학교에서의 살인 광란이라고 잘못 표현되고 있는데, 이런 범행은 병적인 형태가 아니라 보다 더 계획적으로 실행된 대량 학살로 보아야 한다.

테러리즘은 점점 더 빈번하게 발생하는 현상으로 역사적인 뿌리를 가지고 있다. 테러리즘이란 강제로 어떤 변화를 꾀하기 위한 정치적, 종교적 혹은 사회적인 질서에 반하는 폭력 행위로 정의된다. 테러리즘은 주의를 끌기 위해서 폭력을 지극히 계산적으로 활용한다. 테러범들은 대부분 위계적 구조를 가진 소규모 단체에 소속되어 있다. 테러리즘은 조직화된 범죄와 종파주의가 합쳐진 경우가 많고, 민족주의적, 이데올로기적, 부분적으로는 국가적으로 지지하는 사상이 동기가 된다. 테러리즘의 배경은 사회문화적인 혹은 종교적인 측면들이 서로 얽혀 있다. 그리고 테러리즘의 성향은 급변하는 여러 조건과 국제적인 상황 때문에 극적으로 변화하고 있다. 오늘날에는 무엇보다도 자살 테러 공격이 증가하고 있는데, 범인들이 자신의 죽음을 의식적으로 감수한다는 뜻이다.

살인 광란자의 심리는 점점 분명해지는 것과 달리 테러리스트의 심리에 대해서는 아주 최근에 발견된 사실들로부터 몇 가지를 알 수 있을 뿐이다. 과거에 테러 범죄자들에 대한 학술적인 조사가 거의 불가능했던 것은 이들 대부분이 공격을 감행하면서 목숨을 잃었기 때문만이 아니다. 테러리스트들은 자신들이 정신적으로 문제가 없다고 여기고, 자신들이 증오하는 '체제'의 대변자로 보는 심리학자들과의 협조를 거부했기 때문이다. 그래서 단지 소수의 심리 전문가만이 테러리스트 집단의 조직원들과 인터뷰를 할 기회를 얻었다.

모든 조사 결과에 따르면 전형적인 테러리스트의 심리가 존재하거나 테러리스트들이 정신적으로 병에 걸려 있다는 증거는 발견되지 않았다. 그들은 일반적으로 교육을 잘 받은 영리한 사람들로, 결코 어리석거나 심각한 사이코패스가 아니었다. 흔히 옛 동료들, 집주인 혹은 동급생들은 훗날의 테러범들을 친절하고 소심하며 눈에 띄지 않는 사람으로 묘사한다. 그들의 광신적인 행동주의는 어디에서도 눈에 띈 적이 없다. 우리는 단지 테러범들이 빈번히 자존감에 결함이 있고 특정한 집단역학(집단 구성원 간의 언어적, 비언어적 상호작용의 총체)의 조건하에서 극단화되고 절대적인 사고를 하게 되며, 과대평가된 이념을 믿고 시간이 지나면서 점점 더 심각하게 현실감의 상실을 겪게 되고, 이런 상황에서부터 극단적인 폭력 행위를 각오하게 되었을 것이라고 추측할 뿐이다.

테러리스트들은 살인 광란의 범인들과 유사하게 자신들의 정신적·사회적인 상황과 자신들의 운명에 대해 실망하고, 사회 정책적인 문제를 개인적인 문제로 체험한다. 그로 인해 매우 다양한 방식으로 좌절감을 느낀다. 대부분 그들에게는 삶의 목표와 의미가 결여되어 있다. 테러범들에 대한 심리학적 인물 분석표에서는 만성적인 정체성의 위기, 문제가 있는 파트너 관계, 잠재된 강한 공격성, 자기중심적인 경향과 자신이 전능하다고 느끼는 감정이 나타난다. 이런 요소들은 연쇄살인범들에게도 발견된다. 그러나 많은 테러 행위가 정신적으로 문제가 없는 사람들에 의해 지극히 합리적으로 계획된다는 점은 매우 걱정스러운 사실이며, 이로써 우리는 다시 이 책이 말하고자 하는 악한 행위에 관해 생각하게 된다.

타 문화권 출신의 범죄자들의 경우 조사에 따르면 청소년기 후반의 성장에서 겪은 인간적인 소외감, 사회적인 멸시, 심리사회적인 정체성 확립에서의 문제, 의미 있는 삶에 대한 소망, 자신을 희생하는 영웅주의 그리고 국제적인 테러조직과 쉽게 연결되는, 소위 같은 뜻을 가진 '형제들'에 의한 조정 등이 위험 요소로 나타난다.

개별적인 사건들의 심리학적 분석을 통해서 우리는 테러리스트에게서 다음과 같은 내면의 심리적 진행 과정을 확인할 수 있다. 우선 트라우마를 유발하는 양육을 버텨낼 수 있기 위해서 감정의 무감각화가 생겨나고, 이것이 훗날의 잔인성을 설명해준다. 유년기 불화는 반사회성을 만들고, 이것이 다시금 극단주의에 이르게 된다. 또한 병적인 환경에서 자란 사람은 보호받고 있다거나 안전하다는 느낌을 가질 수 없다. 이 때문에 어떤 강력한 집단에 대한 동경이 자라나게 된다. 그리고 흔히 멸시와 굴욕은 무력한 분노를 유발하고, 그것이 증오와 맹목적인 공격성의 토대가 된다. 차별은 모욕감을 초래하고, 이에 대항하기 위해 나르시시즘적인 상태를 지향한다. 잠재적 테러리스트들은 드물지 않게 광신주의를 통해 자신의 불안감에 대처하고, 이것은 다시 자신들의 목숨까지 포기하면서 지키려는 '정의로운 이념'이 된다. 여기에 바로 프리드리히 폰 니체가 《즐거운 학문》에서 한 말이 잘 들어맞는다. 광신주의는 바로 유약한 사람들과 불안한 사람들도 가질 수 있는 유일한 의지력이다."

이런 내면의 심리적 진행과정은 다음과 같은 순서로 정리될 수 있다.

감정적 황폐화 → 감정의 무감각화 → 잔인성
유년기 불화 → 반사회성 → 극단주의화

비정상적인 환경 → 보호받고 안전하다는 감정의 결여 →
강력한 집단

굴욕과 멸시 → 무력한 분노 → 증오, 공격성

차별 → 모욕감 → 나르시시즘적인 상태

불안감 → 광신주의 → 정의로운 이념

우리가 테러의 심리학에 대해 언급할 때는 집단 역학적 요
소에 특히 주의를 기울여야 한다. 테러리즘은 거의 언제나 집
단 이데올로기와 집단적 합리화를 통해 생성되는 단계적 확대
의 과정이다. 잠재적 테러범들은 외부와 차단된 테러 집단과
점점 더 단단히 결속됨으로써 가정이나 기존의 친구들과 소통
할 수 있는 접촉의 기회가 줄어든다. 그들만의 이데올로기, 그
들만의 위계질서, 그리고 카리스마적인 지도자가 있는 집단이
그들의 삶의 중심이 되고 삶의 내용이 된다. 잠재적인 테러리
스트들은 행동과 사고의 단일화를 강하게 요구하는 엘리트 집
단의 일원으로서 점점 편파적으로 상투적인 사고를 하게 되고
단순화된 흑백의 세계상을 갖게 된다. 그들은 소수파로서 무
기의 힘을 이용하여 더 나은 세상을 만들어야 한다고 확신한
다. 그들에게는 사람보다 이념이 더 중요하다. 추측건대 잠재
적인 테러리스트들은 특정한 사건을 통해 기존 체제의 기능

에 대한 신뢰를 잃어버렸고, 그 때문에 테러와 같은 행동조차도 정당한 것으로 볼 수 있을 정도의 증오와 위기의 감정이 발생하였다.

우리는 또한 테러리즘을 세속화와 다원주의에 대한 항의로 볼 수도 있다. 테러집단 내에서 발달되는 심리적 역동력은 오토 케른베르크에 따르면 그 소속원들를 소위 '나르시시즘적인 퇴행'으로 이끌고, 카리스마 있는 지도자를 통해 이런 조정이 더 용이해진다. 바깥세상의 이데올로기적 갈등은 집단 안에서 비이성적인 결탁의 신화로 심화된다. 절대적 진리와 교리에 대한 믿음은 집단 소속원들의 안정감을 고취시킨다. 테러리스트들은 흔히 문화적인 메시아 신앙과 동시에 세계적인 권력욕구를 발달시킨다. 그들은 자신들의 죽음을 마치 순교자처럼 사회를 위한 희생으로 이해하며 이로써 집단적 불멸이 약속된다고 믿는다.

한편 테러리즘과 연관해서 종교의 역할에 대한 의문이 생긴다. 흔히 '잔인함의 문화는 모욕당하고, 응징하고, 무자비한 신의 창조'를 통해서 생겨났다고 한다. 실제로 종교적인 가르침이 범죄 행위를 정당화하는데 이용되기도 한다. 범죄자들은 상대를 마귀로 만들고 비인간화시킴으로써 자신의 잔인함을 정당화시킨다. 그리고 종교는 현세의 문제로 제한되어 있던 갈등을 영원의 세계로까지 확대시킨다. 즉 사람들은 구원의 희망을 위해 더 많은 고통을 감수하려고 한다. 거기다가 종교적인 집단 소속감은 추가적인 사회적 지원을 가능하게 하며, 경우에 따라서는 조직적인 네트워크 결성을 가능하게 한다.

테러리스트들이 타인을 살해하는 것은 추격을 당하는 위협적 상황 속에서의 '자기 방어'로 이해되기도 한다. 세계관과 연관된 동기가 있는 테러의 경우에는 종교적인 열의 그리고 저승에서의 보상과 낙원에서의 사후 인생에 대한 믿음이 추가적인 동기가 된다. 테러 범죄의 희생자들은 모든 악한 범죄에서 그렇듯이 인간적인 존엄성을 유린당한다. 그들은 임의로 선택되고, 무방비로 공격을 당한다. 또한 도망을 가거나 맞서 싸우거나 생명을 구걸할 기회도 갖지 못한다. 테러리스트들은 스스로를 범죄자가 아니라 어떤 이념을 위한 투쟁자로 여기고 이런 이념이 자신의 죽음 후에도 집단 안에서 계속 살아남아 있을 것이라고 확신한다. 그들은 결코 자신들의 행동을 악한 행동으로 판단하지 않는다.

테러리스트와 살인 광란자의 차이

살인 광란자의 심리에 관한 형상이 점점 분명해지는 것과 달리 테러리스트들에 대해서는 알려진 것이 많지 않다. 지금까지 테러 범죄자들에 대한 학술적인 조사가 거의 불가능했던 이유는 이들 대부분이 음모를 실행하면서 목숨을 잃기 때문만이 아니다.

테러리스트들은 정신적으로 자신들이 문제가 없다고 느끼고 궁색하게 책임을 지려는 태도를 보인다. 그들은 심리학자들을 자신들이 증오하는 '체제'의 대변자로 보고 그들과의 협조를 거부한다. 그래서 매우 적은 숫자의 심리 전문가만이 테러리스트 집단의 일원들을 검사할 수 있는 기회를 얻게 된다.

그럼에도 불구하고 테러리스트의 인성에 관한 몇 가지 특성 묘사가 가능하다. 과연 어떤 특징들이 있는지 그리고 살인 광란자들의 특징과 어떻게 다른지 알아보겠다.

모든 검사가 끝난 후에도 전형적인 테러리스트의 심리가 존재하거나 테러리스트들이 정신적으로 병에 걸려 있다는 증거는 발견되지 않았다. 그들은 일반적으로 교육을 잘 받은 영리한 사람들로, 결코 어리석거나 심각한 사이코패스가 아니었다. 흔히 예전의 동료들, 집주인 혹은 동료 학생들은 훗날의 테러범들을 친절하고 소심하며 눈에 띄지 않는 사람으로 묘사한다. 그들의 광신적인 행동주의는 어디에서도 눈에 띈 적이 없다. 우리는 단지 테러범들이 특정한 집단 역학적인 조건하에서 극단적이고 절대적인 사고의 경향을 보이게 되었고, 과대평가된 이념을 믿게 되었으며, 시간이 지나면서 점점 더 심각하게 현실감의 상실을 겪게 되었고, 이런 상황에서부터 극단적인 폭력 행위를 각오하게 되었을 것이라고 추측할 뿐이다.

테러리스트들은 살인 광란자들과 유사하게 자신들의 정신적·사회적인 상황과 자신들의 운명에 대해 실망하고, 사회 정책적인 문제를 개인적인 문제로 체험한다. 그로 인해 매우 다양한 방식으로 좌절감을 느낀다. 그들에게는 흔히 삶의 목표와 의미가 결여되어 있다.

테러범들에 대한 심리학적 인물 분석표에서는 만성적인 정체성의 위기, 문제가 있는 파트너 관계, 잠재된 강한 공격성, 자기중심적인 경향과 자신이 전능하다고 느끼는 감정이 나타난다. 말하자면 연쇄살인범들에게서도 발견할 수 있는 요소들이다. 그러나 많은 테러 행위가 정신적으로 문제가 없는 사람들에 의해 완전히 합리적으로 계획된다는 것은 두려워해야 할 점이며, 이로써 우리는 다시 이 책이 말하고자 하는 악한 행위에 대해 생각하게 된다.

우리가 테러의 심리학에 대해 언급할 때는 가장 먼저 집단 역학적 요소들에 주의를 기울여야 한다. 테러리즘은 일종의 집단 현상, 즉 집단 이데올로기와 집단적 공인을 통해 생성되는 단계적 확대의 과정이다. 잠재적인 테러범들은 외부와 차단된 테러 집단과 점점 더 깊게 연관됨으로써 가정이나 기존의 친구들과 소통할 수 있는 접촉의 기회가 줄어든다. 그들만의 이데올로기, 그들만의 위계질서와 카리스마적인 지도자가 있는 집단이 삶의 중심이 되고 삶의 내용이 된다.

잠재적인 테러리스트들은 단일화의 강한 압력을 지닌 집단의 일원으로서 점점 편파적으로 상투적인 생각을 하게 되고 단순화된 흑백의 세계상을 갖게 된다. 그들은 소수파로서 무기의 힘을 이용하여 더 나은 세상을 만들어야 한다고 확신한다. 그들에게는 사람보다 이념이 더 중요하다. 추측건대 잠재적인 테러리스트들은 특정한 사건을 통해 그들을 사회화시킨 체제의 기능에 대한 신뢰를 잃어버렸고, 그 때문에 테러와 같은 행동을 정당한 것으로 볼 수 있을 정도로 위협과 증오의 감정이 발생하였다.

테러 행위의 목적은 두려움과 공포의 유포 그리고 정치적 혹은 종교적 지도층에 대한 강한 압박에 있다. 그들은 특정한 이데올로기적 견해들을 국민 대다수의 의지와는 반대로 관철시키려고 한다. 국수주의의 동기가 한 민족 집단의 자율을 이룩하는 것이라면 국가적으로 묵인되고 지원된 테러리즘은 자신들의 권력 체계를 유지하고 정치적인 반대 인물을 무너뜨리려는 목적을 가지고 있다.

테러리스트들에게 타인의 살해는 추적으로 인한 위협적 상황 속에서의 '자기 방어'로 이해된다. 세계관과 연관된 동기를 가진 테러의 경우에는 종교적인 열의 그리고 저승에서의 보상과 낙원에서의 사후 인생에 대한 믿음이 더 첨가된다. 테러 범죄의 희생자들은 모든 악한 범죄에서 그렇듯이 인간적인 존엄성을 유린당한다. 그들은 임의적으로 선택되고, 무방비로 공격을 당한다.

또한 도망을 가거나 생명을 구걸하거나 투쟁할 기회를 갖기 못한다. 테러리스트들은 스스로를 범죄자가 아니라 어떤 이념을 위한 투쟁자로 여기고 이런 이념이 자신의 죽음 후에도 집단 속에서 계속 살아남아 있을 것이라고 확신한다. 그들은 결코 자신들의 행동을 악한 행동으로 판정하지 않는다.

정상적인 상태에서도 일어날 수 있는 대량 학살

악의적인 보복과 악명의 추구, 그리고 많은 경우에 광신적 혹은 망상적 장애로부터 유발되는 끔찍한 세 가지 행위, 즉 총기 난사 살인와 살인 광란 그리고 테러는 우리가 대량 학살이라고 표현하는 것을 통해 완결된다. 대량 학살(massacre)은 '도살장'을 뜻하는 고대 프랑스어 'macacre'에서 파생되었다. 오늘날 대량 학살이라는 개념은 특별히 끔찍한 상황, 보복과 증오에서 저질러진 학살 혹은 만행을 표현한다.

대량 학살자의 정신 상태에 대해서는 나치 범죄자들과 다른 전쟁 범죄자들에 대한 조사로부터 밝혀진 몇 가지가 알려져 있다. 악은 여기에서도 단일한 뿌리를 갖는 것이 아니며, 지극히 정상적인 남성들에 의해서도 저질러질 수 있다. 그러나 일반적으로 대량 학살자는 낮은 지능, 야만적인 정서, 사이코패스적인 특징을 가진 인물들을 대변하는 것처럼 보인다. 또한 규칙적으로 악의적인 생각의 부정적인 영향, 위계적인 명령 구조와 상호적으로 악의적 생각을 강화시키는 집단의 영향도 한몫을 한다.

대량 학살은 평화로운 시기나 군사적인 분쟁과 관련해서도 일어난다. 다양한 소식들을 통해 알 수 있는 것처럼 대량 학살의 시대는 결코 지나가지 않았다. 2009년 5월 5일, 터키의 한 마을에서는 5명의 남자로 구성된 적대적인 집단의 한 킬러 특공대가 44명의 사람을 쏘아 죽였다. 그중에는 6명의 아이와 임산부를 포함한 17명의 여성이 포함되어 있었다. 대량 살인자들은 약혼식 파티를 위해 모인 사람들을 학살하였다. 이러한 일이 일어난 것은 신부가 다른 집안의 남자를 마음에 들어했기 때문이다.

전쟁에서의 대량 학살이라고 하면 정치적 혹은 윤리적인 동기로 인한 시민들, 준군사적 인력, 군인들의 처형, 즉 무장한 집단이 군사적인 필요성 없이 원래의 전쟁 행위 이외에 저지르는 살해 행위를 의미한다.

전쟁 중에 일어난 가장 끔찍한 대량 학살 중의 하나는 1968년 3월 16일에 미국 군인들이 베트남의 미라이 마을에서 저지른 사건이었다. 그들은 수많은 여성을 성폭행한 후에 504명의 주민을 죽였는데, 이 중에는 182명의 여성, 172명의 아동, 60명의 노인이 포함되어 있었다. 미국 병사들은 심지어 살인 도취 속에서 그곳의 동물들까지 죽였다. 이 대량 학살은 은폐가 시도되었지만, 18개월 후에《라이프》지가 상세하게 다루어 세상에 공개되었다. 그러나 단지 1명의 군인만이 재판을 받았다. 명령을 내렸던 사람은 1971년에 무기징역을 판결받았지만, 1974년에 사면되었다.

독일의 극작가 펠릭스 미터러는 살인 광란과 테러 그리고 대량 학살의 마지막 최종 노정이 그 과정과 결과에서 얼마나 유사한지 글로 적은 적이 있다. 그의 짧은 글 속에는 스레브레니카의 대량 학살에 대한 충격적인 묘사가 뚜렷하게 나타나 있다. 또한 악이 나타내는 모든 것이 담겨져 있다.

믈라디치 장군은 광적인 축제 기분으로 자신의 스포츠카를 한 처형장에서 그 다음 처형장으로 몰았다. 세르비아 군인들은 두 줄로 길을 만들어 포로들을 통과시켰다. 왼쪽에 선 군인들은 쇠몽둥이로 포로들을 때리기 시작했고, 오른쪽에 선 군인들은 무방비인 사람들의 등에 도끼를 휘둘렀다. 그러나 이런 시간이 오래 지속되지는 않았다. 기관총이 작동되었기 때문이다.

그 다음에는 1만 5천 명에 이르는 남자의 차례가 되었다. 그들은 세르비아인들의 진입을 피해 스레브레니카에서 도망을 온 사람들이었다. 그들은 굶주리고 지친 상태로 정신착란에 빠진 것처럼 긴 행렬을 지어 언덕 위로 올라갔다. 그러나 그들을 기다리고 있던 것은 세르비아의 기관총이었다. 잠복해 있던 군인들이 일제히 사격을 하여 수천 명의 목숨을 앗아 갔다. 그들 중 항복을 한 4천여 명은 버스와 화물차에 실려 한 축구장으로 보내졌다.

미국의 한 정찰용 위성이 시체로 넘쳐 나는 축구장의 사진을 찍었다. 며칠 지나지 않아서 미국의 파일럿이 비행기에서 동일한 장소를 촬영했는데, 그 사이에 축구장의 땅은 갈아엎어져 새로운 흙으로 덮여 있었다.

한 노인이 이 사형 집행에서 살아남았다. 그는 덴하그의 한 법정에서 증인으로서 다음과 같이 말했다.

"나는 바짝 마른 나무처럼 서 있습니다. 나는 내 땅 덕분에 나의 아들들과 함께 살아갈 수 있을 것입니다. 그러나 나의 모든 가지는 이미 메말라 죽어 있습니다."

8장

치명적인 결과를
초래하는 침묵

"그것은 무서운 무기이다. 그것은 치명적일 수도 있다.
그것은 흔히 사람들이 생각하는 것보다 더 많은 상처를 준다.
왜냐하면 그것의 타격은 시간이 지나면서 분노를 더 증가시키는
특성을 가지고 있기 때문이다."

쥘리앵 그린(프랑스의 소설가)

무자비하고 파괴적인 폭력 행위를 만들어 내는 침묵

허버트 S.는 TV를 끄지 않은 상태에서 잠이 들었다. 그의 옆에는 채 비우지 않은 맥주 컵이 놓여 있다. 그는 잠시 후에 아내의 부축을 받으며 자신의 침대로 안내될 것이다. 그다지 특별한 것이 없었던 그날, 그의 부인 우술라 S.는 불안감에 휩싸여 있었다. 그녀는 반복적으로 방을 드나들었고, 물 한 잔을 마시고 몇 번이나 수화기를 들었다가 그대로 내려놓았다. 그러고는 신문을 읽었고, TV를 응시하다가 자고 있는 남편에게 시선을 옮겼다.

그녀는 잠시 생각에 잠겨 있다가 갑자기 중대한 결심을 한 듯한 표정을 짓더니 부엌으로 가서 칼을 가지고 왔다. 그리고 엄청난 분노를 표출하며 잠을 자고 있는 남편의 왼쪽 목을 칼로 찔렀다. 그녀는 죽어 가고 있는 남편의 입에서 고롱고롱하는 소리가 나는 것을 들은 후에 선홍색 피가 넘쳐 나고 있는 상처에서 칼을 뺐고, 다시 칼을 두 손으로 감싸 쥐고 남편의 가슴을 7차례 더 찔렀다. 이어서 그녀는 법의학자들의 부검에서 확인된 바와 같이 피가 철철 흐르고 있는 남편의 배를 최소한 10번 더 격하게 찔렀다. 그녀는 부엌에서 피로 물든 칼을 조심스럽게 닦고 잘 말려서 서랍 속에 넣은 뒤 경찰서에 전화를 걸어 이렇게 말했다.

"어서 나를 잡아가세요. 내가 남편을 죽였어요."

경찰이 도착했을 때 그녀는 부엌에 앉아 있었다. 그녀의 표정은 차분하고 냉정했다. 그녀는 조사 과정에서 경찰에게 침착한 목소리로 자신의 이야기를 들려주었다.

부부 사이에는 말다툼도, 불화도 없었다. 그녀는 범행을 저지르는 동안 전혀 흥분하지 않았고 기껏해야 약간 긴장했을 뿐이라고 했다. 그렇다고 술을 마신 것도, 마약을 복용한 것도, 무언가를 혼동했거나 기이한 목소리를 들은 것도 아니었다. 그녀는 초자연적인 힘에 의해 조종을 당한 것도 아니었고, 그동안 신경 기능이 잘못된 적도 없었다. 아이들은 이미 독립하여 걱정을 끼치지 않고 잘 살고 있었고, 재정적인 상황도 좋았다. 그렇다고 남편에게 다른 여자가 있었던 것도 아니었다.

수년 전부터 그녀는 남편과 싸우지 않았다. 더욱 정확히 말하면 그와 제대로 싸움을 할 수 없었다. 그녀의 남편은 그녀에게 말을 하지 않았다. 아주 드물게 묻는 말에 대답만 할 뿐 대부분은 무시로 일관했다. 이런 점이 그녀를 무력하고 무능하게 만들었다. 그녀는 자신의 내부에서 꿈틀거리는 강렬한 분노를 감지했다. 그녀는 울부짖으며 남편을 뒤흔들고 싶었다. 남편에게 받은 모욕감으로 인해 그녀는 스스로를 중요하지 않은 존재라고 생각하게 되었다. 그녀는 이렇게 말했다.

"그는 돌멩이처럼 차가웠어요. 그는 이기주의자였고, 연민을 가지지 않은 독재자였어요."

그녀는 남편에게 무언가를 질문하면 대답을 해 달라고 애원했다. 하지만 남편은 그조차도 무시로 일관했다. 그가 아주 가끔 그녀에게 말을 걸 때면 그녀는 작은 희망을 가졌다. 남편과 다시 예전처럼 진정한 대화를 나눌 수 있을 것이라는 희망에 그녀는 잠시 웃을 수 있었다. 하지만 매번 돌아오는 건 실망감뿐이었다. 그녀는 남편을 논리적으로 설득하고, 아첨하고, 부탁했지만 그때마다 자신의 언어적 투쟁의 무의미함을 경험해야만 했다. 그녀의 남편은 전혀 손이 닿지 않는 곳에, 너무 멀리 떨어진 곳에 있었다.

"나는 절대적으로 미미한 존재였어요."

그녀는 남편의 냉정한 침묵을 자신에 대한 비난으로 느꼈다. 그녀는 자신이 어떤 죄를 지은 뒤 유죄 판결을 받은 것 같았다고 했다.

"오랜 세월에 걸쳐 나는 암묵적으로 고소를 당하고, 유죄 판결을 받았어요. 영원한 침묵을 통해 벌을 받은 셈이었어요."

남편의 침묵은 부부 관계를 완전히 망가뜨렸다. 계속된 남편의 가혹한 침묵은 그녀에게 사형선고를 내린 것과 다름없었다. 경찰 기록에 따르면 여자는 여기까지 말을 한 다음에 몸을 떨며 울음을 터뜨렸고 다음과 같이 중얼거렸다.

"그는 죽도록 침묵했어요!"

우술라는 즉각 경찰 의료진에 의해 검사를 받았다. 그녀에게서는 정상적인 정신 상태가 확인되었고, 알코올 혹은 의약품으로 인한 그 어떤 침해의 흔적도 발견되지 않았다. 또한 감정적인 예외 상황에 대해서도 전혀 언급되지 않았다. 하지만 '자살 위험의 가능성'은 배제되지 않았다. 그로 인해 의료진은 그녀에게 심리학적 치료와 세심한 감시를 권유하였다.

어떻게 침묵이 사람에게 치명적일 수 있는 것일까? 우리는 말의 세계에 살고 있다. 따라서 침묵은 특별한 의미를 지닌다.

우리가 원한다면 침묵은 대화의 특수한 형태가 될 수 있고 매우 특별한 의사소통의 특성을 발휘할 수도 있다. 우리는 침묵 속에서 깊은 감정 상태를 체험할 수 있고, 말을 하지 않고도 많은 것을 이야기할 수 있다. 침묵의 의사소통은 최고의 신뢰에 대한 표현일 수도 있다. 그러나 종종 치명적인 무기가 될 수도 있다. 공격적인 침묵이란 타인을 무시하고 그를 배제시키고 그의 존재를 부정하는 것을 말한다.

사람들은 흔히 불확실함과 두려움, 신중함과 불신, 소심함으로 인해 침묵을 한다. 침묵은 속죄 혹은 형벌로서 판결되고, 그것은 기밀 보호와 진술 보호에 도움이 된다. 침묵은 강요될 수도 있고 자발적일 수도 있다. 어떤 사람들은 재판 선고를 통해 침묵을 판결받고, 어떤 사람들은 세력자들에 의해 침묵을 하게 된다. 그리고 또 어떤 사람들은 스스로 침묵 선서를 통해 영원히 혹은 일시적으로 말하기 금지를 실천한다. 물론 상황에 따라 침묵이 필요할 수도 있다. 흔히 이런 경우에는 주의력을 상승시키고자 하는 의도된 목표가 있다.

그런데 침묵이 대화 거부를 위해 사용될 때는 불행한 결과를 초래한다. 그렇게 되면 침묵이라는 덕목이 악의 중요한 근원으로 변질될 가능성이 크다. 침묵은 타인을 고려하지 않고 진지하게 받아들이지 않으며, 그의 생각에 관심이 없고, 그에게 말을 할 가치를 부여하지 않는다는 것을 의미한다. 타인에게 더 이상 어떤 말도 허용하지 않는 것은 상대방이 아무런 가치가 없고 심지어 존재하지 않는 것과 같다는 것을 표현하는 것과 다름없다.

타인은 공개적인 충돌에서는 오히려 자신이 진지하게 받아들여지고 있다고 여기는 반면, 대화를 거부당할 때는 스스로 경직되고 무력해지는 것을 느낀다. 침묵의 상대는 자신의 의견을 표시할 수도 없고 해결책을 제안할 수도 없으며 정당성을 주장할 수도 없다. 바로 모든 피고인에게도 허용되는 권리, 즉 자신의 진술이 경청될 권리조차도 박탈당하는 것이다.

이러한 점이 침묵의 피해자에게 전반적인 불안감을 조성한다. 초기 단계에서는 죄책감을 느끼게 하고, 그 다음에는 방어 욕구를 유발한다. 모든 갈등은 침묵을 통해서 더욱 심각해지고, 부정적인 생각이 나오게 되며, 파괴적인 환상의 형성이 촉진된다. 침묵의 피해자는 거부와 모욕에 대항하여 저항하고, 자신의 입장을 크게 소리치고, 침묵하는 사람에게 경청을 강요한다. 말하는 존재로서의 인간은 해명의 말, 이해의 말 혹은 사죄의 말을 원한다.

침묵의 피해자 입장에서는 타인으로부터 비난을 받고, 욕을 듣고, 모욕적인 말을 듣는 것이 훨씬 더 견디기 쉽다. 우리를 화나게 하는 불쾌한 관심도 침묵의 가시만큼 큰 상처를 주지는 않는다. 심지어 불평과 싸움도 냉혹한 침묵의 경멸보다는 견디기 쉽다. 침묵은 그 상대에 대한 책임 전가, 고발, 유죄 판결을 의미하며, 여기에는 정당화, 항소 혹은 보상의 가능성도 전혀 없다. 침묵의 피해자에게는 아무런 기회가 없다.

외적인 갈등과 내적인 갈등이 말로 표현되지 않으면 공격적인 감정의 선동과 부정적인 환상의 자극으로 인해 엄청난 역동성이 생성된다. 부정적인 환상은 침묵하는 사람의 행동, 추정되는 그의 동기와 예상되는 동작의 근거에 적용되고, 점점 더 현실의 토대로부터 멀리 떨어지며, 편집증적인 특징을 지니게 된다. 침묵의 무자비함은 그 어떤 수정도 할 수 없으며 총체적인 상대화를 방해한다.

나중에는 침묵을 통해 자극된 상상이 분노와 공격성으로 바뀐다. 침묵하는 자는 이해심 없는 독재자, 냉정한 반대자, 끔찍한 적으로 부당하게 격상된다. 어찌할 바를 모르는 무력함 속에서 부정적인 감정과 실망의 과열된 정서, 분노 그리고 증오로 이루어진 폭발성의 혼합물이 만들어진다.

한 젊은 방화범은 자신의 감정 상태를 다음과 같이 표현하였다.

"나는 사랑하는 엄마가 나와 말을 하지 않았을 때 엄마의 혀에 매달리고 싶었다."

이런 압박감이 자기 자신에게로 향해져 심신 상관적인 장애, 우울증, 자살 시도로 이어지지 않았다면 또 다른 재앙이 벌어지는 것은 시간 문제이다.

대화를 거부하는 것은 정신적 폭력의 특수한 형태이며, 고도의 타락된 의사소통의 기술이다. 저명한 분석자이자 가정 문제 치료사인 이리고엔은 다음과 같이 말했다.

"침묵은 비열한 행위를 감추는 많은 가면 중의 하나이다."

영원한 침묵은 끓고 있는 주전자의 표면이 뜨거워지는 동시에 내부의 압력이 상승하는 것과 같다. 그러다가 실제로 폭발이 일어나면 쌓여 있던 공격성의 화산은 더 이상 그 어떤 것에 의해서도 멈춰지지 않는다. 악한 감정인 분노가 모든 것을 뛰어넘어 확산되는 것이다. 연민도, 살해의 머뭇거림도, 심지어 도덕적 본능조차도 뛰어넘게 된다.

인간은 말하는 존재이다. 인간은 생각과 감정을 말로 표현하고 갈등을 대화로 푸는 능력을 지녔다. 바로 이것이 인간과 생물의 차이이다. 심리 치료의 여러 가지 기술을 비교해 보면 하나의 분명한 공통점이 있다. 그것은 바로 무의식의 그늘진 부분에 불을 밝히고, 몰아낸 생각과 관념을 허용하고, 금기시된 문제들을 토론하고, 말하지 않았던 것을 말하는 것이다. 말을 한다는 것은 공격성의 감소를 암시하고, 말의 사용은 환상이 끝없이 이어지는 것을 제지한다. 결국 대화는 악으로부터 가장 독성이 강한 뿌리 중의 하나를 떼어 내는 것이다.

앞서 침묵이 심문이나 유죄 판결과 관련되어서만 언급되었지만 그 외에도 범죄학적으로 중요한 의미를 지닌다. 어떻게 침묵 없이 그 모든 근친상간 범죄들이 가능했을까? 어떻게 침묵 없이 아이들이 수년 동안 성폭행을 당할 수 있었을까? 어떻게 침묵 없이 학교 총기 난사자의 무서운 생각과 죽음의 환상들이 끔찍한 대량 학살로 확대될 수 있었을까? 많은 범죄와 금기시된 행동들은 다수의 침묵을 통해 비로소 가능해진다. 만약 반대 의견을 가진 정당들이 최종적으로 침묵을 깼다면 얼마나 많은 전쟁을 막을 수 있었을까? 이처럼 침묵은 실제로 무자비하고 파괴적인 폭력 행위를 허용하기도 한다.

살인으로 이어진 침묵

우술라는 조사 과정에서 남편이 어떻게 점점 더 대화를 회피했는지에 대해 이야기하였다. 처음에 남편은 아내에게 끊임없이 관심을 보이며 모든 것을 이야기했다. 하지만 시간이 흐르자 아내의 말을 흘려들었고, 아무런 반응을 보이지 않았다. 그는 그렇게 모든 까다로운 주제에 대해서 침묵했다. 그는 터놓고 말을 하라는 아내의 간절한 부탁이나 대화에 대한 아내의 희망을 그다지 중시하지 않았다. 그는 감정적 호소에도, 부탁이나 위협에도 전혀 반응을 보이지 않았다. 아내는 남편에게 편지를 쓰기도 했고, 지인을 통해 대화를 시도하기도 했다. 하지만 그 어떤 것도 남편을 변화시키지 못했다.

이러한 시간이 지속되면서 아내의 가슴속에서는 분노가

솟아올랐다. 아내는 경청, 관심 그리고 애정을 얻고 싶었다. 하지만 아무것도 얻지 못하자 침묵의 고문에 저항하기로 결심했다. 그녀에게는 참을 수 없는 긴장 상황을 끝내는 것 외에는 별다른 방법이 없었다. 그녀는 범행을 저지른 지 몇 주가 지난 후에 울먹이며 이렇게 말했다.

"죽은 남편의 침묵이 살아 있는 남편의 침묵보다 훨씬 더 견디기 쉬운 것 같아요."

감옥 안에서 강요되는 침묵은 여러 면에서 자유로운 인간의 거부된 대화만큼 힘들지 않다. 그녀는 범행을 저지른 것은 후회되지 않지만 모든 상황이 그렇게까지 악화된 것은 매우 절망적이라고 했다.

우술라의 정신의학적 감정에서는 특별한 것이 발견되지 않았다. 그녀는 뛰어난 지능을 가지고 있었다. 그녀는 어떤 장애를 가진 적도, 정신적 질병에 걸린 적도 없었다. 또한 인격 구조에서도 비정상적인 특성이 발견되지 않았다. 그녀는 가장 날카로운 인간의 무기, 즉 대화의 거부에 대항하여 소용없는 전쟁을 벌였던 것이다. 그녀는 악한 침묵을 악한 공격으로 끝내는 것, 침묵하는 자에게 자신의 공격적인 메시지를 소란스런 형태로 돌려주는 것, 남편에게 죽음으로 침묵에 대한 벌을 내리는 것 외에는 다른 방법이 없다고 여긴 것이다.

9장

아버지에 대한
공격적인 성향

|

"모든 아버지는 라이오스, 즉 오이디푸스의 아버지이다."

프란츠 베르펠(독일의 작가)

|

아버지에 대한 증오심, 그로 인한 살인

32세의 가장 크리스토프 L.은 편안하게 TV를 시청하며 밤을 보내려고 했다. 아내는 합창 연습을 하러 가서 아직 귀가하지 않았고 아이들은 잠이 든 상태였다. 그는 채널을 돌리다가 1960년대에 만들어진 한 영화를 보게 되었다.

그것은 존 크니텔의 소설 《비아 말라》를 영화화한 것이었다. 스위스의 그라우뷘덴주를 배경으로 한 음침하고 폭력적인 영화의 주인공은 고독한 산간 지방에서 가정의 독재자로 군림하고 있는 제재소 주인이었다.

크리스토프는 영화를 지배하는 폭력성, 지속적인 두려움, 우울한 분위기, 모든 것을 견디게 하는 죄책감, 비극적인 이야기, 무엇보다도 주인공인 아버지에게 관심이 갔다. 아버지는 가족들을 노예처럼 대하며 폭언과 폭행을 일삼았다. 또한 항상 무시무시한 잔인성을 드러냈다. 그는 어린 쌍둥이 딸들을 살해하기도 했다. 다음 장면에서 아버지는 한겨울에 가족들을 고산 지대의 외떨어진 산장에 위험하게 방치해 두고 자신은 골짜기에 있는 애인의 집으로 갔다.

폭군 아버지가 폭음, 방탕, 심각한 공격, 사디즘적인 학대를 가해도 가족들은 아무런 대응을 하지 못했다. 그 모습을 본 크리스토프는 기분이 울적해졌다. 빠져나올 수 없는 파국으로 흘러 들어가는 비극의 전개가 크리스토프의 내면 깊숙한 곳에 자리 잡고 있던, 한 번도 완전히 놓아 준 적이 없었던 무언가를 자극했다.

크리스토프는 하인 취급을 받던 부인이 아이들과 자신을 위해 폭군을 죽이기로 결정하는지, 맏아들이 어떻게 책임을 떠맡게 되는지, 누가 피해자이고 누가 가해자인지, 만약 부인이나 아이가 아버지를 상대로 범죄를 저지른다면 그것은 도덕적인 죄인지, 법률상의 죄인지를 생각하며 영화에 몰두했다.

영화를 끝까지 본 크리스토프는 그날 밤 제대로 잠을 이루지 못했다. 다음날 그는 아침 일찍 일어나 부인에게 병든 아버지를 찾아뵙고 오겠다고 말했다. 그의 아버지는 수년 전부터 가족과 500km 정도 떨어진 도시에서 홀로 살고 있었다. 가구

장인이자 스포츠 사격 클럽의 회원이었던 크리스토프는 자신의 무기가 보관되어 있는 사무실에 가서 총을 챙겨 아버지에게로 갔다.

　이동을 하는 동안 그는 아버지에게 전화를 걸어 자신의 방문 소식을 알렸다. 그는 아버지와 유산 문제를 의논하려고 했다. 아버지의 집에 도착한 크리스토프는 아버지에게 산책을 하자고 제안했다. 그들은 나란히 서서 산책을 하다가 들판에 있는 한 오두막에 앉아서 대화를 나누었다. 그런데 몇 분 지나지 않아 크리스토프는 아버지에게 여러 차례 총을 쏘았다. 그 후 그는 나뭇가지로 시체를 덮어 두고 집으로 향했다. 그리고 도중에 경찰서에 가서 자수를 했다.

　심문 과정에서 그는 이 범행을 통해 자기 자신과 가족을 아버지에게서 벗어나게 하고 싶었다고 진술했다. 그에게 아버지는 냉정하고 배려심 없는 독재자였다. 아버지는 자식들을 사랑하지 않았고 항상 어머니를 괴롭혔다. 어린 시절부터 크리스토프의 머릿속에는 아버지에게 맞은 어머니가 입에서 피를 흘리고 있는 모습이 강하게 남아 있었다. 그의 아버지는 사소한 일로 자식들을 심하게 체벌하였고 끊임없이 무가치하게 대했다. 자식들은 매일매일 아버지에게 이런 말을 들었다.

"너는 아무것도 아니야! 너는 아무것도 할 수 없어! 너는 절대 무언가가 될 수 없어!"

크리스토프는 아주 어렸을 때부터 언젠가는 아버지를 자신의 손으로 죽일 것이라고 다짐했다.

"다섯 살 때부터 나는 언젠가 아버지를 죽일 거라고 다짐했어요. 그때를 정확하게 기억하고 있어요!"

크리스토프에게 어린 시절은 공포 그 자체였다. 그는 한 번도 보호받고 있다는 느낌을 가져 본 적이 없었다. 그는 아버지의 폭력으로 인한 끊임없는 두려움과 어머니에 대한 걱정 속에서 살았다. 그는 아버지에 대한 두려움 때문에 친구들을 집에 초대한 적이 한 번도 없었다. 아버지의 행동은 술을 통해 더욱 잔인해져 갔다. 아버지에 대한 크리스토프의 유일한 감정은 두려움이었다. 그는 커서도 항상 아버지에게 신경을 써야 했다. 그는 왜 자신이 아버지에게 완전히 거리를 두는 데 성공하지 못했는지 모르겠다고 말했다. 아버지는 두려움을 유발할 정도로 잔인하고 독재적이었다.

"한마디로 그는 악한 사람이었어요."

성인이 되면서 아버지와 접촉하는 일이 드물어졌지만 크리스토프는 종종 아버지가 걱정이 되곤 했다. 그럴 때마다 그는 아버지가 그에게, 그의 형제들에게 그리고 어머니에게 나쁘게 행동했던 일들을 떠올렸다. 그러면서 악의 뿌리를 잘라내기 위해서는 아버지를 죽여야 한다고 마음을 다잡았다.

영화를 본 후에 그의 생각은 오로지 한 가지 문제에만 집중되었다. 바로 아버지를 죽이는 것! 그래서 그는 '6단계 계획'을 세웠고, 바로 다음날 그 계획을 실천하였다.

첫 번째 단계는 그의 아내에게 거짓 정보를 전하는 일이었다. 그는 아내에게 아버지가 자신에게 전화를 걸어 건강상의 문제가 있으니 가능한 한 빨리 와 달라고 부탁했다고 말했다. 두 번째 단계는 자동차의 기름을 가득 채우는 일이었고, 세 번째 단계는 사무실로 가 총을 챙기는 것이었다. 네 번째 단계는 오랜 시간에 걸쳐 아버지가 사는 곳으로 가는 것이었다. (크리스토프는 이때의 상황을 부분적으로 기억하지 못했다.) 다섯 번째 단계는 아버지를 살해하는 것, 여섯 번째 단계는 자수를 하는 것이었다. 그는 정확히 이 계획에 따라 일을 진행하였다.

그는 아버지를 찾아가 유산에 대해 이야기를 하자고 제안하였다. 두 사람의 대화는 어린 시절의 가정 상황에 이르렀다. 크리스토프가 아버지에 대한 자신의 두려움에 대해 이야기하자 아버지는 당황했다. 아버지는 곧 있으면 자신에게 어떤 일이 벌어질지 알고 있는 듯한 눈치였다. 분위기는 매우 평화로웠다. 크리스토프는 챙겨 온 총을 꺼내 들었다. 아버지는 아무 말도 하지 않았다. 잠시 후, 첫 번째 총성이 울렸다. 하체에 총을 맞은 아버지는 크게 소리를 질렀다. 크리스토프는 아버지의 가슴에 총을 겨누고 5~6발을 더 쏘았다. 그는 아버지의 머리에는 총을 쏘지 못했다. 크리스토프는 아버지를 죽인 순간 완전히 자유로워진 느낌이 들었다고 한다.

"나는 끝없는 부담감에서 벗어난 느낌이었어요."

크리스토프는 죄책감을 느끼는지에 대한 질문에는 이렇게 대답했다.

"법적으로 보자면 그렇습니다. 나는 분명히 법을 어겼어요. 그러나 나에게는 법이 중요하지 않습니다. 나는 가족을 구원하기 위해 아버지를 죽인 것뿐입니다."

그는 범행을 저지를 당시 술에 취해 있거나 혼란스러운 상태가 아니었다. 그는 자신이 무슨 일을 하고 있는지 분명하게 인식하고 있었다. 그러나 그의 감정 세계는 정상이 아니었다. 그것은 크리스토프가 아이였을 때 한 번도 사랑을 받아 본 적이 없었기 때문이다. 그는 성장하면서 제대로 슬퍼할 수도, 제대로 울 수도 없었다. 크리스토프는 이러한 것이 모두 아버지

탓이며, 아버지는 그에 따른 마땅한 대가를 치른 것이라고 생각했다. 그는 양심의 가책을 전혀 느끼지 않았다. 가족의 이름으로 그런 행동을 했을 뿐이라고 했다. 아버지를 죽인 것으로 그는 아버지와의 관계를 '청산'했다고 생각했다. 그의 마음속에는 이제 아버지에 대한 증오심이 남아 있지 않다. 그는 비로소 아버지와 화해를 한 것 같은 느낌이 든다고 말했다.

부친 살해를 유발하는 동기

자식이 부모 중 한 사람을 살해하는 경우는 그 외의 다른 살인 혹은 치명적인 결과를 가져오는 상해 사건들과 전혀 다른 심리학적 배경을 가진다. 대부분의 범인은 현저한 심리학적 문제와 병적인 가정 형편에 처해 있다. 세계적인 조사에 따르면 부모 중 한 사람을 죽인 사람 중 절반은 정신적인 질병에 걸려 있었고, 대부분 정신분열증으로 고통받았다.

그 외의 경우는 수년 동안 가정에 갈등 상황이 존재했고, 그런 상황에서 성장하여 일종의 정당방위 혹은 복수심으로 살해를 저지른 경우가 대부분이었다. 특히 아들이 아버지를 살해한 경우에는 심층 심리학적인 요인이 과소평가될 수 없는 역할을 한다.

존속 살인이라는 일반적인 개념은 부모 중 한 사람의 살해를 의미하고 부친 살해자와 모친 살해자로 구분된다. 이러한 범행은 상대적으로 드문 편이다. 이는 모든 살해 사건의 2~3% 정도를 차지한다(캐나다의 경우는 6.3%에 이른다.). 전통적으로 아버지와 어머니가 누리는 종교적·문화적 근거에 따른 강력한 보호의 특권은 부모에 대한 공격적인 행동을 제지시키는 특별히 강한 도덕 규범에 근거한다. 그래서 우리는 끔찍한 존속 살해 행위를 보면 항상 집중적으로 정신 장애의 흔적을 찾게 된다. 이는 정신 장애로 인해 부모에 대한 공격을 제지하는 내적인 도덕 규범이 붕괴될 수 있기 때문이다.

과거 형법은 부친 살인의 경우 대단히 강한 처벌을 내렸다. 하지만 20세기 전반에 비로소 재판관에 의해 범인의 특별한 상황이 고려되었고, 이해가 될 만한 긴급 상황 혹은 범행 시점의 정신적 피해에 대한 검토가 본격적으로 이루어졌다. 비록 존속 살해자들의 85%가 남성이라고 해도 이런 통계는 다른, 특히 청소년 폭력과 많은 측면에서 확실히 구별된다. 청소년 폭력은 다양한 형태의 범죄와 무관심, 반사회적 행동 방식을 통해 눈에 띄는 반면, 존속 살인자는 그들의 경력에서 아무런 유죄 판결의 전조도 없고 반사회적 특징도 거의 지니고 있지 않다. 그들은 대부분 다른 범죄를 저지른 청소년들보다 사회적으로 높은 계층의 출신이고 일반적으로 교육을 잘 받았다.

부친 살해와 모친 살해의 경우 세부적으로 각기 다른 동기들이 발견된다. 그러나 대부분 이 두 가지 범죄와 연관해서 두려움, 복수 그리고 도피 내지는 해방의 희망이 포함된 복합적인 원인들이 확인된다. 정신질환 때문에 일어난 부친 살해의 경우도 이런 관련성이 자주 나타나고 있다. 존속 살인의 60%가 정신질환이 있는 자식들에 의해 일어났고, 거꾸로 정신질환이 있는 사람들이 저지른 살인의 20~30%가 부모 중 한 사람에게 가해졌다. 그러나 이 말은 곧 부모 중 한 사람을 죽인 자식 중 40~50%는 정신적으로 아프지 않다는 사실을 뜻하기도 한다.

비아말라와 오이디푸스

가장 쉬운 사례들에서도 이런 점이 공감되고 이해된다. 즉 수년 동안 가정에서 독재자로서 행동했던 아버지가 가족을 위해 구원자의 역할을 해야 한다고 느낀 아들에 의해 살해되는 경우이다. 여기서 아들은 살인 외에는 어머니와 형제자매 그리고 자기 자신을 아버지의 학대로부터 해방시킬 수 있는 다른 가능성은 없다고 믿는다. 사람들은 이런 경우 존 니텔(John Knitte)의 유명한 소설에서 등장했던 '비아말라(Via Mala,1934, 원래는 스위스의 지명에서 유래한 말로 '나쁜 길'이라는 의미로 쓰임)'라는 말을 사용한다.

때때로 부모와 자식 사이의 의사소통이 '이중 구속(두 가지 모순된 메시지를 한 사람이 동시에 전하는 것)'을 통해, 즉 동시적인 거부·거절과 더불어 과보호·보호를 통해 혹은 예측 불능으로 인해 방해를 받고, 자식들은 적절한 대피의 가능성과 갈등의 해결책을 더 이상 찾을 수 없다고 여긴다. 부모 살인 중에서 드문 사례이지만 아이가 부모 중 한 사람에게 충족의 수단으로 악용된 경우도 있다. 가장 흔하게 발견되는 계기는 부모 중 한 사람에 의한 자녀들의 육체적 악용과 아이를 간섭에서부터 보호해야 하는 다른 한쪽 부모의 무능력이다. 여기서부터 오랜 시간에 걸쳐 형성되는 긴장 상태와 무능함의 인지, 독재적이고 고통스럽게 체험한 한쪽 부모에 대한 분노와 두려움이 만들어진다.

부모의 다른 한쪽은 ─대부분 어머니인데─ 비극적인 경우에 청소년들이 범행을 저지르다가 들키거나 자신들의 발각을 피하려고 할 때 희생자가 되기도 한다. 몇몇 연구가는 부친 살해가 모친 살해보다 더 자주 발생한다고 밝히고 있지만, 대부분의 사람은 별 차이가 없다고 여긴다. 부모 중 한쪽을 살해한 정신질환자의 40%는 후에 희생자가 될 사람을 이미 그전에 육체적으로 공격을 한 적이 있다고 한다. 석방 후에 진행된 범죄자들의 사후 조사에 따르면 이들이 폭행 범죄를 다시 저지른 경우는 3.8%에 이르렀다. 이런 비율은 낯선 사람을 살해한 범죄자들과 비교해서 훨씬 낮은 편이다. 그들이 다시 범죄를 저지른 비율은 11.8%나 되었다.

　살인은 세계 문학에서 중요한 테마이다. 소포클레스의《오이디푸스 왕》, 셰익스피어의《햄릿》, 도스토예프스키의《카라마조프의 형제들》이 바로 그 예이다. 그러나 무엇보다 부친 살인은 지그문트 프로이트 이래로 심리 분석의 중심적인 구성 성분이 되었다. 부친 살인의 무의식적인 동기는 근원적으로 타인의 운명 강요, 여자 혹은 어머니에 대한 경쟁 속에서 발견된다. 프로이트는 이렇게 주장했다.

　"부친 살인에 대한 기억의 흔적은 태고 시절의 사건에서 찾을 수 있다. 이와 연관된 죄책감이 아이의 무의식 속에 머물며 아이의 반응 방식에 영향을 미친다."

　부친 살인은 가족이 형성되던 초기에 현실이 되었다고 한다. 이런 종류의 근원적 생각은 일종의 환상으로서 세대에서 세대로 전해질 수 있고, 그 다음에는 선사 시대의 진실로서 반복적으로 떠오르며, 적절한 상황에서 다시 각성될 수 있다. '태고의 기억'은 무의식 속으로 뚫고 들어가서 거기에 머물다가 갈등이 생겼을 때 막강한 효과를 발휘한다. 아버지에 대한 공격적인 성향은 그 다음 세대들에서도 반복되기 때문에 죄책감이 유전되는 것이 분명하다.

　부친 살인은 무의식적인 성적 전이(분석심리학에서 전이란 무의식적인 내용물이 상대에게 옮겨지는 일종의 투사 현상임)와 더불어 인성 발달을 위해 토대가 되는 심리분석적 모델, 즉 오이디푸스 콤플렉스의 주요 내용이기도 하다. 프로이트는 오이디푸스 콤플렉스를 통해 아이가 성장하는 동안에 나타나는 부모에 대한 사랑과 증오의 감정을 설명하였다.

분석심리학적 이론에 따르면 서너 살에 나타나는 생식기 단계에서 초기 아동들과 부모의 관계는 고대 오이디푸스 전설과 유사하게 형성된다. 반대의 성을 가진 부모에 대해서는 사랑과 근친상간의 욕구가 발달하는 반면, 동일한 성을 가진 부모에 대해서는 증오와 질투심이 생긴다. 일반적으로는 동성 부모와의 동일화 속에서 욕구가 억압되고, 그와 연관된 두려움이 사라지며, 이로써 오이디푸스 콤플렉스의 상황이 종료된다. 사춘기와 그 후에도 이런 상황이 부활할 수 있다. 이런 증상이 충분하게 극복되지 않으면, 노이로제가 생길 수도 있다. 오이디푸스 콤플렉스가 성장 과정에서 극복되지 않았거나 그 내용이 부친 살해에 의해 관철되었다면, 이것은 정신질환에 가까운 문제가 있음을 의미한다.

오이디푸스 콤플렉스가 얼마나 지배적일 수 있는지 그리고 노이로제 문제가 아버지나 어머니에 대한 병적인 전이 속에서 얼마나 심하게 '비정상적' 발달과 뒤섞일 수 있는지 한 사례가 잘 보여 준다. 이 사례에는 병적인 부자 관계, 태고의 사건으로부터 유발된 악의 발현에 관해 언급해야 할 모든 것이 포함되어 있다.

55세의 요한네스 M.은 큰아들인 28세 토마스 M.의 초대에 응했다. 두 사람은 모두 미술가이자 화가로서 성공을 거두었다. 그들은 부자인 동시에 엄격하게 구분되었던 장인과 제자의 관계였으며 세월이 흐르면서 예술적인 경쟁자가 되었다. 이러한 상황들이 다툼, 거리감 그리고 적대심의 계기가 되었다. 피상적으로는 직업적인 동기로부터 유발된 수많은 논쟁 속에 점점 더 자주 가정 문제와 연관된 질책이 한데 뒤섞이게 되었다.

그의 아버지는 가정을 거의 돌보지 않았고, 우울증에 시달리는 아내를 혼자 있게 내버려 두었으며, 아들과 함께 보내는 시간이 극히 적었다. 토마스는 아버지가 자신을 처음에는 부담스러운 존재로 대했다가 나중에는 기분 나쁜 경쟁자로 대했다고 비난했다. 부자 간의 수많은 화해의 시도는 성공을 거두지 못했다. 여러 번의 대화가 결국은 상황을 더 악화시키는 싸움으로 끝났다. 그로 인해 토마스의 초대를 계기로 두 사람의 관계가 회복되어야 했다.

아버지는 토마스에게 포옹을 받은 후 식탁으로 안내되었다. 토마스는 아버지에게 음료를 대접하였다. 그러고는 자신의 작품 활동에 대해 설명한 뒤 다음 전시회를 위한 카탈로그를 보여 주며 식사를 하면서 자신의 새 작품들에 대한 의견을 말해 달라고 부탁했다. 아버지가 카탈로그를 보고 있는 동안 토마스는 아버지가 좋아하는 애피타이저를 가져오겠다고 말했다.

하지만 토마스가 손에 들고 나온 것은 애피타이저가 아닌 권총이었다. 그는 카탈로그를 훑어보고 있는 아버지에게 총을 발사하였다. 탄환은 두개골을 박살냈고, 카탈로그는 피와 뇌의 내용물로 물들어진 채 바닥으로 떨어졌다.

경찰 심문에서 토마스는 계획적이고 잔인한 이 살해의 근거를 아버지가 평생 동안 가족들에게 가한 '테러' 때문이라고 말했다. 아버지는 자기중심적이고, 무정하고, 패쇄적인 사람이었고, 아내와 자식에게 사랑을 주지 않았다. 가족을 물질적으로만 돌본 아버지는 가족에게 시간을 할애하기는커녕 가족을 부담스러운 혹으로 생각했다. 아버지는 가족의 문제에 대해서는 전혀 관심이 없었다.

"그는 단지 성취와 성공만 원했습니다."

토마스는 어머니가 우울증에 걸려 정신병원에 입원한 것은 오로지 아버지의 탓이라고 했다. 그런데 이런 일반적이면서 공감이 될 만한 동기와 함께 비정상적인 느낌을 불러일으키는 이유들이 드러났다. 그는 어린 시절부터 아버지에게 시기심을 느꼈고, 아버지가 자신에게서 어머니를 빼앗아 가려 한다고 생각했다.

토마스는 성인이 되어서도 4세 때 아버지를 죽이는 꿈을 꾸었던 것을 생생하게 기억하고 있었다. 그는 어린 시절에 부모님이 성관계를 하는 모습을 목격했다. 그 순간 그는 아버지에 대한 증오심으로 언젠가 아버지를 죽일 것이라고 마음먹었다. 이 생각은 오랫동안 그를 놓아주지 않았다. 그는 사춘기 때 부친 살해의 문화적인 현상에 대해 깊이 생각했다. 그리고 진정한 남자가 되기 위해서는 아버지라는 인물을 이겨야 한다고 굳게 믿었다. 그는 자신의 내부에 있는 '이리와 같은 본성'을 감지하였고, 진정한 삶으로 나아가는 길은 아버지의 살해를 통해 도달할 수 있다고 생각했다.

실제로 그는 14세 때 아무 생각 없이 테이블에 앉아 있던 아버지에게 소리를 지르며 공격을 가해 외상을 입혔다. 그로 인해 청소년 정신과 의사에게 진료를 받아야 했다. 정신과 의사는 그에게 사춘기 위기라는 진단을 내렸고 심리 치료를 받으로라고 제안했지만, 그는 의사의 말을 듣지 않았다. 2년이 흐른 뒤 그는 어머니를 성폭행하려고 했다. 그는 어머니를 힘으로 제압한 뒤 바닥에 눕히고 이렇게 소리쳤다.

"내가 당신의 진정한 남편이야! 나는 그럴 권리가 있어!"

당황한 어머니가 계속해서 저항하자 그는 더 이상 그럴 기분이 아니라며 어머니에게서 떨어졌다. 그의 분노는 시간이 지날수록 아버지에게로 확대되었고, 아버지를 막강한 적 그리고 자신의 문제에 대한 전반적인 원인이라고 생각했다. 아버지는 자신에게서 어머니를 빼앗아 갔고, 엄청난 욕심으로 자신을 짓눌렀으며, 예술적으로 자신을 능가하려고 했다.

"아버지는 언제나 나의 성공을 시기했고 항상 나의 작품들을 비웃었어요. 아버지는 내가 자기보다 더 잘될 수 있을지도 모른다는 두려움을 가지고 있었습니다."

오이디푸스 콤플렉스

이 범행을 통해 우리는 오이디푸스 이야기를 떠올릴 수 있다. 오이디푸스는 그리스 전설의 인물로 테베왕 라이오스의 아들이다. 오랫동안 아기를 갖지 못한 라이오스와 아내 이오카스테는 방법을 찾기 위해 델포이 신전으로 간다. 하지만 그들은 그곳에서 끔찍한 저주를 듣게 된다.

"네가 감히 아들을 낳게 된다면, 그 아들이 아버지를 죽이고 어머니와 결혼하게 될 것이다."

그 후 실제로 아들을 낳은 라이오스는 갓 태어난 아기의 두 발을 못으로 뚫어 서로 묶은 후에 목동을 시켜 아기를 산 속에 버리게 한다. 그러나 아기에게 동정을 느낀 목동은 지나가는 양치기에게 아기를 주고, 양치기는 아기를 코린토스의 폴리보스 왕에게 데려간다.

폴리보스 왕 아래에서 잘 성장한 오이디푸스는 자신을 길러 준 왕과 왕비가 친부모가 아니라는 사실을 알게 된다. 그로 인해 델포이 신전에 찾아간 오이디푸스는 그곳에서 자신이 친아버지를 살해하고 어머니를 아내로 맞게 될 것이라는 예언을 듣게 된다.

그 예언이 이루어지지 않게 하기 위해 오이디푸스는 먼 길을 떠난다. 하지만 길이 갈라지는 곳에서 우연히 만난 한 노인과 싸움을 하게 되고, 그가 자신의 친아버지임을 알아채지 못하고 그를 죽이고 만다. 이후 그는 주어진 수수께끼를 풀지 못한 행인들을 집어삼키는 괴물 스핑크스로부터 테베를 구해 낸다. 오이디푸스가 수수께끼를 풀자 괴물은 바닷속으로 추락하고 마침내 도시는 괴물로부터 해방된다. 오이디푸스는 이에 대한 보상으로 여왕 이오카스테, 바로 그의 친어머니에게 결혼 승낙을 얻어 낸다.

지그문트 프로이트는 이 그리스 전설의 핵심 내용을 오이디푸스 콤플렉스의 토대로 삼았다. 오이디푸스 콤플렉스가 끊임없이 나타나거나 확대되는 것은 심각한 노이로제 혹은 정신병과 유사한 장애가 있음을 의미한다. 토마스의 이야기에서는 이러한 오이디푸스 상황이 실제로 정신질환의 시작을 나타냈다. 그는 후에 망상적 사고, 환각 그리고 심각하게 불쾌한 기분에 시달렸고 우울한 단계에서는 자살을 시도하기도 했다.

오이디푸스 역시 자살로 생을 마감했다. 어느 정도 시간이 흐르자 평화로웠던 테베에 전염병이 돈다. 그로 인해 오이디푸스는 해결책을 찾고자 또다시 델포이 신전으로 간다. 하지만 그곳에서 전염병은 라이오스를 죽인 사람이 누군지 밝혀져야 멈추게 될 것이라는 말을 듣게 된다. 결국 장님 예언가인 테이레시아스는 오이디푸스에게 모든 진실, 즉 그의 친부모에 대해 이야기해 준다. 이에 충격을 받은 그의 아내이자 어머니인 이오카스테는 목을 매달아 죽고, 오이디푸스는 황금 바늘로 자신의 두 눈을 뽑아 낸다. 다른 버전에 따르면 그가 절망에 빠져 지하 세계로 가는 문으로 알려진 좁은 골짜기로 떨어졌다고 한다.

10장

자식의 내면을 결정짓는
엄마의 역할

|

"나는 아들의 사랑스런 이마에 이별의 키스를 해 주고 가는 것밖에
이 세상에서 더 이상 할 일이 없다."

아르투어 슈니츨러(오스트리아의 소설가)

|

메디아 신드롬

경찰서에 얌전하게 보이는 26세의 여성이 들어왔다. 그녀는 감정이 없는 듯한 표정과 차분한 목소리로 자신이 방금 아파트에서 두 살짜리 아들을 죽였다고 고백하였다. 그녀는 경찰에게 자신의 이야기를 늘어놓았다.

최근에 헤어진 18세 연상의 남편이 두 시간 전에 그녀를 찾아왔다. 남편은 욕을 하고 위협을 하며 그녀에게 비난을 퍼부었다. 한바탕 난리를 피운 남편은 변호사가 작성한 서류를 그녀 앞에 내놓았다. 그 서류에는 앞으로 아이의 양육을 남편에게 맡기라는 내용이 적혀 있었다. 하지만 그녀는 어떤 상황에도 아이를 넘겨주지 않겠다고 마음먹었다. 그녀는 남편이 돌아간 후에 약간의 술을 마신 뒤 유령처럼 집 안을 배회했다. 그녀의 머릿속에는 오로지 한 가지 방법밖에 떠오르지 않았다.

어느 순간 그녀는 손에 칼을 들고 서 있었다. 손과 칼에는 피가 물들어 있었다. 그녀는 부엌으로 달려가 칼에서 핏자국을 지우고 서랍 속에 넣었다. 그러고는 경찰서로 가서 자신의 범죄 사실을 알렸다.

그녀는 범행 전 자신의 상황에 대해 이렇게 말했다.

"남편이 한바탕하고 돌아갔을 때 이제 방법은 한 가지밖에 없다고 생각했습니다. 나는 부엌에서 칼을 꺼내 들고 침실로 갔습니다. 그리고 평화롭게 자고 있는 아이를 5~7차례 찔렀습니다. 나의 머릿속에는 허무함과 증오만이 가득했습니다. 하지만 의외로 난 매우 차분했습니다. 마치 최면 상태에 있는 듯한 느낌이었습니다."

이 여성의 범행은 심각한 부부 관계의 갈등이라는 배경에서 관찰해야 한다. 그녀는 자신보다 나이가 많고 사회적으로 우위에 있는 남자와 빠르고 열정적으로 관계를 시작했지만 결국 위기에 빠지고 말았다. 그녀는 남편이 자신에게 선사했던 안정을 높이 평가했지만, 다른 한편으로는 그의 통제 욕구와 질투심에 시달렸다. 남편은 술을 즐겼고 그녀의 모든 일에 간섭하며 독재자처럼 행동했다. 그러한 상황이 지속될수록 부부 사이에 충돌적인 관계가 형성되었다. 회복을 위해 다양한 시도를 해 보았지만 아무런 효과가 없었다. 그로 인해 그녀는 점점 더 공격적으로 변했고, 정신적으로 무너지는 듯한 느낌이 들었다. 그녀의 말을 그대로 빌리자면 더 이상 남편의 냄새도 맡을 수 없었다.

이혼을 결정한 후에 아이의 양육 문제가 대두하면서 두 사람의 관계는 더욱더 악화되었다. 언젠가부터 말다툼의 주제는 아이였다. 그녀는 아이를 빼앗기면 마지막 싸움에서 패배하는 것이라고 생각했다. 그로 인해 남편에게 향해야 할 그녀의 모든 분노가 아이에게로 옮겨졌다. 그녀의 살인은 무력한 원시적 반응, 복수심에서 나온 공격성의 배출 그리고 자신이 옳다고 생각한 마지막 행동이었다. 그런 종류의 정신적 과정은 모친의 자식 살해 사례의 약 4분의 1에서 나타났다. 오늘날 우리는 이러한 것을 '메디아 신드롬'이라고 말한다.

에우리피데스의 비극《메디아》에는 상처 받고 버림받은 아내와 바람을 피운 남편 이아손이 등장한다.《메디아》는 황금양털 신화의 영웅에 대한 아내의 복수를 다루고 있다. 이아손이 왕의 딸과 결혼을 하자 메디아는 복수를 결심하고 세부적이고 합리적인 계획을 세운다. 그녀는 왕의 딸에게 결혼 선물로 독이 묻은 옷을 선물한다. 그로 인해 왕의 딸은 독에 중독되어 죽음에 이르게 된다. 또한 고통스러워하는 딸을 도와주고자 애쓰던 왕 역시 죽게 된다. 그 후 메디아는 이아손과의 사이에서 낳은 아들까지 죽인다. 이아손에게 더 깊은 상처를 주기 위해서였다. 범행 후에 메디아는 태양의 신 헬리오스의 마차를 타고 도망을 간다.

엄마에 의한 영아 살해

그런데 뉴욕의 스케넥터디에 사는 메리베스 티닝의 상황은 좀 달랐다. 사람들은 그녀가 9명의 아기를 유아기에 살해한 것으로 추측했다. 1972년부터 1985년까지 3세 미만의 아기들이 죽었고, 의사들에 의해 모두 유아 돌연사 혹은 소위 라이 증후군, 즉 열을 동반한 호흡기 감염의 결과로 인한 간과 뇌의 갑작스런 손상을 진단받았다. 메리베스 티닝은 아기들의 죽음을 침착하게 견뎠고 그때마다 이렇게 말했다.

"이것은 신의 뜻이에요. 우리는 겸허하게 받아들여야만 해요."

하지만 아기들의 진짜 사망 원인이 알려지고 난 뒤《뉴욕 타임스》는 이런 기사를 내보냈다.

해마다 메리베스 티닝의 아기들이 죽었다. 14년 동안 모두 9명의 아기가 차례대로 사망했다. 이들의 공식적인 사망 원인이 바뀌었다. 이러한 사망 사건이 계속해서 발생하는데도 아무도 어떤 악한 측면을 깨닫지 못했다. 경찰도, 검시관도, 의사도, 사회복지사도 이웃들도……. 심지어 티닝 부인의 남편조차도 알아채지 못했다.

1986년 2월 4일, 메리베스 티닝이 체포되었다. 그녀는 자신의 딸인 타미 린이 밤중에 끊임없이 울어 쿠션으로 질식시켜 죽였다고 자백하였다. 나중에 그녀는 두 아들 티모시와 나탄 역시 동일한 방법으로 살해했음을 인정하였다. 그러나 다른 아기들의 죽음과는 아무런 관련이 없다고 주장하였다. 검찰은 결국 그녀를 기소하였다. 하지만 그녀는 재판에서 진술을 거부하였다. 그녀는 살인죄로 20년의 징역을 선고받았고 뉴욕의 한 감옥에서 죗값을 치르고 있다.

메리베스 티닝은 아기들로 인한 힘겨움 때문에 심한 스트레스를 받았고 자신이 엄마가 아닌 것 같은 느낌이 들어 무척이나 괴로웠다고 말했다. 그녀의 정신의학적 감정에서 '뮌히하우젠 바이 프록시 증후군'이라는 진단이 내려졌다. 간단히 '뮌히하우젠 증후군'이라고 불리는 이것은 아동 학대의 특이한 형태로 엄마가 아이의 질병을 거짓으로 속이고, 심지어 질병을 유발하거나 유지시키는 정신질환이다. 아이는 겉으로 보기에 감동적으로 보살피는 엄마에 의해 의료적인 진단과 치료를 받지만 증상의 진정한 원인은 밝혀지지 않는다. 가장 흔하게 나타나는 증상은 열, 알레르기, 호흡 곤란, 식이 장애, 설사, 탈진 그리고 마비와 불분명한 출혈 등이다.

범인들은 이러한 증상들을 유발시키는 방법을 찾는 데 대단히 창의적이다. 그들은 손, 쿠션 혹은 비닐 봉투 등을 이용하여 아이를 질식시켜 발작을 발생시킨다. 어떤 엄마들은 자신의 피를 뽑아 아이에게 바르기도 하고, 아이에게서 음식을 빼앗기도 한다. 어떤 엄마는 아이가 거의 굶어 죽을 정도로 방치했다가 병원에 데려가서는 사랑이 넘치고 대단히 자상한 엄마인 것처럼 연기를 한다. 직업이 간호사였던 또 다른 엄마는 병원에서 아이에게 공급한 영양분을 주사기와 비닐 호스로 다시 몰래 빼내기도 했다. 이렇게 끔찍한 아동 학대의 사망률은 31%에 이르며, 약 10%는 지속적인 정신적·육체적 문제를 지니게 된다.

'뮌히하우젠 바이 프록시 증후군'이라는 말은 '뮌히하우젠을 대리하여'라는 뜻으로 허풍쟁이로 유명했던 뮌히하우젠 남작의 이름에서 따온 것이다. 이런 이름이 붙여진 것은 엄마들이 아이의 질병과 관련된 이야기를 마음대로 지어 내 체계적으로 의사들을 속이기 때문이다.

영국의 소아과 의사인 로이 메도가 1977년에 이런 종류의 증상을 최초로 공개하였다. 그는 일부 엄마들이 자신의 아이들을 몰래 병들게 만든다는 사실을 알아냈다.

어떤 엄마는 아이의 오줌에 몰래 피와 고름을 섞어 수많은 검사에서 심각한 문제를 유발했다. 그 아이는 6세가 되어서야 비로소 아팠던 것이 아니라, 숨겨진 아동 학대의 희생자였다는 사실이 밝혀졌다.

또 다른 사례에서는 한 아이가 구토와 혼미한 의식 때문에 반복적으로 소아 병동에 입원하였다. 그런데 이상한 것은 아이가 병원에서는 빠르게 회복하는데 입원 도중에 엄마가 방문을 하거나 퇴원을 한 뒤에 집으로 돌아가면 문제가 발생한다는 것이었다. 시간이 흐른 뒤에 엄마가 깊은 혼수상태에 빠진 아이를 데리고 다시 병원을 찾았다. 그런데 안타깝게도 아이는 얼마 지나지 않아 사망했다. 부검을 통해 극단적인 소금 중독이 확인되었다. 이는 간호사였던 엄마가 아이의 위에 카테터를 삽입하여 소금을 주입한 것이었다.

아동 학대로 아이가 살해될 경우 범인 중 98%가 엄마였으며, 그중 90%가 친엄마였다. 흔히 이런 엄마들은 감정적인 방치의 희생자로서 아동 학대를 받은 경험이 있다. 또한 불분명한 건강상의 문제 혹은 의도적으로 만들어진 신체적인 장애를 지니고 있는 경우도 있다. 이들은 흔히 아이를 통해 의사들이 보이는 관심의 중심에 서고 싶은 소망에 사로잡혀 있다. 그들은 자신의 아이가 아프다거나 혹은 제대로 자라지 못한다는 환상에 빠져 있고, 자신을 무한한 희생을 감수하고 아이의 생명을 구할 천사로 여긴다. 이처럼 악은 사랑하는 엄마의 형상으로도 나타날 수 있다.

어느 토요일 오후, T씨 부부는 시장에 나갔다. 그들의 외동딸인 18세 모니카는 부모와 동행하는 것을 거부했다. 그녀는 피곤하고 졸려서 목욕을 한 뒤 잠을 자고 싶다고 말했다. 부부가 집에 돌아왔을 때 딸은 피로 물든 욕조 바닥에 쓰러져 있었다. 딸은 탈진 상태였다. 깜짝 놀란 부부가 딸을 흔들어 깨우자 겨우 정신을 차린 딸은 심하게 생리를 해서 갑자기 눈앞이 캄캄해졌다고 말했다. 아버지는 딸을 일으켜 자동차에 태우고 병원으로 데려갔다. 30분 정도 지나자 딸을 진료한 산부인과 의사가 어쩔 줄 몰라 하며 이렇게 말했다.

"따님은 두 시간 안에 틀림없이 아기를 출산했습니다."

깜짝 놀란 아버지는 구조대와 함께 집으로 달려가 욕실을 뒤져 화장실 변기에서 신생아의 시신을 발견했다. 그 후에 이어진 법의학자의 부검은 부부에게 충격적인 결과를 전해 주었다. 즉 아기는 살아서 세상에 태어났고, 변기 안에서 급산한 것 때문에 사망한 것이 아니라 교살되었다는 것이다.

나중에 딸은 학교에서 성교육을 받았고 피임 방법도 배웠다고 말했다. 하지만 집에서는 '섹스'라는 테마가 터부시되었다. 집에서는 임신이라는 단어가 극히 드물게 언급되었고, 그것에 대해 부모님이 딸에게 한 번도 직접적으로 경고를 하거나 겁을 준 적이 없었다. 그 당시 딸의 생리 주기는 매우 불안정했다.

15세 때부터 여러 명의 소년과 사귄 딸은 적당한 스킨십을 하긴 했지만 결코 한 번도 깊은 관계를 가진 적이 없었다. 그런데 비로소 한 소년과 규칙적인 성관계를 갖게 되었다. 하지만 딸은 항상 콘돔을 사용하였다. 그로 인해 자신이 임신했다는 것을 상상조차 하지 못했다. 깨닫지 못한 임신 기간 동안 불규칙적인 간격을 두고 출혈이 있었지만 딸은 그것을 생리라고 여겼다.

출산을 하던 날, 딸은 배와 등에서 심한 통증을 느꼈다. 하지만 그것을 심한 생리통 때문이라고 여기고 목욕을 했던 것이다. 딸은 목욕을 하는 동안의 일을 부분적으로 기억하지 못했다. 딸은 단지 자신이 화장실 변기에 몸을 쭈그리고 앉아 있었고, 제대로 걸을 수 없어 욕실에서 기어 다녔던 것만을 기억했다. 그 후에는 의식을 잃었다.

그녀의 다음 기억은 아버지가 와서 자신을 일으켜 세운 것이었다. 그리고 자신이 아기를 출산했고, 아기가 죽었다는 사실을 알게 되었다는 것이다. 큰 충격을 받은 딸은 출산 사실을 믿지 못했다. 딸은 앞서 설명한 통증 외에는 아무것도 기억하지 못했다. 딸은 자신이 정말 아기를 낳았다면 아기가 화장실 변기로 떨어지면서 다친 경우만을 상상할 수 있다고 했다. 자신은 심한 설사를 했고, 이때 태아가 빠져나온 것이 분명하다고 말했다.

출산하는 동안 혹은 출산 직후의 영아 살해를 살펴보면 범인들은 두 그룹으로 구분된다. 모니카도 포함되는 대부분의 경우는 청소년 혹은 젊은 여성이 범인이고, 그들은 인격 발달에서 미숙하고, 때로는 능력이 모자란다. 일부는 자신의 임신 사실을 받아들이지 않는다. 그들은 영아 살해를 생각하지는 않지만 아기를 위한 어떤 준비도 하지 않는다. 이런 상황에서 출산을 하게 되면 어린 여성들은 깜짝 놀라고 당황하여 자신의 상황을 감당하지 못한다. 짧게 말하면, 거의 반사적으로 그리고 엄청난 경악 속에서 그들은 전혀 생각지도 못한 영아 살해를 저지르게 된다.

또 다른 그룹에는 구조와 행동 면에서 차이가 있는 충동적인 인물들이 포함된다. 그들은 일반적으로 임신 초기에 바로 낙태를 시도하였고 임신 기간 동안에 영아 살해를 결심하였다. 이런 범인들의 경우에는 영아 살해가 지금까지 저지른 그들의 반사회적 행동과 같은 선상에 놓여 있다. 그들은 이러한 범죄를 반복할 위험이 매우 크다. 반면에 첫 번째 그룹의 여성들은 자신들의 행동을 진심으로 후회하고 그런 일을 다시는 반복하지 않는다.

영아 살해는 그리스와 로마제국에서 4세기까지 인구 통제를 위해 합법적인 수단으로 사용되었다. 그 후에도 다른 형태의 살인보다 덜 심각하게 여겨졌고 더 작은 처벌을 받았다. 불확실한 피임과 미혼모에 대한 심한 차별과 편견이 강하던 시대에는 원하지 않는 임신에 대한 부담이 더욱 컸다. 그로 인해 임신 사실이 흔하게 무시되었고, 준비가 되지 않은 상태에서 출산을 하는 일이 벌어졌다. 종종 아기는 태어나자마자 죽음의 다리를 건너야 했다. 이때 아기들은 거의 의도적으로 진지한 생명체로 받아들여지지 않았다.

비록 젊은 여성들의 부담이 오늘날에는 훨씬 더 적어지기는 했지만 여전히 엄마들에 의한 영아 살해가 일어나고 있다. 독일에서는 해마다 80만여 명의 출산에서 50여 건의 영아 살해가 일어나는 것으로 알려져 있다. 오스트리아의 경우는 지난 25년 동안 89명의 산모가 출산을 하면서 아이를 살해하여 유죄 판결을 받았다. 이 중 10명의 범인은 청소년이었다. 그러나 전반적으로는 흔히 조건부의 처벌만을 받는 이런 위법행위가 현저하게 감소하는 경향이 관찰되고 있다.

이처럼 엄마에 의한 영아 살해의 원인에 매우 다양한, 부분적으로는 대단히 특수한 동기들이 있다. 전통적인 영아 살해, 즉 출산 직후의 살인은 대부분 미성숙한 범인이 갑작스러운 출산 때문에 놀라 엄마가 되었다는 사실을 의식에서 떨쳐버리기 위한 행동인 반면, 어떤 산모들은 나름대로 좋은 의도에서 그런 행동을 하기도 한다. 소위 '사랑의 살인'을 통해 그들은 희망이 없다고 여긴 세상으로부터 아기를 보호하고, 비극적 운명으로부터 아기를 지키며 더 좋은 저 세상으로 보내려고 하는 것이다.

최근에는 불안하게도 그리스의 메디아 비극을 모방하여 구상된 사례가 많아졌다. 많은 부모가 이혼 과정에서 혹은 부부의 힘 겨루기에서 아이들을 담보물 혹은 무기로 사용하고, 최종적으로는 이기주의적인 동기에서 아이를 살해한다. 자신이 아이를 갖지 못한다면 차라리 죽이는 것이 낫다고 생각하는 것이다.

아이를 살해한 부모가 스스로도 목숨을 끊었을 때 우리는 '확대된 자살'이라는 말이 아닌 더욱 정확한 표현으로 '확대된 살인'이라는 말을 사용해야 한다. 당사자에게 중요한 것은 아이의 행복이 아닌 복수에 대한 자신의 욕구이기 때문이다. 이런 사례들은 우울증에 걸린 산모들이 자기 아이들을 살해하는 행동과는 아무런 관련이 없다. 그런 산모들은 우울함을 체험한 상태에서 자신의 사랑스러운 존재, 즉 아이를 나쁜 세상으로부터 보호하고 더 좋은 저 세상으로 데려가려고 한다. 이러한 확대된 자살의 형태는 현대 정신의학과 심리 치료 덕분에 감소하였다. 반면에 확대된 살인은 이혼의 시대라고 불리는 최근에 두려움이 생길 정도로 증가하였다. 악은 늘 자신의 얼굴을 바꾸고, 병적인 동기로부터 새로이 태어난다.

자식에게 복수의 대상이 되는 엄마

현관문에서 다시 벨이 울렸다. 엘프리데 S.는 밖에 28세의 아들인 볼프강이 서 있을 것이라고 확신했다. 아들은 낮에도 대화를 시도했지만, 그녀는 대화를 받아들이지 않았다. 오후에도 아들은 그녀가 살고 있는 주택단지 앞에 서 있었고 인터폰을 통해 대화를 간청했다. 그러나 그녀는 손님을 기다리고 있다는 핑계로 그를 거부하였다. 그런데 두 시간 후에 아들이 다시 벨을 울리고 있는 것이다. 하지만 이번에도 그녀는 문을 열어 주지 않았다.

잠시 생각하던 그녀는 이제야 비로소 아들을 잠깐 만나 보기로 결정했다. 그녀는 아들이 자신에게 무슨 말을 하려고 하는지 잘 알고 있었다. 자신이 아들에게 한 번도 충분한 모성애를 보이지 않았고, 아이였던 그를 방치하고 부당하게 체벌하였다는, 그로 인해 우울증에 걸리게 되었고 삶을 즐길 수 없게 되었다는 이야기를 하려는 것이 분명했다.

엘프리데는 문을 열었다. 그녀의 아들은 매우 지친 듯해 보였다. 얼굴에는 피곤한 기색이 역력했고, 눈은 충혈되어 있었으며 숨을 쉴 때마다 술 냄새가 났다. 그녀가 아들에게 물었다.

"왜 왔니?"

그리고 아들의 대답을 기다리지 않고 덧붙여 말했다.

"다시는 너의 열등감과 우울증 문제를 가지고 내게 오지 마라. 이 일에 대해서는 우리가 충분히 이야기를 하지 않았니?"

냉정한 그녀의 모습에 아들은 아무 말도 하지 않았다. 그저 말없이 어머니의 얼굴을 바라보던 그는 주머니에서 칼을 꺼냈고, 무언가에 홀린 듯이 그녀의 상체를 칼로 찔렀다. 그로 인해 피를 흘리며 쓰러진 그녀는 죽어가는 시선으로 자신의 아들이 펑펑 울기 시작하는 모습을 바라보았다. 볼프강은 경찰서에 전화를 걸어 자신의 범죄 사실을 알렸다. 그는 곧바로 도착한 경찰에게 이렇게 말했다.

"어머니가 다정한 말 한마디만 했어도 이런 일은 일어나지 않았을 거예요."

드문 경우이기는 하지만 이 사건에서 볼 수 있듯이 악하게 기억되는 엄마가 자식의 악한 범행의 희생물이 되기도 한다. 아이에게 사랑을 주지 않았거나 아이를 악한 방식으로 키운 엄마는 매우 드물게 아이에게 복수의 대상이 된다. 이것은 아마도 엄마라는 인물이 지닌 감정적 의미와 엄마에 대한 훨씬 더 강력한 살인의 머뭇거림과 연관이 있을 것이다. 그러나 볼프강과 같은 개별적 사례들은 모성애의 결핍이 몇 십 년 후에도 얼마나 끔찍한 영향을 미칠 수 있는지를 보여 준다. 이러한 비극에서는 누가 희생자이고 가해자인지 그리고 누가 더 악하고 덜 악한 것인지 의문이 생긴다.

볼프강은 어머니를 애정이 없고 무관심하며 그 어떤 방식으로도 호감이 없는 사람으로 여겼다. 그의 어머니는 자식들을 자주 때렸고, 그 어떤 긍정적인 감정 표현을 한 적이 없었다. 어머니는 아이들의 생일조차 축하해 준 적이 없고, 끊임없이 아이들에게 원하지 않았던 존재라는 느낌을 주었다.

볼프강은 다른 가정의 엄마와 아이들의 관계를 보면서 비로소 자신과 어머니의 관계를 제대로 인식하게 되었다. 그로 인해 그는 어머니와 대화를 나누고자 했고, 감정적인 영역을 자극하면서 어머니에게 자신의 내적인 곤경을 알리려고 시도했다. 하지만 어머니는 언제나 자신을 차단했다. 그로 인해 볼프강은 자라면서 감정적으로 충분한 공급을 받지 못했고, 별로 관심을 받지 못했다고 느꼈으며, 어떤 방식으로도 사랑받고 있다는 느낌을 받지 못했다. 그는 엄마의 애정과 상냥함 그리고 엄마와 함께하는 시간을 간절하게 원했다.

볼프강은 자신에게는 주어지지 않았던 사랑을 끊임없이 찾아다녔다. 그는 스스로에 대한 불신과 열등감, 우울한 기분, 제한된 삶의 기쁨밖에 누리지 못하는 원인이 부족한 사랑 때문이라고 여겼다. 그는 자신을 의지할 곳이 없는 사람이라고 생각했다. 특히나 자신의 질문이 진지하게 받아들여지지 않을 때는 더욱더 무기력해졌다. 그의 말을 빌리자면 가장 크게 그를 좌절시킨 것은 바로 어머니의 거절이었다. 어머니는 그와 함께 자신의 행동에 대해 대화를 나누거나 그를 거부하는 것에 대한 해명을 계속해서 거부했다.

외형적으로는 평범하게 잘 지내는 것처럼 보였던 볼프강은 자신의 내적 갈등을 아무에게도 털어놓지 않았다. 그는 자신의 문제를 혼자서 해결하려고 했다. 바로 이것이 갈등의 지속적인 심화를 촉진하였고 그의 머릿속에 과장된 형태의 부정적인 어머니상이 형성되었다. 그는 점점 더 증가하는 자기도취적 분노를 지니게 되었고, 다른 한편으로는 내적인 붕괴 과정의 결과로 괴로워하였다. 이런 과정이 최종적으로 그의 저항력을 무너뜨렸다.

엄마에 의해 자행되는 수동적인 아동 학대

총체적인 발달심리학을 통해 아이에 대한 부모의 감정, 특히 엄마의 감정이 지니는 의미가 알려지게 되었다. 무엇보다도 엄마의 애정과 관심은 매우 중요하다. 이것이 한 인간의 감정 생활을 위해, 즉 모든 감정적 체험과 표현을 위해 매우 중요하기 때문이다.

그 어떤 악의 근원도 (아버지의 역할도 중요하지만) 어머니에 의한 아이들의 학대와 방치만큼 강렬하지는 않다. 일반적으로 아동 학대라고 하면 아이들이 부모와 양육권자의 폭력으로 정신적·육체적 피해를 입는 경우로 이해한다. 이러한 피해는 구체적인 행동, 예를 들면 성적 학대와 육체적 학대, 태만(특히 감정적이고 신체적인 태만)을 통해 유발된다.

좁은 의미에서의 학대는 아이들이 육체적으로 상처를 입는 모든 경우, 예를 들면 구타, 밀치기, 흔들기, 찌르기 등을 당하는 일을 말한다. 학대의 빈도에 대해서는 신뢰할 만한 파악이 이루어지지 않는다. 대부분의 경우가 외부로 알려지지 않고 드물게 신고되기 때문이다. 그러나 여러 연구를 통해 독일과 오스트리아 그리고 스위스 부모들의 3분의 1이 자녀에게 체벌을 가하고 있다는 사실이 밝혀졌다. 비록 질문에 응한 부모 중 85%가 폭력 없는 교육에 찬성하였지만 말이다. 아마도 '건전한 따귀'에 반대하는 전체적인 캠페인이 단지 일상적 폭력에 대해서만 센세이션을 유발하였고, 부모 중 10~15%에 의해 행해지는 심각한 학대에 대해서는 별다른 영향을 미치지 않았던 것 같다.

부부 사이에 갈등 상황이 발생하거나 자신의 내면에 분노가 일면 아이들의 행동을 공격성 분출의 동기로 삼는 부모도 있다. 또한 다루기 어려운 아이들을 상대하는 부모들의 과중한 부담은 정신적·육체적으로 장애가 있는 아이들이 학대를 받을 위험이 3배 이상 높다는 점을 통해 증명되었다. 이것은 비극적일 뿐 아니라, 특히 더 비난받아 마땅한 악의 형태이다.

넓은 의미에서의 학대, 그러니까 감정적 성격의 학대는 금기시되어있지만 더 빈번하게 자행되고 있다. 여기에는 무관심을 통한 벌 주기, 지속적인 꾸중과 직접적 혹은 깊은 신체적 접촉이 없는 성적인 가해, 예를 들면 함께 포르노 영화 보기, 가슴 만지기, 성적인 의미의 입맞춤 등이 속한다. 더 나아가 정신적 학대는 아이들을 두렵게 하고, 힘들게 하고, 무가치하게 감정을 전달하는 교육자의 모든 행동 혹은 태만을 의미한다. 여기에는 부족한 감정 표현, 거부와 무시, 부정적 특성의 지속적인 주입, 두렵고 혼란스러운 경험(예를 들면 아이들이 부모의 공격성이나 자살 시도를 함께 겪어야만 했을 때처럼)으로부터의 보호 부족 혹은 부모의 욕구를 위한 아이의 도구화 등이 포함된다. 특히 아이들이 부모들의 싸움 전선에 노출되고 감정적으로 스트레스를 받을 때 상황은 더욱더 어렵다. 정신적인 가해 속에는 당연히 '언어적 학대'라고 표현되는 말을 통한 폭력도 포함된다.

부모 내지는 엄마에 의해 자행되는 수동적 형태의 아동 학대란 아이들의 영양 공급, 보살핌, 건강상의 도움, 격려 그리고 보호가 불충분하게 이루어지는 것을 말한다. 아이들에 대한 태만과 경시는 아주 흔히 나타나며, 대부분 긴 기간에 걸쳐 지속된다. 또한 놀라울 만큼 많은 사례가 다른 폭력 형태와 연결된다.

아이들에 대한 태만과 경시는 흔히 사회적으로 열악한 계층에서 그리고 장애나 정신질환이 있고 알코올 혹은 마약 중독에 걸린 부모들에게서 발견된다. 그 결과는 무척이나 빨리 나타난다. 부모에게 방치되고 등한시된 아이들의 경우 3개월 후에 불안 증세, 수면 장애, 소화 장애, 퇴행 등의 증세가 확인된다. 초등학생의 경우에는 이러한 부모의 방치와 태만이 아이들의 사회적 퇴보, 학습적 문제, 무단결석, 음주, 의약품 혹은 마약의 남용 그리고 범법 행위 등에서 분명하게 나타난다. 말하자면 부모의 방치와 태만 때문에 악의 뿌리들 중 하나가 자리를 잡게 되는 것이다.

모든 형태의 학대 행위가 신고 대상인 미국에서는 해마다 약 3백만 건이 접수되고 있다. 이 중에서 신체적 방치가 54%, 신체적 학대가 25%, 성적 학대가 12%, 감정적인 무시와 방치가 3%이다. 또한 유럽에서도 비교될 만한 수치가 파악되었다. 전반적으로 성적 학대보다 신체적 학대의 희생자가 두 배 많고 감정적 영역의 학대에서는 공개되지 않은 수치가 특히 많을 것이라는 결론이 내려졌다. 그러나 개별적 학대의 사례들에서는 많은 중복 현상이 나타난다.

모든 종류의 아동 학대는 매우 흔하게 어린 시절에 무서운 체벌과 거부감을 체험했던 교육 당사자의 경험 속에 그 근거가 있다. 학술적으로 여러 세대에 걸친 폭력의 유전이라는 주제는 이러한 악의 연장을 다루고 있다. 다양한 검사에 따르면 아이였을 때 학대를 받았던 부모 중 3분의 2가 자신의 아이에게 폭력을 사용한다. 악으로부터 나온 악이 어떤 결과를 가져오고, 어머니에게 받은 학대가 나중에 다른 희생자에게 어떻게 전달되는지를 한 성범죄 살인자의 사례가 잘 보여 준다.

12세의 한 여학생이 탈의실에서 칼로 37군데를 찔려 살해되었다. 후에 어린 학생들에 대한 3건의 범죄가 더 발생하였다. 범인은 청소년 시절에 성폭행으로 체포되어 정신의학적 감정에서 인정이 없고 우발적인 사디스트로 진단을 받은 사람이었다. 범인이 스스로 원한 의학적인 거세를 위해 검사를 하던 의사들은 충격적인 모습을 목격했다. 그의 생식기는 거미줄처럼 수많은 흉터로 덮여 있었다. 심각한 사디스트였던 그의 어머니가 아들이 어렸을 때부터 무슨 잘못을 저지르면 페니스와 고환에 면도칼로 상처를 내는 벌을 주었던 것이다.

11장

부부 사이에서
찾아볼 수 있는
악의 모습들

—

"결혼은 여러 해 동안 집행되는 사망 선고이다."

아우구스트 스트린트베리(스웨덴의 소설가)

—

불안정한 생활 속에서 형성되는 악한 생각

전화벨이 울렸다. 모니카 W.는 두려운 마음에 수화기를 들지 않았다. 그녀는 전화를 건 사람은 분명 이혼한 전 남편 프리드리히 W.일 것이고, 만약 전화를 받는다면 그가 험악한 욕을 하며 무시무시한 위협을 할 것이란 사실을 잘 알고 있었다. 남편은 험악한 모습을 보이다가 갑자기 꿈같이 아름다웠던 시절에 대해 이야기하며 사랑을 고백할 것이다. 그리고 언제 그랬냐는 듯 또다시 무자비한 공격성을 드러낼 것이다.

모니카는 남편이 자신에게 가하는 위협을 언젠가 실행에 옮길 것이라고 확신했다. 비록 남편은 이웃에게는 부족함이 없는 올바른 사람으로, 직장에서는 근면하고 성실한 사람으로 평가받고 있지만 그녀는 그의 내부에 무척이나 위험한 악한 것이 있음을 감지했다.

그로 인해 그녀는 남편과 이혼한 후에 현관문과 창문에 보안키를 설치하고 안전장치를 강화했다. 그녀는 외출을 했다가 집에 돌아오면 모든 방을 샅샅이 훑어보았다. 그리고 항상 손이 닿는 곳에 전화기를 두었고, 지하실이나 정원에 갈 때는 몸에 무기가 될 만한 것을 지녔다.

전화벨이 울린 그날 저녁, 방에 있던 그녀는 나무와 유리컵이 요란하게 부서지는 소리를 듣고 거실로 나갔다. 거실에는 남편이 배낭을 멘 채 서 있었다. 그녀는 남편이 어떻게 그렇게 민첩하게 창문을 부수고 집 안으로 들어왔는지 믿을 수 없었다. 그는 집에서 퇴거 명령을 받았지만 2주 전에 지하실에서 가져갈 물건이 있다는 핑계로 집에 출입한 적이 있었다. 그때 지하실의 창문 하나를 조작해 놓은 것이 분명했다. 남편은 아내를 소파로 끌고 가 주먹으로 얼굴을 때리고, 배낭에서 조심스럽게 전기 충격기, 접착테이프, 면도칼, 진동기, 나일론 자루 등을 꺼내 테이블 위에 올려놓았다.

경찰 보고서에는 다음과 같은 내용이 적혀 있었다.

범인은 전기 충격기를 피살자의 왼쪽 목의 측면, 가슴과 배

부위 그리고 생식기에 직접적으로 갖다 댔다. 희생자의 겉옷
에 뚜렷하게 탄 자국이 있었고, 속옷에서도 수많은 그을음이
확인되었다. 희생자는 전기 충격기로 인해 셀 수 없이 많은 3
도 화상의 상처를 입었다.

모니카는 더 이상 저항할 수 없었다. 그녀는 소리를 지르고
도망을 가고 싶었지만 더 이상 몸이 말을 듣지 않는다는 것을,
자신은 무자비한 복수자의 악한 범죄에 노출된 약한 존재라는
것을 그리고 자신에게는 제대로 호흡을 할 능력마저 없다는
것을 깨달았다. 그 순간 남편은 이렇게 말했다.

"넌 나와 섹스를 해야 해. 아니면 널 죽여 버릴 거야."

남편의 목소리를 들은 그 순간 그녀는 의식을 잃었다고 생
각했지만 실제로는 깨어 있었다. 지나치게 분명한 의식을 가
지고 그녀는 한때 신뢰했던 남편이 자신의 손과 발을 묶고 접
착테이프로 입을 막는 모습을 바라보았다. 그녀는 소리를 지
르거나 간청을 할 수 없었고 공포와 두려움에 대해, 질식할 것
같은 느낌에 대해 남편에게 의사를 전달할 수 없었다. 또한 자
발적으로 그와 섹스를 하겠다는 뜻을 전달할 수도 없었다. 오
로지 완전히 건조해진 두 개의 콧구멍만이 그녀를 세상과 연
결시켜 주었다. 그녀는 남편이 자신의 콧구멍을 꾹 눌러 버리

면 세상과 이별할 수도 있을 것이라는 생각이 들었다. 그리고 그 순간 테이블 위에 놓여 있는 나일론 자루가 눈에 들어왔다.

경찰 보고서에는 이때의 상황이 상세하게 적혀 있었다.

범인은 아내를 묶은 뒤 식탁 위에 등을 대고 눕게 했다. 그리고 하의를 완전히 벗긴 후에 자신도 옷을 벗고 그녀와 성관계를 하려고 시도하였다. 그러나 아내의 다리에 나타난 마비 현상으로 인해 제대로 성관계를 가질 수 없자 그는 접착테이프를 이용하여 아내의 왼쪽 다리를 식탁 의자에 고정시켰고, 오른쪽 다리를 오븐 기계의 손잡이에 묶어 계속 다리가 벌려 있게 했다. 그런 다음에 그는 적어도 세 차례 아내를 성폭행했다. 중간 중간에 그는 주먹으로 아내의 얼굴을 때려 상처를 입혔고, 담배에 불을 붙여서 코와 가슴, 생식기에 화상을 입혔다.

아무 힘이 없는 아내는 구타로 인한 통증과 화상으로 인한 통증을 희미하게만 느꼈다. 그녀의 모든 신경이 식탁 위에 놓여 있는 나일론 자루를 향해 있었다. 눈을 크게 뜨고 일그러진 표정으로 신음을 하던 아내는 남편이 조용히 테이블로 다가가 나일론 자루를 풍선처럼 집어 들고 기이한 미소를 지으며 자신에게 다가오는 모습을 보았다.

법의학적 기록에는 다음과 같이 적혀 있었다.

푸르게 변한 얼굴은 상당히 많이 부어 있었고, 폐는 팽창되어 있었다. 오른쪽 심장 절반은 심하게 확대되어 있었고 뼈가 없는 부분들은 전형적인 울혈의 증상이 보였다. 사망은 머리에 뒤집어씌운 나일론 자루로 인한 질식 때문에 발생했다.

그런데 막상 법정에 피고인으로 나온 사람은 뻔뻔한 범죄자도, 무자비한 사이코패스도, 냉정한 킬러도 아니었다. 그는 그저 가련해 보이는 남자일 뿐이었다. 그는 반복해서 자신이 아내를 얼마나 사랑했는지 모른다고 주장하였다. 정신의학 전문가들은 그의 억압된 공격성과 통제 욕구에 대해 언급하였다. 그리고 강압적인 성격을 확인하였지만, 그 어떤 형태의 정신 장애와 심각한 흥분 증상은 배제해야 한다고 말했다. 피고인은 흐느끼며 엄한 판결을 간청했고 어떤 벌에도 동의하겠으며 어떤 경우에도 항소를 하지 않겠다고 말했다.

그는 자신의 아내를 사업상 떠난 여행지에서 알게 되었고, 친절하고 조용한 객실 청소부였던 아내와 사랑에 빠지게 되었다고 설명했다. 그의 말에 따르면 그녀는 자신을 잘 따랐고, 새로운 관계에 빠르게 적응하였으며, 그를 위해 가사를 잘 돌보았다. 그녀는 대단히 훌륭한 아내이자 엄마였다. 그들은 매우 행복했다. 그런데 아이가 학교에 들어간 후에 두 사람 사이에 문제가 발생했다. 아내는 새로운 교육을 받고 직업을 가질 계획을 세웠다. 그는 아내의 생각에 반대했지만, 그녀의 고집과 단호함 때문에 자신의 뜻을 관철시킬 수 없었다.

이때부터 그들 사이에 더욱 급격하게 틈이 생기기 시작했다. 아내에게 자신만의 수입과 개별적인 계좌가 생겼다. 그녀는 점점 더 독립적으로 변했고 남편에게 더 이상 예전과 같은 사랑을 보여 주지 않았다. 그로 인해 그는 스스로를 중요하지 않은 존재로 여기게 되었고, 아내에게서 점점 덜 사랑받는다고 느꼈다.

아내와 싸우는 횟수가 늘어나면서 그는 아내를 위협하기도 하고 애정을 구걸하기도 했으며, 진심에도 없는 이혼을 제안했다. 그런데 아내가 이혼이라는 말을 듣고도 아무렇지 않게 반응하는 것을 보고 충격에 빠졌다. 그는 아내와 점점 더 격해지는 다툼 중에 폭력을 행사하기도 했다. 이 때문에 아내와 딸은 여성 보호 시설로 피신을 했다. 그는 모든 수단을 동원해서 아내를 다시 집으로 데려오기 위해 노력했지만 자신의 생각대로 되지 않았다.

그는 더 이상 잠을 잘 수도 없었고, 또렷하게 생각을 할 수도 없었으며, 그 어떤 것에서도 즐거움을 느끼지 못했다. 그는 깊은 상처를 받고 자신의 상황을 점점 더 절망적으로 생각했다. 그로 인해 그는 자주 죽고 싶다는 생각을 했고, 나중에는 심지어 자살까지 시도했다.

특히 아내의 대화 거부가 그를 더욱더 자극하였다. 그녀는 계속해서 전화를 받지 않았고 그의 메일에 답하지 않았으며, 그가 보낸 편지들을 뜯지도 않은 채 돌려보냈다. 또한 그가 집 앞이나 직장 앞에서 기다리고 있으면 그를 피해 달아났다. 그는 단지 그녀와 대화를 나누고 싶었다. 그녀에게 자신의 고통과 사랑의 고백을 털어놓고 싶었다. 그는 의사가 처방한 수면제와 안정제를 규칙적으로 복용하지 않았고, 종종 과음을 하기도 했다. 그러나 그가 범행을 저지른 날에는 전혀 술을 마시지 않았다고 한다.

전 남편이나 부인 혹은 애인에 의한 파트너 살해를 살펴보면 두 사람의 안정적이었던 세력 구조가 변화된 후 생긴 격차로부터 악한 생각이 형성된다. 일반적으로 훗날의 범인, 대부분의 경우 남자는 관계의 초기에는 지배적인 지위를 차지하고 자신이 파트너보다 우위에 있다고 생각한다. 그래서 공동의 수입을 조달하고, 당연하게 결혼과 가정의 규칙들을 정한다. 이와 달리 훗날의 희생자는 오랜 기간 동안 이런 상황에 자신을 맞추고, 파트너에게 복종하며 자신의 욕구를 억제하고 자율적인 삶의 영위를 포기한다.

그런데 지금까지 이렇게 물러서 있던 한쪽이 자기만의 영역을 만들고 독립적인 길을 가려고 시도하면 예전에는 분명하고 고정되어 있던 세력 구조가 심각한 불안정 속에 빠지게 된다. 늘 결정을 내리던 자는 자신의 위치가 위험하다고 여기고 동요와 몰이해로 반응하고, 예전의 관계를 다시 회복하려는 시도를 한다. 그래서 모든 수단을 이용하여 그에게는 매우 편안했던 균형 상태와 자신의 옛 지위를 다시 얻기 위해 노력한다. 이때 모든 형태의 정신적인 영향력, 즉 구걸부터 위협, 자살 압박, 살인 예고까지 동원한다. 그럼에도 불구하고 자신의 노력이 아무 소용이 없고, 심지어 역효과를 낸다는 것을 그리고 자신이 상대방을 점점 더 멀어지게 만든다는 사실을 감지하게 된다.

그렇게 되면 더욱 큰 위협을 느껴 소위 '강도 올리기'를 통해 일의 방향을 반대로 바꿔 보려는 시도를 한다. 부탁과 요구는 더 단호해지고 위협은 더 날카로워진다. 그 결과 원래 더 많이 사랑했던 쪽이 더 단호하게 관심을 끊고, 극단적으로 애정을 철회한다. 이 사람의 관점에서는 예전의 질서에서는 사랑스러웠고 한 번도 문제가 된 적이 없었던 남자가 존경과 매력을 상실하고, 지금까지의 서열에 의문이 생기고, 자기만의 자율성 추구에 대한 욕구가 점점 더 강렬해진다.

계속적인 갈등의 전개 속에서 한쪽 파트너가 점점 더 절망적으로 다른 한쪽에게 매달리는 반면 다른 한쪽은 거리를 두고 독립을 원해 점점 더 많은 것이 대조를 이룬다. 이 때문에 연락을 피하거나 심지어 저항을 위해 적대적인 모습을 보인다. 부정적 감정의 소용돌이는 일상적인 다툼을 통해 점점 더 위로 말려 올라가고, 약한 자의 상황은 점점 더 절망적이 된다. 그로 인해 상처를 받고 이해받지 못했다고, 모욕을 당했다고 느낀다.

이 단계에서 질투심은 더 이상 아무런 역할을 하지 않는다. 일반적으로 이 시점에서는 완전한 단계적 진행을 위해 '마지막 진술'의 시도가 이루어진다. 희생자는 우리의 예시와는 다르게 이런 행동을 갑작스럽게 겪게 되고, 많은 사례가 증명하는 것처럼 범인도 여기서 상대의 매몰찬 행동으로 인해 어느 정도 권리와 인권을 짓밟힌다. 이 단계에서 범인으로서는 금기된 해결책에 대한 생각이 구체화되고, 점점 더 하나의 계획으로 압축되며, 스스로 위안을 얻게 된다. 이것은 짧은 시간 동안 예전의 관계가 회복될 수 있을 것이라는 착각을 하게 한다. 마치 자살의 단계에서 실행을 결정하고 난 후에 외형적인 긴장 완화, 다시 말해 '폭풍 전의 고요함'이 나타나는 것과 유사하다. 범인은 새로운 상황을 받아들이고 헤어짐을 조금씩 수용하는 것처럼 보인다. 주변 사람들은 겉으로 보이는 명석함 때문에 범행의 실행이 결정되었다는 사실을 전혀 알지 못한다. 대부분 범행 자체는 실제로 마지막이 될 진술과 함께 실행된다.

범행은 원초적인 분노와 함께 갑자기 일어난다. 범인은 마치 조금 멀리 있는 타인에 의해 결정된 일을 실행하는 듯한 느낌이 들고, 범인이 범행 후에도 살아 있다면 구체적인 상황에서 자신이 이렇게 행동하리라고 예측하지 못했고 자신의 능력을 결코 신뢰하지 않았을 것이라고 설명한다. 그러나 이 말이 범인이 달리 행동할 수 없었고, 자유로운 의지가 완전히 정지되어 스스로의 행동에 책임을 질 능력이 없었다는 것을 뜻하는 것은 아니다.

물론 재판은 때때로 격렬한 감정의 변화를 인정하고 그 다음에 살인 행위에 대한 판결을 내리기도 한다. 이런 경우 악의적으로 저질러진 살인보다 훨씬 더 약한 처벌을 받게 된다. 이런 종류의 살인은 훼손, 파괴 혹은 고통 부여 그리고 복수에 포커스가 맞춰진 것이 아니라 견딜 수 없을 만큼 고통스러운 자신의 상황을 끝내기 위한 것이다. '전부 아니면 아무것도' 필요하지 않다는 감정 속에서 비참한 결말이 해결책으로 선택된다. 결국 악이 승리하는 것이다.

성적인 쾌감보다 더 흥분되는 여성 억압

어째서 프리드리히는 극단적인 육체적 폭력과 성적 폭력을 가했던 것일까? 결코 성욕의 충족을 위해서만은 아니었다. 그보다는 힘과 통제의 집행을 위해 그리고 자신의 우월함을 확인하기 위해서였다. 그는 아내를 지배하고 굴복시키고 싶어 했다. 소위 자신의 '권리'를 찾고 앞서 언급했던 것처럼 과거의 세력 구조를 회복하고 싶었던 것이다. 그는 자신을 아내보다 강하고 우월하며 위협적인 존재로 생각했다. 이러한 왜곡된 모습의 영향으로 인해 순수하게 성적인 동기보다는 공격적인 동기에서 범행을 저지르게 된 것이다.

그의 범행은 성범죄라고 하기보다는 성적인 특징을 가진 폭력 범죄로 표현되어야 한다. 남자들이 위협을 받는다고 느낄 때는, 예를 들어서 아내에 의해 강행된 이혼 때문에 그런 느낌을 받으면 그들은 자신들의 지위와 남자다움을, 특히 자신들의 성적 능력을 통해 명백하게 확인시켜 주려고 한다. 그 외에도 성폭력을 행사하는 남자들은 밀어붙이기의 대가들이다. 즉 그들은 자신의 행동을 정당하고 정상적이라고 여기거나 자신의 욕구를 희생자에게 투사시켜서 합리화하는 말을 하기도 한다.

"여자들이 그렇게 하기를 원했어요!"

육체적이고 성적인 폭력의 혼합은 특히 부부 간의 성폭행에서 자주 나타난다. 연구 전문 기관인 알렌스바흐의 설문 결과에 따르면 부부 성폭행은 다섯 커플 중 한 커플 꼴로 벌어지고 있었다. 전반적으로 알려진 의견과 달리 성폭력은 모든 계층을 통틀어 낯선 남자들에 의해서가 아니라 80% 이상이 직접적인 사회 환경 안에 있는 남자들에 의해서 자행되었다. 그 중에서 3분의 2는 현재의 혹은 예전의 남편과 애인들이 범인이었다. 유럽에서는 거의 7명 중 1명의 여성이 평생 동안 한 번씩은 성폭력의 희생자가 된다고 한다.

이런 사례들의 절반이 부부 관계 안에서 일어났다. 결국 가장 빈번한 범행 장소는 공원이 아니라 집과 부부의 침대, 즉 여성들이 가장 안전하게 느껴야 하고 악의 존재가 가장 적게 추측되어야 할 장소였다. 그렇게 보면 실제로 적은 내 침대 안에 있었던 것이다.

그러나 부부 간의 성폭력이라는 주제는 예전이나 지금이나 금기시되고 있으며 안타깝게도 정치적으로 여전히 논쟁의 대상이 되고 있다. 그래서 많은 유럽 나라에서 20세기 말이 되어서야 비로소 부부 성폭행을 위법 행위로 인정하였다. 국제 사면위원회는 최근에야 비로소 헝가리 정부가 부부 간에 강요된 섹스로부터 여성을 보호하기 위해 너무 적은 활동을 하고 있다고 비난하였고, 국제적으로는 아프가니스탄의 대통령인 카르사이에 의해 2009년 7월에 비로소 바뀐 결혼법에서 부부 간의 성폭행에 대한 '특별권'이 등장하였다.

우리가 여성의 모든 긴급 수술 중 21%가 파트너의 육체적인 학대로 인한 상처 때문이었다는 것을 기억한다면, 이런 사례에 대한 감춰진 수치가 매우 높다는 사실이 더 이상 묵인되지는 않지만 여전히 강하게 무시되고 있다는 것을 생각할 수 있다. 숨어 있는 훨씬 더 큰 영역에는 위협, 강요, 추적, 자유 제한, 일의 금지 혹은 강요, 생활비 빼앗기 등과 같은 가정 폭력의 다른 형태들이 있다. 2명 중 1명의 여성이 이런 폭력을 경험했다고 한다.

지금까지 말한 것을 보면, 여성 정치에 참여적인 여성 법학자 레나테 아우구슈타인이 표현한 것처럼 성폭행에서는 성관계가 성과 관련이 없는 동기를 위한 수단으로서 사용된다는 점이 명백해진다. 성폭력은 프리드리히의 경우처럼 위기 상황에서 발생되고 열등감, 결핍감에 대한 보상의 시도를 의미한다. 성폭력 행위는 강함의 표현이 아니라 유약함과 열등감의 표현이다. 희생자의 정복을 목적으로 권력욕에서 저지르는 범행도 있지만, 희생자가 절망하기를 바라면서 증오심에서 저지르는 범행도 있다. 자신의 자존감을 높이기 위해 여성을 억압하는 쾌감은 성적인 쾌감보다 훨씬 더 압도적이다.

성폭력에서는 권력에 대한 쾌감과 쾌감 속의 권력이 흔히 치명적인 방식으로 결합된다. 남성들의 폭력에 대한 근본적인 원인은 단지 범인의 정신 상태와 부부 사이의 세력 구조의 변화에만 있는 것이 아니라 사회적인 전통, 파트너의 서로 다른 사회적 지위, 부족한 법적 보호 그리고 희생자와 관련된 특수성에도 원인이 있다. 흔히 폭력을 당한 여성들은 신체적인 문제 때문에 불이익을 당할 뿐 아니라 그들 중 50%가 이미 어린 시절에 폭력을 당한 경험이 있거나 엄마가 학대당하는 것을 본 증인이었다. 이런 점으로부터 많은 사람이 다음과 같은 유명한 문장을 표준으로 여기게 되었다.

난폭한 남자가 정상인 것은 정상인 남자가 난폭한 것과 동일하다.

그럼으로써 성폭력의 토대가 되는 여러 가지 동기와 목적은 병적인 장애로부터 나온 것이 아니라 '미친' 것이라기보다는 '나쁜' 것에서 나왔다. 힘, 통제 그리고 정체성을 위한 노력, 여성에 대해 증가하는 내적 적대성과 증오, 남성들의 열등감과 무력감 등의 동기들은 절대로 죄짓는 일을 꺼리지 않는다.

남성을 폭행하는 여성

결혼 생활에서 폭력을 사용하는 것은 대부분 남성의 영역이다. 그러나 우리는 남성 혹은 남편이 당하는 폭력의 문제를 여성을 상대로 한 폭력의 문제에 비해 훨씬 잘 모르고 있다. 남성에 대한 여성의 폭력은 더욱 강하게 터부시되고 있기 때문이다.

유럽 국가들과 미국에서 발표된 200편이 넘는 학술 보고서의 평가에서는 놀라운 결과를 볼 수 있었다. 부부 사이에서의 폭력은 거의 동일한 양으로 서로에게 가해지고, 심지어 일부에서는 남성들이 더욱 자주 여성들에게 공격을 당한다는 것이다.

부부 사이에 일어난 폭력의 희생자 중에서 약 10%가 남성이라는 수치가 현실적인 상황으로 여겨진다. 가정 폭력에 대한 베를린 경찰의 조사에 따르면 '위험하고 심각한 신체 상해'가 기록된 사건들의 4분의 1이 여성들에 의해 일어났다고 한다. 어떤 경우에든 남성에 대한 가정 폭력이 이제 특수한 경우에 해당되지는 않는다.

남성에 대한 여성의 폭력은 모욕과 경멸에서 시작하여 병과 칼 그리고 접시를 이용한 공격에까지 이른다. 남성은 자신이 아내에게 맞았다는 것을 누군가에게 말하는 것을 상당히 수치스럽게 여긴다. 그리고 아무도 자신의 말을 믿어 주지 않을 것이라 생각한다. 이런 이유 때문에 남성들은 대부분 신고할 생각을 하지 않고 도움을 주는 시설과도 거의 접촉하지 않는다.

최근에 발표된 독일의 한 연구, 즉 남성들에 대한 일반적인 폭력에 대한 조사에서는 기대에 맞게 주로 남성 범인들에 의해 벌어진다는 사실이 확인되었다. 그런데 놀라운 것은 질문을 받은 200명의 남성 중에서 4명 중 1명은 한 번 혹은 여러 번 현재 혹은 예전의 아내에게 신체적인 폭력을 당했다는 사실이다. 그리고 10% 중 1명은 가볍게 따귀를 맞거나 물리거나 아프게 밟히거나 찔리거나 세게 잡히거나 던진 물건에 맞은 적이 있다고 대답했다. 설문 대상자의 약 5%가 가정 폭력 때문에 최소한 한 번은 상처를 입었고, 또 다른 5%는 생명에 지장이 있을 정도로 다칠까 봐 두려움을 느낀 적이 있었다고 한다. 그러나 기본적으로 육체적인 폭력보다는 감정적인 공격, 모욕, 멸시, 경멸, 과소평가 그리고 위협에 대해 더 자주 보고되고 있다. 요약하자면 이 연구는 다음과 같이 결론을 내렸다.

> 아내들에 의해 행사되는 통제 행위와 정신적 폭력이 대단히 많이 존재한다. 여기에는 밀치기와 가벼운 따귀와 같은 신체적 행동들도 포함된다. 실제로 상처를 지니고 있는 남성도 많이 있다. 연구에 따르면 대부분 멍이 든 경우였다. 심각하게 다치지는 않을까 두려워하는 남성들도 있다. 심각한 폭력 행위를 체험한 남성들도 있다. 하지만 극소수만이 경찰에 신고하거나 고소한다는 사실이 또 다른 의문을 제시한다. '가정 폭력이란 무엇인가', '부부 싸움이란 무엇인가?'

질문 대상자 중 한 사람은 이렇게 말했다.

"아내는 최소한 하루에 한 번은 나를 거칠게 옆으로 밀쳤고, 가볍게 따귀를 때리거나 깨물거나 할퀴었다. 그 때문에 통증을 느꼈다. 아내는 팔을 꺾거나 머리를 잡아당기기도 했다. 심하게 내팽개쳐질 때는 몸이 뒤틀리기도 했다. 아내는 세게 따귀를 때리거나 무언가를 던져 나를 다치게 만들었다. 또한 의도적으로 끓는 물이나 뜨거운 도구 등으로 화상을 입혔으며 가재도구, 예를 들면 냄비 뚜껑, 프라이팬, 혹은 빗자루 등으로 위협하였다. 아내는 종종 칼 혹은 진짜 권총과 같은 무기로 나를 다치게 하기도 했다."

연구자들은 이 남자와 아내에 대해 '학대 관계'라는 용어를 사용하였다. 남성에 대한 여자 파트너의 폭력이 경미한 위법 행위나 즐겨 행해지는 사소한 일이 아니라는 것을 다음의 사례가 보여 준다.

어느 겨울, 집이 늘어선 길에서 중상을 입은 한 남자가 술에 취해 의식을 잃은 상태로 발견되었다. 그는 뇌에 외상을 입은 상태였고, 팔과 다리가 골절되어 있었으며 몸 군데군데에 멍이 들어 있었다.

이 남자는 술을 자주 마셨다. 따라서 수사는 그에 맞춰 진행되었다. 그러나 최종적으로 밝혀진 사실에 따르면 그는 매우 사교적인 성격으로 술을 마신 상태에서도 온화함을 잃지 않았다. 문제는 술이 아니라 아내의 폭행이었다. 그는 술에 취해 집에 들어갈 때마다 아내에게 폭행을 당했다. 그로 인해 타박상, 퍼렇게 멍든 눈, 치아 상실 때문에 응급실에서 치료를 받은 적이 있었다. 하지만 그는 항상 취해 넘어져 다친 것이라고 진술을 했기에 그 어떤 조사도 이루어지지 않았다.

그가 생명을 잃을 뻔했던 그날도 그는 술에 취해 비틀거리며 2층에 위치한 자신의 집에 들어갔다. 그를 기다리고 있던 아내는 빗자루로 그를 때렸다. 그리고 그를 발코니로 끌고 가 아래로 떨어뜨렸다. 그 후 아내는 남편의 상황을 전혀 알아보지 않고 코냑과 안정제를 먹고는 잠자리에 들었다.

12장

유전자와
범죄의 연관성

|

"사실 악한 성향도 선한 성향과 똑같이 유용하고,
종을 보존하며, 필수적이다.
단지 이것들의 기능이 서로 다를 뿐이다."

프리드리히 니체(독일의 철학자)

|

감정이입의 결여부터 쾌감이 넘치는 사디즘까지

1966년 7월 13일, 시카고에 온화한 저녁 노을이 드리워져 있었다. 한 간호사 기숙사에서는 모든 것이 다른 날과 다를 것 없이 돌아가고 있었다. 기숙사에 남아 있던 여학생 중 몇몇은 공부를 하고 있었고, 몇몇은 모여 앉아 대화를 나누고 있었으며, 몇몇은 자신의 방에서 쉬고 있었다. 모든 것이 차분하고 질서 있게 돌아가고 있었다. 이 평화로운 곳에서 미국 범죄사에 남을 만한 끔찍한 범죄가 벌어질 것임을 예상한 사람은 아무도 없었다.

한 학생이 외출을 나갔다가 기숙사로 돌아왔다. 본인은 누군가가 자신을 쫓아왔다는 것을 알아채지 못했지만 한 남자가 그녀의 뒤를 따라 기숙사 안으로 들어왔다. 그 남자는 25세의 리처드 프랭클린 스펙이었다. 그는 일리노이주 출신으로 쓰레기차 운전사와 선원으로 일을 한 적이 있었다. 결손가정에서 성장한 그는 일찍부터 매우 다양한 형태의 범죄를 저질렀다. 20세 때까지 그는 절도, 침입, 상해 등의 위법 행위 때문에 40차례 정도 체포되었다. 그는 15세의 어린 여자와 결혼을 했고 아기를 낳았다. 그는 아내를 떠날 때 -나중에 그가 설명한 것처럼- 차마 그녀를 죽일 수는 없었다.

그는 시카고에서 대량 학살을 저지르기 전에 이미 2명의 여성을 희생자로 만들었다. 희생자는 그의 성적인 접근을 거부했던 한 식당 종업원과 처음에는 강도 목적으로 달려들었으나 성폭행까지 한 65세의 여성이었다. 스펙이 실제로 얼마나 많은 사람을 죽였는지는 밝혀지지 않았다. 그는 일련의 살인들과 연관이 있는 것으로 의심을 받았지만, 스스로 인정하지 않았고 분명한 증거도 없었다.

1966년 7월, 결정적인 범행을 저지르기 얼마 전에 그는 텍사스에서 시카고로 이동했고 간호사 기숙사 근처에 방을 얻었다. 그가 진술한 것처럼 그는 강도 행위를 계획하고 칼과 총으로 무장한 뒤 기숙사까지 한 여학생을 미행했다. 그는 기숙사에서 학생들에게 발각되자 몇몇 여학생을 인질로 삼았다. 그 순간 여학생들이 자신을 알아볼 수도 있고, 그러면 다시 감옥에 갈 수도 있을 것이라는 두려움이 생겼다. 그래서 그는 여학생들을 죽이기로 결정했다.

그는 6명의 어린 간호사를 한 방에 몰아 놓고 바닥에 엎드리게 했다. 그리고 침대 커버에서 잘라 낸 줄로 그들의 손과 발을 묶었다. 그는 복도에서 발자국 소리가 들리자 문 뒤에 숨었다가 또 다른 3명의 여학생을 제압하였다. 이어서 그는 한 명씩 옆방으로 데리고 가 목을 조르고, 폭행하고 칼로 찔러 학살하였다.

23세의 코라존 아무라오만이 침대 밑에 숨어 살아남을 수 있었다. 그녀는 엄청난 죽음의 공포를 느끼며 스펙이 바로 머리 위에서 친구들 중 한 명을 성폭행하고 살인하는 모습을 지켜보아야 했다. 그가 다른 희생자들에게도 성폭행을 했는지는 분명하게 밝혀지지 않았지만 모든 행위가 사디즘적인 성범죄 살인자의 전형을 보여 준다.

범인의 인상착의를 조사하는 과정에서 밝혀진 한 가지 특징 때문에 스펙은 덫에 걸리고 말았다. 유일한 생존자 코라존 아무라오가 스펙의 왼쪽 팔에 새겨진 문신을 분명하게 기억하고 있었다. 그의 팔에는 '본 투 레이즈 헬(지옥을 세우기 위해 태어나다!)'이라는 글귀가 새겨져 있었다. 그가 만행을 저지르다가 다친 상처를 치료하기 위해 찾은 병원에서 이 문신이 발견되었고 마침내 그는 체포되었다.

정신의학자 마빈 지포린에 의해 100시간 넘게 진행된 정신감정에서 스펙은 이런 말을 했다.

"어렸을 때 나는 모래사장에서 놀다가 실수로 머리를 망치로 쳐 의식을 잃은 적이 있습니다. 그리고 몇 년 정도 시간이 흐른 뒤 10세 정도 되었을 때 친구들과 놀다가 나무에서 떨어졌습니다. 머리부터 떨어졌던 나는 의식이 없는 상태에서 발견되었습니다."

그리고 5년 정도 흐른 뒤에 비슷한 일이 또 발생하였다.

"나는 길 아래쪽으로 달려가고 있었습니다. 그때 쇠로 된 차양의 기둥에 머리를 부딪혀 또다시 의식을 잃었습니다."

지포린은 스펙이 뇌를 다쳤기 때문에, 즉 치명적인 뇌 손상이 불가피했기 때문에 살인자가 되었다는 입장을 밝혔다. (하지만 그는 원활한 계산 능력을 가지고 있었다.) 오늘날의 시각에서 보면 스펙은 아마도 사회적으로 보호를 받지 못한 채 다양한 범죄를 저지른, 극단적으로 파괴적인 내적 에너지 때문에 괴로워하는 비조직적 성범죄자로 표현될 것이다.

스펙은 이어진 재판에서 사형선고를 받았지만, 1972년에 연방 최고재판소가 사형이 헌법에 위배된다고 판결하여 실제로 집행이 이루어지지는 않았다. 스펙은 50년에서 150년 사이의 징역을 여러 번 선고받았다. 그는 교도소에서 대단히 모범적으로 행동했다. 그는 교도소 내에서 소심한 사람으로 간주되었으며, 심각한 문제를 일으킨 적이 없었다. 또한 교도소의 허락을 받아 키운 2마리의 참새에게도 깊은 애정을 보였다. 그는 대부분의 시간을 그림을 그리면서 보냈다. 그를 오랫동안 지켜본 한 교도관은 이렇게 말했다.

"그가 하는 말은 단지 '네' 혹은 '아니오'뿐이었습니다. 그리고 언제나 상냥하게 미소를 지었습니다."

사면을 요청하는 여러 번의 신청은 거부되었다. 그는 1991년 12월 5일에 교도소에서 심장마비로 사망하였다. 그런데 그가 죽고 난 후에 발견된 비디오에는 감옥에서 섹스 게임과 마약 파티를 즐기고 있는 스펙의 모습이 담겨 있었다. 그는 영상에서 간호사 기숙사에서의 대량 살인에 대해 이렇게 말했다.

"그들의 밤은 아니었지."

그리고 이런 말도 했다.

"그들이 내가 여기서 얼마나 즐거운지를 안다면, 나를 바로 석방시킬 거야."

그의 말로 인해 미국에서 사형 부활에 대한 심도 있는 논쟁이 일어났다. 스펙은 죽은 후에도 '지옥을 부활시켜라.'라는 사명을 이행했던 것이다. 그는 살인 행위를 할 때 어떤 느낌인지 묻는 질문에 이렇게 답했다.

"평소와 다를 것이 없습니다. 아무런 느낌도 들지 않아요."

그리고 자신은 후회하지 않는다고 덧붙였다. 외형적인 안정에도 불구하고 이 살인자의 인성은 징역 중에도 바뀌지 않았던 것이다. 상냥한 얼굴과 눈에 띄지 않는 행동 뒤에는 전혀 다른, 냉정하고 왜곡된 악한 인성이 숨어 있었다.

스펙이라는 인물과 그의 범죄에서는 악의 근본적인 구성 요소들이 가장 인상 깊은 형태로 나타난다. 자신의 자유 의지 속에서 정신적인 장애나 심리적인 질병으로 제한을 받지도 않았던 이 남자는 아주 일찍부터 범죄자가 되었고, 다양한 범죄 분야에서 수많은 위법 행위를 저질렀다. 또한 끔찍한 대량 살인 전에도 절도와 성폭력을 범했으며, 간호사 학생들을 살해할 때는 말로 표현할 수 없을 정도로 잔인하게 행동했다. 그는 마지막 희생자를 사투 속에서 성폭행하였으며 그 이후에 후회나 반성의 흔적을 전혀 보이지 않았다. 오히려 사람들을 죽이는 것은 힘든 작업이나 마찬가지라며 어떤 어려움이 있었는지 늘어놓았다.

사이코패스의 주요한 특징, 즉 감정이입의 결여와 절대적인 몰인정의 경향은 누군가를 죽일 때 별 느낌이 없었다는 그의 말 속에서 확인할 수 있다.

스펙의 범행은 악의 등급표에서 가장 위쪽에 해당된다. 그에게서 정확한 계획의 여부는 증명되지 못했지만 다른 모든 악의 특징이 결여된 감정부터 쾌감이 넘치는 사디즘까지, 대단히 높은 범죄 가능성부터 악의적인 자기도취증까지 충분히 확인되었다. 그런데 이 모든 것이 유전적으로 결정된 일처럼 보였다.

유전자로 인한 장애와 범죄 행동

세상이 이해할 수 없는 범죄와 직면하고 범인의 동기와 끔찍한 사디즘의 원인에 대해 집중적인 토론이 벌어졌을 때 스펙에게서 추가적인 Y염색체의 형태로 '살인자-유전자'가 발견되었다는 소문이 퍼졌다. 이런 소문은 관련 연구를 신속하게 시작하도록 만들었을 뿐 아니라 국민들에게 엄청난 안도감을 안겨 주었다. 사람들은 마침내 악에 대한 해명, 범죄 행위의 생물학적 결정성에 대한 증거, 유익한 학술적 해명이 밝혀지고, 악이 하나의 명칭을 갖게 될 것이라 기대했다.

요란한 억측들은 스코틀랜드에서 진행된 조사를 통해, 즉 성폭행으로 징역형을 받고 있는 197명 중 8명에게서 추가적인 Y염색체가 발견된 연구를 통해 더욱 가열되었다. 그 후 1974년에 한 연구팀이 염색체 이상이 일반 국민들에게서는 3% 정도 발견된 반면, 범죄자들에게는 11%나 발견되었다는 연구 결과를 발표했다. 그로 인해 폭력성이 추가적인 X염색체와 특히 제2의 Y염색체와 관련되어 있다는 증거가 최종적으로 나온 것으로 간주되었다. 여성의 세포는 두 개의 X염색체를 가지고 있는 반면, 남성의 세포는 혼합된 쌍, 각각 X타입의 염색체 한 개와 Y타입의 염색체 한 개를 지니고 있다. 그런데 선천적으로 추가적인 Y염색체를 지니고 있는 경우, 즉 한 세포가 한 개의 X와 두 개의 Y를 가지고 있는 남성의 경우에는 범죄자가 될 가능성이 더욱더 높은 것으로 추측되었다.

그러나 나중에 진행된 연구들은 이러한 결과를 증명하지 못했다. 오히려 정반대로 미국의 몇몇 학자는 XYY, 즉 남성들에게서 감소된 공격성의 경향을 확인하였다. 또한 클라인펠터 증후군(성염색체 이상 증후군 중의 하나로 X염색체를 하나 더 가진 남성은 여성적인 체격이 된다.)도 범죄와의 직접적인 연관성을 보이지 않았다. 후대의 학자들은 '살인자-염색체'의 신화를 낳은 연구들의 전반적인 문제점을 지적하였다. 즉 이런 연구들은 가장 타당한 가능성을 살펴보지 않았다. 염색체 이상과 연관된 장애가 어느 정도까지 지능 저하나 충동 통제의 방해처럼 우선 간접적으로 범죄 발생에 영향을 미치는지 알아보지 않았다는 것이다.

1968년에 파리에서 진행된 센세이셔널한 한 재판에서 변호사가 매춘부 살인죄로 피소된 다니엘 휴곤의 무죄를 주장하였다. 그는 다니엘 휴곤이 XYY염색체 형태 때문에 자신의 행동에 대해 책임을 질 수 없다고 주장하였다. 특이한 신체 사이즈를 가진 휴곤은 미숙하고 서투르게 행동했다. 그로 인해 어렸을 때부터 친구들에게 놀림을 받고 구타를 당하기도 했다. 그는 일찍부터 노이로제 증상을 보였고, 열등감 콤플렉스에 시달렸으며, 학교에서 고립된 상황으로 내몰려 결국 학교를 떠났다. 또한 자기 가치에 대한 의심으로 괴로워하면서 정상적인 교육과 취업에 성공하지 못했다. 오랜 기간 동안 그는 실업자였고 고정된 거주지가 없었으며, 한 번도 만족스러운 이성 파트너를 찾지 못했다. 그로 인해 술을 마시게 되는 날이 점점 많아졌다. 하지만 그를 임시 보조원으로 채용했던 고용주는 그가 대단히 부지런하고 특이할 정도로 예의가 바른 사람이었다고 말했다.

1965년에 휴곤은 매춘부 마리 루이제 올리버와 함께 펠리스 피갈레에 있는 한 허름한 호텔에 투숙하였다. 성관계가 이루어져야 할 시점에 그는 이미 62세나 된 노쇠한 여자에게 혐오감을 느꼈고 그녀와 성관계를 갖고 싶지 않았다. 많이 혼란스러웠던 그는 여자와 함께 밤을 보냈지만 수치감, 비난, 재가동된 열등감으로 인해 긴장 상태에 이르렀다. 그는 방 안을 왔다 갔다 하면서 잠을 이루지 못했다. 매춘부가 아침에 일어나 성관계와 상관없이 합의한 보수 50프랑을 지불하라고 말하자 그는 그녀에게 자신의 전 재산에 해당하는 돈을 건네주었다. 하지만 잠시 후 그녀의 목을 졸라 살해하였다.

휴곤의 수사에 참여한 유전학자이자 존경받는 학술계의 대가는 이렇게 말했다.

"선천적인 범죄자는 존재하지 않는다. 이런 종류의 염색체 이상을 지닌 사람들은 평균적인 사람들보다 범죄자가 될 가능성이 30% 정도 더 높다."

그럼에도 불구하고 그는 휴곤이 매춘부 살해에 대해 책임질 능력이 없다는 의견을 맹렬하게 지지했다. 그러나 법정은 이런 의견을 받아들이지 않았고 휴고에게 일련의 경감 사유를 고려하여 징역 7년을 선고하였다.

그러나 휴곤의 사건은 유전자의 간접적 의미와 유전자로 인한 장애와 범죄 행동 사이의 상호 작용을 명백하게 보여 주었다. 휴곤은 유전자 이상 때문에 신체적인 영역에서나 행동

면에서 불리했다. 유전자에 기인한 과대 성장과 서툰 행동 때문에 그는 비웃음을 당하고 조롱받았다. 그로 인해 그에게는 신경증적인 두려움과 열등감이 생겼다. 그는 공동체 내에서 아웃사이더였으며, 직업적으로 정착할 수 없었고 적당한 여자를 찾을 수 없었다. 결국 그가 사랑과 호감을 돈으로 사들이려고 했을 때 두려움, 자기 가치 의심 그리고 엉망이 된 자신의 삶이 극도로 의식되었다.

그는 다시 뒤로 내던져지고 새롭게 상처 받은 자신을 보게 되었고, 밤 동안 긴장을 억누르려고 노력했다. 그러나 그가 자신의 모든 돈을 내어 주어야 했을 때는 더 이상 그럴 수 없었다. 그러므로 휴곤의 범행 동기는 심리학적으로도 설명될 수 있다. 유전자 이상이 여러 범행 동기 중 맨 처음에 놓여 있거나 어쩌면 치명적인 공격성의 폭발을 촉진했을지도 모른다. 하지만 절대로 직접적으로 살인을 유발하지는 않았다.

선천적인 범죄자는 없다

그러나 유전자는 호르몬 체계, 뇌 물질대사, 뇌 전달 물질 그리고 정상적인 혈액 순환에 미치는 영향을 통해서 간접적으로 범죄적 행동을 유리하게 만들 수 있다. 그런 경우에는 공격을 부추기는 호르몬 혹은 전달 물질의 혈액 내 함유율이 유전적 기질에 의해 상승되었을 것이다. 그래서 지난 몇 십 년 동안 범죄학 연구는 신체 자생적인 물질들의 영향에 집중되었다. 이때 중점적으로 관심을 받았던 것이 한편으로는 남성의 성호르몬, 특히 테스토스테론이었고 다른 한편으로는 소위 신경 전달자, 그러니까 세로토닌, 도파민 혹은 노르아드레날린과 같은 뇌 전달 물질들이었다. 이런 물질들의 함유율 이상은 유전적으로 정해졌을 수 있고, 그럼으로써 우리의 유전인자가 간접적으로 감정과 공격성에 영향을 미칠 수도 있는 것이다.

위스콘신 대학교의 한 연구팀이 실시한 조사가 이 문제와 관련해서 역사적으로 중요하게 간주된다. 이 연구에서는 어린 시절에 심한 학대를 받았고 성장 후에 반복적으로 눈에 띄는 공격적인 행동을 보인 442명의 뉴질랜드 사람의 뇌 전달 물질을 검사했다. 학자들은 6분의 1에 해당되는 사람에게서 유전적으로 기인한 MOA 유전자 결함을 발견하였다. 효소 MOA는 아드레날린과 같이 여러 가지 호르몬을 구성하고, 우리의 감정을 담당하는 뇌의 전달 물질을 만든다. 여기에 어떤 이상이 생기면 행동과 조정을 담당하는 뇌 영역은 초집중 상태를 유발하는 신경 전달자들로 넘쳐 나게 된다. 그리고 이런 상태는 해당하는 개인에게 폭력적인 행동에 대한 생각과 각오를 상승시킨다.

한 신경세포의 신호를 다른 세포에게 보내고 이를 통해서 감정과 행동을 조정하는 전달 물질 중에서 세로토닌의 영향이 가장 뚜렷하다. 이 신경 전달자는 우리를 진정시키고 긴장을 풀게 하며 두려움을 감소시키는 효과가 있기 때문에 충동을 억제할 때 대단히 중요한 역할을 한다. 뇌의 세로토닌 수치가 내려가면 공격과 폭력적인 행동이 훨씬 더 쉽게 일어날 수 있다. 세로토닌 함유율 이상은 유전적으로도 발생하지만 환경의 영향을 통해 유발되기도 한다.

두 가지의 다른 신경 전달자 도파민과 노르아드레날린의 경우에는 결과가 그렇게 뚜렷하지 않았다. 물론 학자들은 여기서도 공격성과의 연관성을 확인하였지만, 이 물질의 과대 생성이 폭력적인 행동을 부추기는지를 명백하게 설명할 수는 없었다.

동물 실험에서 남성의 성호르몬인 테스토스테론과 공격적인 행동 사이에 연관성이 있다는 사실이 증명되었다. 이 호르몬이 외부에서 주입되면 온순한 동물들이 평소와 전혀 다르게 서로 물고, 때리고, 할퀴고, 찔렀다. 비록 인간에게는 이런 효과가 그렇게 강하고 명백하게 나타나지 않는다고 해도 모든 연구는 상승된 테스토스테론 수치가 공격적인 행동과 연관되어 있고 거꾸로 폭력이 우리의 남성 호르몬을 증가하게 만든다는 점을 확실히 증명하였다.

행동유전학적 연구는 지금까지 범죄 혹은 폭력과 관련된 그 어떤 유전자도 찾아내지 못했다. 그러나 쌍둥이와 입양아에 대한 연구에서는 성인의 범죄 행동이 최소한 부분적으로는 유전적인 영향을 받는다는 점이 확실하게 증명되었다. 입양아들과 그들의 부모를 상대로 미국과 스웨덴, 덴마크에서 진행된 다양한 대형 연구들에 따르면 범죄자들의 생물학적인 자손

들은 범죄자가 아닌 양부모 밑에서 성장했어도 뚜렷하게 높은 위법자의 경향을 보였다. 그리고 모든 중요한 입양 관련 연구는 전과가 있는 양부모와 친부모를 가진 입양아들에게서 가장 높은 범죄 비율을 확인했다. 또한 일반적으로 범죄 중에서도 폭력적이지 않은 범죄에서는 유전의 영향이 가장 크고 폭력적 범죄에서는 유전의 영향이 가장 낮다는 결론에 도달했다.

저명한 유전학자인 로라 베이커는 이렇게 주장하였다.

"유리한 환경 여건이 한 사람으로 하여금 근본적으로 부정적인 유전적 기질을 극복하도록 만들 수 있다."

그녀는 유전자는 결코 범죄와 폭력을 직접 결정할 수 없고, 그럼으로써 악도 결정할 수 없다고 주장했다. 그녀의 의견에 따르면 매번 '폭력 유전자'가 발견되는 것은 불가능하고, '악의 유전자'에 대한 증명에 성공하는 것은 더욱더 불가능하기 때문이다. 그러나 충동 억제 장애 혹은 상승된 공격적 의지 등 폭력성의 기질을 유발하는 또 다른 유전자들은 앞으로도 계속 발견될 것이다.

미국에서는 심지어 우리가 악을 '먹을' 수도 있는지, 즉 이 말은 범죄자로서의 성장과 공격적인 행동 방식이 잘못된 음식을 통해 유발될 수 있는지에 대한 의견들이 제기되었다. 위험한 물질로는 납, 우유, 인산염 그리고 비타민 B1이 추측되었다. 지금까지 나온 결과들은 마치 악한 행동과 맥박수와의 연관성만큼이나 뚜렷하지 않다. 어떤 학자들은 많은 범죄자에 의해 범행 동기로서 언급되었던 내적 긴장과 공허감은 느린 심장박동으로 인한 뇌피질의 불충분한 활성화 때문이고, 느린 심장 활동 후에는 '충격'에 대한 특이한 욕구가 생긴다고 생각했다. 그리고 이런 욕구를 동기가 없는 공격적 행동 혹은 성적 공격을 통해 해결하려고 한다고 주장하기도 했다.

지난 몇 년 동안에 벌어진 살인 광란들과 연관해서 공격적 행동에 대한 유전자의 의미가 새롭게 다시 열정적으로 논의되었다. 이런 사건을 일으킨 어린 범인들은 대부분 사회적으로 열악하거나 보호받지 못한 환경에서 자란 것이 아니라 중류층의 가정에서 태어났고 인구 밀집 지역의 우범지대가 아니라 일반 시민 계층이 사는 교외 지역에서 성장하였다.

오리건의 테러범인 15세의 키플랜드 킨켈의 부모는 모두 교사였고 아들의 교육을 위해 모범적으로 노력하였다. 그들은 모든 수단을 동원하여 그를 무기에 대한 광적인 집착으로부터 떼어 놓기 위해 노력했지만 결국에는 9명의 학급 친구를 죽이고 자신도 자살을 하고 말았다.

또한 1999년 4월에 콜럼바인에서 있었던 고등학교 습격 사건의 범인들, 즉 10대의 백인들인 에릭 해리스와 딜란 클리볼드도 최고의 환경에서 자란 아이들이었다. 그러므로 유전자의 위력은 – 그렇게 결론이 내려졌는데 – 교육과 환경의 영향보다 훨씬 더 강한 것이 틀림없다. 이러한 학술적인 조사들은 흥미로운 측면을 소개하기는 했지만 어떤 분명한 대답을 주지는 않았다.

오늘날의 연구 수준에 적합한 결론을 내리자면 범죄가 우리의 유전자 혹은 다른 생물학적 요소들을 통해서 결정되고 유전자 안에 악의 자리가 있다는 생각은 배제되어야 한다. 그러나 유전적으로 정해진 요소들, 신체 구성, 지능과 기질 등은 의심할 여지없이 범죄에 영향을 미치며 이는 일상적인 관찰로부터 증명된다. 예를 들어서 사교적이고 친절하며 뚱뚱한 사람이 범죄자가 된다면 제일 먼저 사기꾼이 될 것이다. 숙련되었지만 별로 똑똑하지 않은 남자는 아마도 창백하고 유약하되 머리가 좋은 남자보다 더 공격적인 경향을 보일 것이다. 이런 사람은 추측건대 나중에 화이트칼라 범죄를 저지를 수 있다.

실제로는 기질과 환경 모두가 우리의 모든 행동과 공격적이고 범죄적인 행동에 영향을 미친다. 유전자의 역할이나 사회화의 역할은 폭력과 공격을 포함해서 모든 형태의 반사회적 행동의 발생에서 과소평가 되어서는 안 된다. 오늘날 알려진

바에 따르면 특정한 기질 요소와 환경 요소들의 결합이 한 개인의 공격적인 성향에 매우 결정적인 역할을 하는 것으로 보인다. 유전적인 요소들과 환경에 기인한 요소들이 어떻게 상호 작용을 하는지는 아직 충분히 해명되지 않았다.

범죄는 유전자 한 가지만의 문제가 아니다. 그보다는 유전자와 환경적 영향 사이의 상호 작용으로부터 발생된다. 악한 유전자란 존재하지 않으며 악의 원인들이 우리의 유전자 안에 숨어 있는 것도 아니다. 기껏해야 거기서는 악한 행동을 조장하는 특정한 행동 방식들이 구상될 수 있다. 그러나 악은 유전적인 문제가 아니다. 그것이 나름대로 다행스러운 일이다.

실제로 우리가 살인, 강도 그리고 성폭행의 염색체 혹은 도둑, 사기꾼 그리고 공갈범의 유전자를 찾는다면 가장 심각한 차별 수단이 될 것임을 예측해야 한다. 안전과 악의 추방을 염원하는 이 세상에서 사람들은 아마도 최소한 범죄 유전자의 소유자를 알아내기 위해서 혹은 감시하거나 제거하기 위해서 다양한 방법으로 선별 검사를 실시하려고 할 것이다. 그리고 그런 종류의 유전자를 가진 범죄자가 새로운 삶을 시작할 수 있는 가능성은 전혀 없을 것이다. 왜냐하면 그런 일 자체가 – 사람들은 유전자를 변화시킬 수는 없으므로 – 절대적으로 불가능하기 때문이다.

악이 유전자 안에 들어 있지 않다는 사실이 당신에게는 불만족스러울지도 모르지만 그 누구도 선천적인 범죄자로 세상에 태어나지는 않는다는 사실이 어쩐지 대단히 안심이 되기도 한다. 그렇다. 필자가 여러분에게 말하려고 한 것은 리처드 스펙도 훗날의 분석들이 증명했듯이 지극히 정상적인 염색체 형태를 가지고 있었다는 사실이다. '살인자-염색체'라는 것은 그에게도 그리고 다른 폭력범들에게도 결코 없었던 것이다. 그것은 단지 신화였을 뿐이다.

13장

뇌의 장애가
인간 행동에 미치는 영향

|

"나쁜 행동 방식은 사람들이 중지시킬 수 있다.
그러나 악한 생각은 계속해서 악한 행동을 낳는다."

레오 톨스토이(러시아의 소설가)

|

오스틴 대량 살인 사건

1966년 8월 1일, 텍사스 대학교 오스틴 캠퍼스는 여느 때와 다름없이 분주했다. 학생들은 강의를 듣기 위해 바쁘게 움직였고, 교수들은 연구실로 향했으며, 방문객들은 캠퍼스를 걸어 다니거나 대학교 탑의 27층에 설치된 전망대에서 부지의 광경을 관람하고 있었다. 많은 사람으로 인해 분위기는 매우 활기찼다.

총성이 들린 것은 11시 48분이었다. 학생들과 직원들은 그 소리가 총성이라는 것을 곧바로 알아채지 못해 피신처를 찾거나 도망갈 생각을 하지 않았다. 그로 인해 전망대에서 엽총과 다른 몇 가지 무기 그리고 탄약으로 만반의 준비를 하고 있던 저격수는 쉽게 목표물을 찾을 수 있었다. 그는 대학 부지와 가까운 쇼핑 거리에서 움직이는 사람들을 향해 총을 쏘았다. 그로 인해 총 17명의 사람이 죽고 66명의 사람이 부상을 당했다. 한 시간이 지나서야 그는 비로소 4명의 경찰관에 의해 사살되었다.

살인자는 25세의 찰스 조셉 휘트먼이었다. 그를 부검한 결과 그에게서 뇌종양이 발견되었다. 휘트먼으로 인한 희생자 중에는 두 가족이 있었을 뿐 아니라, 엄마 뱃속에서 머리에 총을 맞고 사산된 태아도 있었다. 마지막 희생자는 2001년 11월에 사망하였다. 사건 당시 23세였던 데이비드 건비는 신장 하나만을 가지고 세상에 태어났는데, 휘트먼의 총격으로 유일한 신장뿐 아니라 시력까지 잃고 말았다.

그날 이후 오스틴 캠퍼스의 탑은 2년 동안 폐쇄되었다가 방문객을 위해 다시 열렸다. 하지만 1975년에 자살하는 사람이 증가하여 다시 폐쇄되었고 1989년까지 통행이 금지되었다. 벽에 있는 총격의 흔적들은 그날의 비극을 말해 준다.

오스틴 대량 살인 사건은 새로운 범죄의 시대, 즉 학교 집단 살해와 개인의 총기 난사에 의해 무고한 사람들이 희생당하는 소위 '묻지마 살인'시대의 초기에 해당한다. 찰스 조셉 휘트먼의 인생에 생긴 위기와 그에 관한 의학적인 검사 결과로부터 이런 재앙을 유발한 두 가지 독립적 요소의 상호 작용이 추측되었다.

화목한 가정에서 성장한 휘트먼은 발달 장애나 눈에 띄는 행동을 보이지 않았다. 그는 학교에서 모범생으로 인정받았고, 야구단에서는 인기가 매우 좋았다. 또한 보이스카우트에서 최고의 명예인 '이글 스카우트'가 되었고, 미 해군에서 모범적으로 복무하였다. 이렇게 훌륭하게 살아가고 있던 그에게 충격과 뚜렷한 행동 변화가 일어난 것은 그가 25세 때 부모가 이혼하겠다는 뜻을 밝힌 후였다. 그 후 휘트먼은 매우 예민해졌고, 집중력 장애와 두통에 시달렸다.

그는 1966년 3월 29일에 자신의 정신적 문제를 상담하기 위해 정신과 의사 히슬리 박사를 찾아갔다. 이때 그는 히슬리 박사에게 자신의 강박적인 생각, 즉 어떤 탑에 올라가서 총으로 많은 사람을 쏘아 죽이고 싶다는 생각이 든다고 말했다. 히슬리 박사는 진료 카드에 '확실한 적대성'이라고 적었지만, 더 이상의 조치는 취하지 않았다. 그로 인해 히슬리 박사는 후에 진료 태만이었다는 비판을 받았다.

진료를 받은 후 휘트먼은 몇 주 동안 내적으로 무시무시한 일들을 체험해야 했다. 이때 그의 내적 감정, 사고 세계, 점점 더 강박적으로 변하는 생각들이 나중에 발견된 그의 마지막 글에 인상 깊게 적혀 있었다. 이 글은 그가 살해한 아내의 시신 근처에서 발견되었다. 첫 번째 부분에서 그는 뇌종양으로 인해 나타난 정신적 변화에 대해 묘사했다. 그는 이런 변화를 고통스럽게 그리고 낯설게 여겼다. 그는 수수께끼 같은 강박관념에 대해 애절하게 설명했다.

나는 이 편지를 쓰도록 나에게 강요하는 것이 무엇인지 이해할 수 없다. 어쩌면 내가 방금 전에 저지른 범행에 대한 이유 때문인지도 모른다. 요즘 나는 나를 이해할 수 없다. 나는 평균적이고 정상적이며 똑똑한 젊은 남자이기를 원했다. 그러나 최근에(나는 그것이 언제 시작되었는지 말할 수 없다.) 나는 특이하고 비합리적인 생각들의 희생물이 되었다. 이러한 생각들은 끊임없이 반복되고, 유용하고 발전적인 과제에 집중해야 하는 엄청난 수고를 요구한다. 3월에 부모님이 육체적인 싸움을 시작하는 것을 본 나는 커다란 압박감을 느꼈다.
나는 대학 건강 센터에 있는 코크럼 박사에게 상담을 하면서 정신질환 전문가를 추천해 줄 수 있는지 물었다. 그렇게 추천을 받은 의사와 나는 두 시간 정도 대화를 나누었다. 그에게 나의 반복되는 공격적인 생각들에 대한 두려움을 표현했다. 한 번 상담을 한 후에 나는 그 박사를 다시 보지 않았다. 그때 이후로 나는 혼자서 나의 정신적인 문제와 싸우고 있다. 내가 죽은 뒤에는 부검을 통해 내게 정신질환이 있었는지 밝혀져야 할 것이다. 나는 끔찍한 두통을 느꼈고 마지막 3개월 동안에는 두통약인 엑세드린을 큰 병으로 2병이나 복용했다.

이런저런 생각 끝에 오늘 밤에 내 아내 케티를 죽이기로 결심했다. 나는 여기에 대한 합리적인 이유를 말할 수 없다. 어쩌면 그것은 나의 이기주의일 수도 있고, 나의 범행 소식을 들은 아내를 당혹스럽게 만들고 싶지 않기 때문일 수도 있다. 나는 이 세상에서 살 가치가 없다. 나는 그녀를 혼자 놔 두고 싶지 않다. 나는 그녀를 가능한 한 고통 없이 죽일 것이다.

비슷한 이유들이 나로 하여금 어머니의 목숨까지 빼앗게 만든다. 나는 이 불쌍한 여성이 애를 쓴 것만큼 삶을 즐겼다고 생각하지 않는다. 그녀는 소유욕이 많고 지배적인 남편과 결혼한 단순하고 여린 여자였다. 젊은이로서의 나의 모든 삶은 내가 해군에 있었을 때까지였다.

여기서 휘트먼은 타이핑을 멈추고 손으로 직접 자신의 범행 동기에 대해 쓰기 시작했다. 그는 잦은 부모의 싸움을 통해 심각하게 혼란을 느꼈던 것으로 보인다. 그는 아버지에게 점점 더 많은 증오를 느꼈고, 그 증오심으로 인해 자기 스스로도 이해할 수 없는 범죄에 대한 동기, 즉 그의 아버지를 치욕에 빠지게 하려는 동기를 발견하였다. 그는 이렇게 적었다.

나는 아버지가 어머니를 최소한 한 달 동안 어떻게 때렸는지 알고 있는 증인이다. 어머니가 아버지에게 완전히 질렸을 때, 아버지는 어머니를 평소의 생활 수준 이하로 살게 하기 위해 애썼다. 나는 내가 사랑하는 여자를 잔인하게 살해한 것도 그렇게 보일 수 있다고 생각한다. 그러나 나는 빠르고 신중하게 일을 마무리할 것이다.

만약 나의 생명보험 규약이 유효하다면 내가 이번 주말에 사용한 모든 수표가 제대로 지불되도록 조치해 주기 바란다. 그리고 나의 빚을 갚아 주기 바란다. 나는 25세이고 재정적으로 독립한 사람이다. 나머지 돈은 익명으로 정신질환자들을 위해 기부하기 바란다. 어쩌면 관련 연구가 이런 종류의 또 다른 비극을 예방할 수 있을 것이다.

1966년 7월 31일, 휘트먼은 자신의 어머니를 찾아가 칼로 찔러 살해했고, 그 후에 잠자고 있는 자신의 아내를 살해했다. 그 다음날 아침, 그는 작업복으로 갈아입은 뒤 작업용 차량을 빌려 온갖 무기가 채워진 가방을 싣고 오스틴 캠퍼스로 갔다. 그리고 재료를 배달해야 한다고 속여 캠퍼스 내의 운전 허가증을 받았다. 그는 전망대가 있는 탑 앞에 차를 주차시킨 뒤 무기가 든 가방을 들고 전망대로 올라갔다. 그는 계단에서 마주친 2명의 방문객을 총으로 쏘아 죽였고, 전망대 앞의 책상에 앉아 있던 안내원을 총의 개머리판으로 때려 숨지게 만들었다. 그런 다음에 전망대 아래로 총을 쏘기 시작했다.

뇌 손상으로 인한 인간의 변화

휘트먼의 시신에 대한 법의학적 부검에서 발견된 뇌종양은 오른쪽 렌즈핵 부위에 위치해 있었다. 그곳은 지난 몇 년 동안 악의 자리를 찾으려는 학술적인 노력에서 관심의 중심부에 있던 부위였다.

렌즈핵 혹은 피곡은 우리의 뇌 안에서 가장 신비한 부위들 중의 한 곳이다. 원래 사람들은 이 부위가 운동 개시의 영역에서 한 가지 기능만을 가지고 있다고 믿었다. 그런데 자기공명단층촬영술을 이용한 현대적인 연구를 통해 이 부위가 다양한 감정, 특히 사랑과 증오심을 느낄 때 활성화된다는 점이 밝혀졌다.

영국 런던 대학교의 신경학자 그룹은 17명의 시험 대상자에게 증오하는 사람들, 즉 개인적인 혹은 직업적인 경쟁자들의 사진을 보여 주었다. 비교를 위해서 시험 대상자들에게 특별한 감정 관계가 없는 일반적인 사람들의 사진도 함께 보여 주었다. 그리고 참가자들에게 자기가 느끼는 증오심의 깊이를 0에서 72점까지 구분된 등급표에 표시하게 했다. 실험 결과, 스캔 검사에서 증오심을 느낀 사람들의 경우 피곡이 아주 많이 활성화되는 모습이 분명하게 나타났다. 따라서 신경학자들은 이 작은 뇌 부위가 부정적인 감정과 공격성의 생성과 연관이 있다고 결론 내렸다.

개별적인 센세이셔널한 연구 사례들이 피곡을 포함하여 지금까지 별로 연구되지 않았던 뇌 부위로 학자들의 관심을 돌리게 만들었다. 앞에서 언급했던 대량 학살자 바그너의 보관된 뇌의 검사에서 대뇌변연계 부위에 약 1cm 길이의 균열이 발견됨으로써 뇌의 한 부위가 손상된 것이 확인되었다. 검사를 진행한 독일의 신경학자 오스카 포그트는 결과에 대해 이렇게 말했다.

"이 부위는 적절한 감정의 단계화와 지각되는 환경의 현실적 평가를 위해 중요한 의미를 지니는데, 편집증적인 환각 증세를 가진 환자들에게도 같은 부위에서 구성과 기능 결함을 확인할 수 있었다."

이후에 독일 적군파의 여성 지도자 울리케 마인호프의 뇌 검사에서 편도핵 부위에 양성이지만 수술이 가능하지 않은 혈관종양이 발견되었을 때 바로 이 편도핵이 최종적으로 악의 자리라는 의심을 받게 되었다. 이 혈관종양은 뇌의 밑부분에 위치해 있었지만 대뇌변연계에 커다란 영향을 미쳤으며, 특히 편도핵에 큰 작용을 했다. 신경학자들은 본성의 변화, 즉 뛰어난 전직 여성 칼럼니스트가 공격적이고 광신적인 사상에 치우친 사람으로 바뀌고 테러리스트들의 지하 세계 속에 빠지게 된 본성의 변화가 이런 장애의 결과라고 믿고 있다. 시대적 증인들은 마인호프가 1962년에 수술을 실패한 후에 무감각해졌고 감정적으로 '절단된 것' 같았으며 자기 소외 과정을 겪었다고 말한다.

오래전부터 알려져 있고 더욱더 자세히 살펴볼 수 있는 주제가 바로 전뇌의 장애가 공격적이고 범죄적인 행동에 미치는 영향이다. 뇌 손상, 종양 혹은 감염에 의한 전뇌의 손상은 충동성과 공격성을 상승시키고 위험을 감수하려는 경향을 증대시킨다. 간단하게 말하면 충동과 욕구의 자제력을 없앤다. 행동의 정상적인 조정을 책임지는 전두엽은 가장 복잡하게 조직된 뇌 영역으로 운동적·자율적인 기능뿐 아니라 인식적·감정적인 기능들도 담당한다. 이런 기능들은 예견적인 생각과 계획을 가능하게 하고 규칙의 인식과 준수, 추상화 능력과 계획 수립 그리고 절제된 행동을 책임진다. 이로써 범죄 행위의 발생에 영향을 미칠 수 있는 일련의 기능들도 담당하는 셈이다.

전두엽이 손상되면 정신 운동의 동인이 감소하고 감정적으로 무뎌지는 현상이 나타나며, 나아가 자제력 상실, 고양된 기분 상태, 무비판성과 농담 중독 등이 나타난다. 특히 제한된 감정적 동요와 자기 가치의 상실이 일어난다. 흔히 당사자는 '무정한 느낌'과 충동과 욕구에 대한 감소된 통제력으로 괴로워한다.

철도 공사 인부였던 피니아스 게이지의 사건은 이런 측면에서 역사적으로 매우 유명한 사례가 되었다. 갑작스러운 사고로 인해 쇠막대기로 머리를 관통당한 게이지는 성격이 극단적으로 변했다. 그의 언어적·운동적인 능력은 전혀 손상을 입지 않았다. 하지만 성실하고 책임감과 의지력이 강했던 그는 예민하고 변덕스럽고 충동적이고 쉽게 화를 내는 저급한 사람으로 변했다. 그를 오랫동안 지켜보았던 동료들은 이렇게 말했다.

"게이지는 더 이상 우리가 알던 사람이 아니다."

그의 주치의는 다음과 같은 인상 깊은 소감을 적었다.

그는 이제 아이의 지적 능력과 강한 남자의 동물적인 열정을 가진 한 사람이다.

신경학자로서 남부 펜실베이니아 대학교에서 연구와 강연을 하고 있는 아드리안 레인 교수는 감정을 가지고 누군가를 살해한 41명의 살인자를 대상으로 뇌의 컴퓨터 단층촬영을 실시하였다. 그 결과 그는 전뇌 부위, 즉 통제, 자제, 책임감, 공감 그리고 도덕의 성립을 담당하고 대뇌변연계로부터 나온 공격적인 충동을 제지해야 하는 뇌의 영역에서 눈에 띄는 손상을 발견하였다. 레인은 검사를 받은 살인자들이 대부분 지능지수가 낮을 뿐 아니라, 범죄를 저지르지 않은 사람들에 비해 전뇌가 14%까지 더 작은 것을 확인하였다.

살인 범죄 때문에 유죄 판결을 받은 사람들에 대한 여러 조사를 통해 이들의 전뇌에 생긴 손상이 확인되었다. 미국의 한 연구팀은 18명의 어린 살인자를 조사한 뒤 그들의 전뇌피질에서 발육 부진과 병적인 변화를 발견하였다.

또 다른 연구에서는 반사회적인 행동 방식을 지닌 사람들에게서 전뇌 손상이 매우 흔하게 나타난다는 사실이 밝혀졌다. 이런 손상으로부터 유발되는 충동과 욕구에 대한 자제력 상실은 다른 사람들에 대한 감정이입, 즉 '사회적 감각'의 침해에서 확인될 수 있다.

또한 어린 시절에 뇌막염 혹은 어떤 사고 때문에 뇌의 손상을 입은 사람들도 흔히 사회적 행동에서 심각한 결함을 보였다. 그러한 연구들은 계속해서 나열될 수 있을 정도로 많지만 결국에는 단지 특정 부위의 뇌 손상이 공격적이고 폭력적이며 냉정한 행동에 대한 가능성을 상승시킨다는 사실만을 인식시켰을 뿐이다.

여러 범죄자의 경우에 감정의 처리를 담당하는 '해마'라고 불리는 뇌의 양쪽 부위가 서로 크기가 다르다는 사실이 확인되었다. 범죄를 저지른 사이코패스의 경우는 오른쪽 해마가 왼쪽보다 더 컸다. 그로 인해 그들은 사람들의 신호에 무디게 반응하고 아무런 두려움을 느끼지 않으며 자신들의 감정을 억제하지 못한다.

또한 일반적으로 범죄자들은 소위 거울신경세포, 즉 다른 사람의 입장에 대한 감정이입을 책임진다고 알려진 세포가 제대로 작동하지 않는 것으로 보이고, 그 때문에 희생자들의 얼굴에 나타난 공포, 두려움 그리고 고통을 제대로 해독하지 못한다.

아동 성도착증을 보이는 사람들의 경우에는 뚜렷하게 머리에 상처를 입은 사고들이 더 많이 확인되었다. 이는 그들의 두개골이 성적으로 정상적인 사람들에 비해 더 얇다는 사실과 관련이 있을지도 모른다. 또한 그들은 뇌의 혈액 공급이 감소되고 뇌의 내부에 있는 빈 공간이 확대된 모습을 보였고, 변칙적인 뇌 발달의 표시로 해석될 수 있는 특징인 왼손잡이가 훨씬 더 많았다. 이와 함께 아동 성도착자들은 (호르몬에 의한 문제와 모든 조사에서 그런 것은 아니지만) 전반적으로 낮은 지능을 지닌 것으로 나타났다.

실제로 윤리적인 결정은 우리 뇌의 여러 부위에서 일어나는데, 바로 그런 곳에서 범죄 행동의 근원지가 발견되어야 할 것이다. 이미 언급된 편도핵, 전뇌와 더불어 측두엽과 대뇌변연계의 또 다른 부분에 위치해 있을지도 모른다. 거기에 대해서는 몇 십 년 후에 새로운 뇌 연구 결과가 우리에게 흥미로운 사실을 알려 주거나 혹은 악의 뿌리에 대한 탐색에서 우리를 계속 불확실하게 만들 수도 있을 것이다.

현대의 연구들은 단지 뇌 안에서 악의 위치를 찾는 문제에만 몰두하고 있는 것이 아니라 중추 신경계의 성숙도와 기능적인 특수성에 대해서도 함께 고민하고 있다. 다른 사람에 대한 감정이입의 능력과 도덕성 발달을 책임지는 뇌 구성이 30대에 비로소 완전히 고정된다는 생각으로부터 출발해서 많은 범죄자의 뇌 안에서 일어나는 이런 과정도 늦게까지 종결되지 않는다는 점이 증명되었다.

학교 살인 광란에 대한 원인을 찾는 과정에서 한 연구가 널리 알려지게 되었다. 이 연구는 15세의 학생들에게서 훗날의 범죄에 대한 신경심리학적 힌트를 찾으려고 했다. 그 결과 잠재적인 폭력 범죄자들은 사고 현장과 범죄 희생자의 끔찍한 사진이나 장면을 보고도 별다른 반응을 보이지 않았다. 즉 감정이입이나 동정을 거의 느끼지 않았다. 그들은 정상인들과 달리 맥박과 근육 활동이 상승하지 않았고 스트레스나 두려움의 반응을 보이지 않는 등 전반적으로 영향을 받지 않았다.

뇌 안에 자리한 악

　뇌 안에서 악의 자리를 찾으려는 시도는 새로운 것이 아니다. 역사는 그러한 배타적인 관찰 방식이 얼마나 유익한지 그러나 반대로 얼마나 위험한지 우리에게 가르쳐 주었다. 19세기에 체계적인 뇌 연구가 시작된 이후로 범죄를 잘 저지르는 사람들의 경우에 뇌의 구조와 구성에 특별함은 없는지, 특정한 뇌 부위가 과대 발달했는지 혹은 과소 발달했는지 그리고 범죄자의 경우 특수한 뇌세포 손상이 확인되는지의 의문이 생겼다. 거의 한 세대 동안 학자 전체가 열정을 가지고 뇌 안의 어디에서 악의 원천을 찾아야 하는지 그리고 실제로 특수한 범죄자의 뇌가 있는지의 문제에 몰두하였다.

　특히 18세기와 19세기에 매우 유명했던 이탈리아의 한 범죄심리학 학교는 '살인자의 두개골'과 '범죄자의 뇌'에 몰두하였다. 이 학교의 가장 유명한 대표자였던 외과의사 체사레 롬브로소는 수천 명의 병사를 대상으로 한 인류학적 연구와 수많은 감옥 수감자에 대한 두개골 측정에서 얻었던 내용을 자신의 저서《범죄인론》에서 요약하였다.

이 책에서 그는 잘 형성된 신체 구조와 우아한 내적 경향 그리고 나쁜 성격 혹은 못된 성향과 육체적인 결점 사이의 연관성에 대해 설명하였다. 그는 범죄란 인간의 발달 과정에서 퇴보를 의미하고 범죄를 저지른 사람들은 발달 역사학적으로 원시적인 시대의 생존자들을 표현한다는 이론을 만들었다. 범죄자는 진화의 단계에서 일반적인 사람들보다 훨씬 더 밑에 있고, 격세 유전(한 생물의 계통에서 우연 또는 교잡 후에 선조와 같은 형질이 나타나는 현상)적인 본능에 의해 지배되며 현대의 법칙을 전혀 지킬 수 없다고 주장했다.

롬브로소는 이론을 세울 때 전설적인 힘을 소유했다는 악명 놓은 강도 빌렐라의 시체 해부로부터 영감을 얻었다. 해부학상의 특이점으로서 뼈의 빈 공간이 발견된 빌렐라의 두개골을 보고 깨달음을 얻게 되었다고 한다.

갑자기 나는 범죄의 본성 문제가 불타오르는 하늘 때문에 넓

은 평야가 환해지는 것처럼 눈앞에 보이는 것 같았다. 한 격세 유전적 존재, 그런 인물 안에서는 원시적인 인간 본성의 끔찍한 본능들이 하등 동물의 수준으로 돌아간다. 이로써 해부학적으로 범죄자들, 야생동물 그리고 원숭이들에게서 발견되는 발달된 턱, 튀어나온 광대뼈, 앞으로 돌출된 눈썹 뼈, 손바닥의 자글자글한 주름, 지나치게 큰 안와(눈구멍), 서 있는 귀 혹은 커다란 귓불 등이 설명되며, 더 나아가 고통에 대한 무감각, 특히 뛰어난 시력, 문신, 극단적인 게으름, 방종에 대한 애호와 자유로운 의지에 따른 악에 대한 참을 수 없는 욕구, 희생자의 삶을 파괴할 뿐 아니라 그 시체를 훼손하고 그 피를 마시는 일 등도 해명된다.

롬브로소의 열정이 어떤 관념적 결과를 가져왔는지 생각해 보면, 지난 몇 년 동안에 많은 뇌과학자에 의해 발의된 의지의 자유 내지는 인간 의지의 예속에 대한 토론에서 어떤 일방적인 견해가 채택되지 않은 것은 대단히 유익한 일로 보인다.

특정한 뇌 구조의 구성에서 나타나는 어떤 특수성이 어쩌면 파괴적인 생각을 유발할 수도 있고 공격적인 충동을 야기할 수도 있다. 그리고 뇌 부위의 손상은 폭력적인 충동에 대한 통제를 어렵게 만들거나 욕구 발산의 자제를 방해한다. 그 외의 다른 뇌의 이상은 다른 사람의 입장을 공감하는 능력을 결정적으로 제한하거나 부정적인 환상을 부추긴다. 그럼에도 불구하고 뇌 구조의 특이성 혹은 뇌 구성 물질의 손상이 정상적인 사람을 범죄자로 만든다거나 뇌 안에 악의 자리가 있다는 결론을 내릴 수는 없다. 뇌 손상은 한계선을 넘는 행동 혹은 비난을 받을 만한 반응 형태에 대한 위험성을 높이지만, 결코 직접적으로 악한 행동으로 이끌지는 않는다.

아마도 앞으로 몇 년 동안의 뇌 연구가 우리에게 많은 중요한 지식을 알려 줄 것이고, 우리에게 긍정적이고 부정적인 감정의 생성을 해명해 줄 것이며, 공격적 행동의 발달 과정을 보여 줄 것이다. 그러나 이런 연구들도 결코 악의 위치 혹은 뇌 안에서의 악의 발생을 단독으로 밝혀낼 수는 없을 것이다. 아무리 뇌의 흐름을 밝히기 위한 진단 장비들이 점점 더 현대화되고 검사 방법들이 완벽해져 간다고 해도 말이다. 악은 신체 기관과 관련된 것 그 이상의 것이기 때문이다. 우리는 뇌 안에 마치 악이 숨어 있는 듯한 그런 장소는 없다고 확신해도 좋다.

그러나 몇몇 신경학자는 이와 달리 자유로운 의지란 단순한 착각이며, 악은 뇌 안에서 일어나는 생물학적 현상이라고 믿고 있다. 그들은 인간이 자유롭게 결정할 수 없기 때문에 도덕적으로 선하게 혹은 악하게 스스로 행동할 가능성이 없다고 생각한다. 고대 그리스로부터 이와 관련하여 다음과 같은 이야기가 전해지고 있다. 이 이야기는 자유의지와 유죄 여부의 판별이 어려운 점을 잘 보여주고, 의외의 결말을 통해 악에 대한 암울한 생각에 약간의 위트를 느끼게 해준다.

한 도둑이 재판관 앞에 서서 의지의 부자유라는 구실로 스스로를 변호하였다. 그는 물건을 훔쳐야만 하는 운명은 이미 정해졌기 때문에 전혀 다르게 결정할 수 없었으며 단지 더 높은 힘의 영향하에 행동했을 뿐이라고 말했다. 이에 대해 재판관은 이렇게 대답했다.

"그럴 수도 있다. 그러나 당신이 벌로 호되게 매를 맞는 것도 운명에 의해 미리 정해져 있는 일이다."

이 이야기의 현대적 '신경생물학적' 버전은 다음과 같은 내용이다.

한 남자가 반복적인 폭력 행위 때문에 법정에 서게 되었다. 그는 자신이 범죄를 저지른 원인이 우리의 행동과 관련해서 매우 중요한 뇌 부위, 소위 전전두엽의 손상 때문이라고 말했다. 그리고 이런 손상 때문에 무력하게 공격적인 충동에 노출 되었고 폭력에 대한 욕구에 저항할 수 없었다고 덧붙였다. 남 자의 말을 들은 재판관은 이런 점을 인지하고 다음과 같은 판 결을 내렸다.

"본 법정은 당신의 범죄 행동에 책임이 있는, 전전두엽이라 고 불리는 당신의 뇌 부위에게 여러 사건의 상해와 기물 파손 의 죄를 물어서 3년의 징역을 선고한다."

14장

악이
인간에게
보내는 신호

―

"왜 지옥을 저승에서만 찾는가? 그것은 이미 이승에도 존재한다.
바로 악한 자들의 가슴속에."

장 자크 루소(프랑스의 사상가)

―

악성 나르시시즘

악이란 설명하기 어렵고 진정으로 이해될 수 없다. 따라서 악의 암호를 해독하려는 것은 어쩌면 주제넘은 일일지도 모른다. 그럼에도 불구하고 범죄심리학과 범죄정신의학의 입장에서 지속적으로 악과 부합하는 행동 방식, 모습 그리고 장면들이 표현될 수 있다. 여기서는 정상적인 것과 거리가 멀고 예전에 결코 알지 못했던 수준의 파괴적 행동에 대해 도덕적 머뭇거림을 뛰어넘고 치밀한 계획성을 나타내는 그런 범행과 범인의 인성이 다루어져야 한다. 이런 범행들은 범인의 편에서 보면 부족한 감정이입 능력과 심각한 사디즘 그리고 지배욕과 타인에 대한 비인간화의 의지를 가진 사이코패스적인 특성을 전제로 한다.

그러나 너무 심각한 정신적 장애 혹은 질병이 있는 범인들은 제외되어야 한다. 그런 경우는 자유로운 의지 형성이 더 이상 가능하지 않기 때문이다. 다시 말해서 악한 행동의 결정과 실행은 본인이 적극적으로 원해야만 하는 일이고 이성과 의지의 병적인 손상과 연관되어서는 안 된다. 그리고 범인의 편에서 중요한 것은 공격의 종류와 희생자가 느끼는 결과의 심각성이다. 범죄심리학적 측면에서 보면 완전히 악한 행동에는 악의 암호를 만들 수 있는 다음과 같은 요소들이 포함되어 있다.

- 감정이입 능력의 결여
- 일방적인 힘의 분배
- 정신병 증세가 있는 성격구조(사디즘, 악성의 나르시시즘)
- 희생자의 체면을 손상시킴
- 계획성
- 희생자에게 끼치는 심각한 결과
- 도덕적 본능의 경시

인간이 지닌 모든 파괴성의 토대는 감정이입 능력, 즉 다른 사람의 감정에 공감하는 능력의 결여에 있다. 감정이입의 능력은 타인의 생각, 감정 그리고 의지를 인정하고 이해하며, 이것에 대해 진정한 의미에서 동정적으로 반응하는 능력이다. 주변 사람들에 대한 진정한 이해, 평가가 아닌 진심 어린 관심이 타인의 감정 상태를 민감하게 느끼게 만든다. 감정이입의 능력(empathy)이란 원래 그리스어로 '열정' 혹은 '강렬한 감정의 흥분'을 뜻하는 단어에서 유래된 말로 근본적으로는 지그문트 프로이트(1856-1939)를 통해 오늘날의 의미를 지니게 되었다. 그리고 이 개념은 다시 미국의 심리학자이며 인본주의적 심리학을 창설한 칼 로저스(1902-1987)를 통해 큰 도약을 하게 되었다. 그러나 미국의 전 대통령인 버락 오바마가 2006년의 한 연설에서 "우리 사회의 감정이입 능력의 부족"에 대해 언급한 이후에 비로소 이 주제가 교육학, 마케팅, 경영 그리고 범죄학에서 제대로 자리를 잡게 되었다. 결여된 감정이입의 능력은 범죄자들의 가장 중요한 특성에 해당되는데, 단여기서 '진정한' 감정이입, 건설적이고 긍정적인 공감을 말한다. 왜냐하면 사디스트나 잔인한 살인자도, 예를 들어 어떤 고통이 희생자에게 가해질지 상상할 때 공감적일 수 있기 때문이다.

범죄학과는 상관없이 인류에게 있어서 감정이입 능력의 엄청난 중요성은 최근에 우리가 예상하지 못했던 측면으로부터 강조되고 있다. 2018년 3월에 사망한 저명한 영국의 물리학자이자 우주학자였던 스티븐 호킹은 자신의 마지막 인터뷰에서 단지 감정이입의 능력만이 인류의 미래를 보장한다고 말했다. 왜냐하면 진정한 공감의 능력은 인간을 차분하고 평화로운 상태로 이끌며, 이로써 악이 결코 존재할 수 없는 심신의 상태로 이끌기 때문이라고 설명했다.

정신적으로 문제가 있는 사람들은 따뜻한 정서를 지니고 있지 않기 때문에 그런 공감이 불가능한 것이다. 그들은 스스로 폭력의 희생자였던 어린 시절에 자신들의 감정세계를 억제하고 말살시켰다. 그렇지 않았다면 그들은 고통을 참아낼 수 없었을 것이다. 훗날 이들에게는 바로 그런 감정이입의 능력이 존재하지 않게 되고, 주변 사람들을 냉담, 몰이해 그리고 가혹함으로 대하며, 무자비하고 착취적이고, 파괴적이며 결국 사디즘적인 경향을 보이게 된다. 감정에 대해 무지한 그들은 친한 사람들도 없다. 그들은 안전함과 친밀감의 느낌을 경험하지 못하고, 두려움와 불안을 느끼며, 그래서 바로 공포에 사로잡힌 공격성으로 반응하게 되는 것이다.

악의 암호에서 두 번째, 그리고 가장 중요한 요소는 일방적인 힘의 분배이다. 범인들은 확고부동하고 자기도취적인 지위에 있고, 희생자들을 완벽하게 지배하며 그들의 운명의 결정한다. 반면에 희생자들은 모든 권리와 인간적 존엄성을 상실하게 된다. 그들은 무력하게 방치되며 최소한의 기회조차 갖지 못한다. 우리는 이런 상황을 끔찍하고 고전적인 형태에서 찾을 수 있는데, 바로 대량학살, 테러 공격, 폭탄 공격 등의 경우이며 최근에 완전히 무고한 저널리스트들이나 사회운동가들이 IS 테러조직에 의해, 그것도 녹화 중인 카메라 앞에서 참수된 사건도 여기에 해당된다.

사디즘적인 공격성

이제 다음으로 악의 평범한 특징 그 반대편에 존재하는 파괴적인 성격구조가 어떤 본질을 이루고 있는지 알아보자. 여기에 대해서는 제일 먼저 '사이코패스'라고 표현되는 말에서 알아볼 수 있다. 사이코패스는 극단적으로 두드러지는 인격적 특성으로 이해된다. 이 때문에 당사자와 주변 사람들은 고통을 당한다. 이런 특징을 가진 사람을 사이코패스라고 한다. 이런 사람은 도덕적인 책임감이 별로 없고 양심 없이 행동하며, 흔히 어떤 공감도 나타내지 않고 자신의 모든 감정이 극단적으로 한 인물에게만 고정되어 있다.

사이코패스의 몇 가지 형태는 매우 위법적이고 범죄적이다. 그로 인해 악한 행동들과도 매우 근접한 관계를 보여 준다.

여기에는 반사회적, 충동적, 공격적, 광신적, 극단적, 자기중심적, 자기도취적 형태의 사이코패스들이 해당된다.

더 나아가 '악하다'고 표현하기에 가장 적절한 인격 형태가 있다. 이런 형태는 오스트리아 출신이며 세계적으로 선도적 역할을 하는 심리 분석가 오토 F. 케른베르크 박사에 의해 '악성 나르시시즘'이라는 이름이 붙여졌다. 그는 이런 상태를 자기도취적 인격 장애, 반사회적 행동, 사디즘적인 공격성과 극단적으로 의심이 많은 기본 태도의 결합으로 이해하였다. 악의 등급표로 유명해진 마이클 스톤 박사는 오랜 기간의 연구와 성범죄자들에 대해 구할 수 있는 자료들을 검토한 후에 그들 중 많은 사람에게서 악성의 나르시시즘을 확인할 수 있다는 결론을 내렸다. 그렇다면 이러한 위험하고 비정상적인 특성의 본질은 무엇일까? 그리고 악한 특성의 암호들은 어떤 요소들로 이루어져 있을까?

이러한 부정적인 인격 형태의 주요 요소는 강한 경향의 사디즘적인 공격성이 있다. 공격성은 삶의 원시적 충동에 속하며 생존을 확보하고 진보를 의미하는 모든 힘을 뜻한다. 그러나 사람들 사이의 공격은 순수하고 원시적인 원초적 형태로 일어나서는 안 된다. 또한 더 높은 수준의 문명화된 형태로 바뀌어야 한다. 예를 들면 선과 경쟁, 스포츠와 창의성, 문명과 문화로 바뀌어야 한다. 그러나 악한 행동의 경우에는 공격의 교화와 순화가 더 이상 이루어지지 않고 그것의 원초적이고 파괴적인 형태로 행해진다. 공격이 더 직접적이고 더 직통적일수록 그 행위는 더욱 악하다.

특히 공격적 행동이 범인들에게 어떤 쾌감을 준다면, 즉 다른 사람들의 고통을 통해 쾌감을 느낀다면 더욱더 끔찍한 일이다. 유명한 의사이자 학자인 리하르트 폰 크라프트 에빙은 이런 특성을 '사디즘'이라고 일컬었다. 마르키 드 사드의 이름에서 따온 이 정신적 장애는 누군가 타인을 굴복시키고 억압하고 괴롭힐 때 만족감 혹은 성적 쾌감을 느끼는 경우로 이해된다. 악한 특성을 가진 인물들의 경우에는 단지 공격성만이 중요한 것이 아니라 공격의 쾌감 넘치는 실행도 중요하다. 미쳐 날뛰는 전쟁은 가장 악한 형태의 공격성을 보여 주는 수많은 사례를 제공한다. 다음은 집단 수용소의 수용자였던 하인츠 헤거의 보고서에서 발췌한 내용이다.

그 유명한 일명 '고문대'에 희생자가 엉덩이를 한껏 위로 쳐든 자세로 묶여 있었다. 한 수감자가 고문대 위에서 진행되는 태형을 선고받으면 그 구획의 모든 수감자가 나와서 벌 받는 모습을 지켜봐야만 했다. 만약 처벌이 점호 광장에서 실시되면 모든 수감자가 함께 있어야 했다. 한 대를 맞을 때마다 죄인은 큰 소리로 숫자를 세야 했다. 만약 고통 때문에 제때 숫자를 말하지 못하거나 너무 작은 목소리로 말하면, 그때 맞은 것은 무효가 되었다. 그로 인해 매를 맞는 사람이 거의 두 배 이상 더 맞는 일이 생기곤 했다. 태형 집행인은 수용소 소장이 결정하지만 이 일을 자청해서 맡으려는, 대부분 사디즘적인 특성을 가진 높은 계급의 군인이 많이 있었다.

그 현장에 나치 친위대 수용소 책임자는 고문대에 아주 가까이 서 있었고 흥미로운 표정으로 집행 장면을 바라보고 있었다. 죄인이 맞을 때마다 그의 눈에서는 빛이 났다. 시간이 조금 흐르자 그의 얼굴 전체가 흥분과 쾌감으로 벌겋게 달아올랐다. 그는 바지 주머니 속에 손을 넣고 자위를 하고 있는 것이 분명했다. 그는 이런 행동을 우리 눈앞에서 아무 거리낌 없이 해댔다. 일을 마친 변태 돼지 놈은 만족감을 느낀 후에 갑자기 사라졌다. 나는 그 나치 친위대 수용소 책임자가 고문대 위에서 벌어지는 태형 집행을 보면서 스스로를 만족시키는 모습을 30차례 이상 목격하였다. 한 번은 맞고 있던 수감자가 갑자기 소리를 지르지 않았다. 그것은 분명 이 수용소 소장에게는 변태적인 쾌락의 일부분을 깨뜨리는 일이었다. 그는 수감자를 향해 이렇게 소리 질렀다.

"이 추잡한 동성애자 놈아! 왜 소리를 지르지 않는 거야! 네가 엉덩이로 재미를 보았나 보구나!"

타인을 단지 고통뿐 아니라 완전한 능멸로 이끄는 이런 악한 공격적 쾌락은 더욱더 충격적이다. 인간 특성의 가장 악의적인 형태를 구성하는 또 다른 요소는 바로 나르시시즘, 즉 자기도취증이다. 이것은 우리 모두에게 공통적인 자기애 혹은 자기 중요성의 무분별한 부각 등을 말하는 것이 아니라 그와 전혀 다른 악의적인 형태를 말한다.

간단히 표현해서 정상적인 혹은 선의적인 자기도취자는 다른 사람들에 의해 저절로 가치가 상승된다고 말할 수 있다. 그런 사람은 본인의 자기 가치를 자신의 외형, 매력, 기지, 직업적·경제적 성공의 우월감으로부터 만들어 낸다.

반면에 부정적인 자기도취자는 평균적인 사람으로 머물면서 다른 사람을 굴복시키고 지배함으로써 높은 지위를 얻으려고 한다. 그가 어떤 사람을 더 많이 멸시하고 능멸할수록 자신을 더 우월하고 멋지다고 느낀다. 예를 들면 한 아이를 폭력으로 제압하고 성폭행한 평범한 한 소박한 시민이 끔찍하게도 이 힘없는 존재보다 자신이 우월하다고 느낀다는 말이다. 이런 성범죄자는 자신이 다른 사람의 운명을 결정하는 두려운 전제군주로 격상될 때 지루하고 지극히 평범한 삶으로부터 비로소 자신의 존재가 드러나게 된다고 여긴다. 그런 사람에게 힘의 행사는 대단히 중요하고 최고의 만족감을 부여한다.

자기도취적 인간은 이러한 부정적 성향을 가장하는 법을 알고 있고 외부적으로 이해심이 많고, 적응력이 좋고, 비판적이고, 공평한 사람처럼 보이게 행동한다. 악의적인 자기도취자들은 주변 사람들에 의해 쉽게 발견되지 않는다. 오히려 반대로 그들은 대단히 매력적인 사람들로 간주된다. 정신의학자들은 '사이코패스의 매력'이라는 용어를 쓰기도 한다. 아마도 수백 명의 젊은 여성을 잔인하게 살해한 테디 번디, 죽은 후에도 많은 여성으로부터 열렬한 숭배를 받은 오스트리아의 연쇄살인범 잭 운터베거가 그런 사례에 해당할 것이다.

그 다음으로 악성 나르시시즘의 묘사에서 반사회적 행동의 경향이 언급되어야 한다. 이런 경향은 이미 어린 시절에 수업 빼먹기, 무단결석, 동물 학대, 방화 혹은 알코올과 마약의 이른 남용 등을 통해 나타난다. 반사회적인 사람들은 직업 교육을 일찍 중단하고, 직장을 자주 바꾸거나 직업을 아예 갖지 않고, 정상적인 부부 관계를 유지할 수 없으며, 쉽게 위법 행위를 저지르게 된다.

반사회적 행동은 두 가지 형태로 구분될 수 있다. 공격적인 형태는 상해, 기물 파손, 절도 혹은 심지어 살인으로 인한 잦은 유죄 판결이 특징이다. 착취적·기생적 형태에서는 거짓말, 도둑질, 침입, 사기, 조작 그리고 매춘이 주요 내용이 된다.

지금까지 언급한 부정적 성격 구조를 지닌 범인들의 특별한 위험성은 타인을 신뢰하지 않는 그들의 기본 태도에서 나온다. 그들은 다른 사람들을 적 혹은 멍청이로 여기고 자신이 도처로부터 관찰되고 있다고 느끼며, 끊임없이 매우 불가능한 상황들을 염두에 둔다. 이 때문에 그들은 대단히 신중하게 행동하여 거의 실수를 저지르지 않으며, 아주 힘겹게 발각된다. 그들의 정신을 지배하는 반사회적인 기본 태도, 사디즘적인 쾌감과 매우 병적인 망상들이 그들로 하여금 악한 행동을 위한 세부적인 계획, 사람들이 실제로 '악마적'이라고 표현할 수 있는 계획을 세울 수 있게 해 준다.

그들은 이런 감정의 문제점 때문에 가까이에 사람들이 있는 것을 감당하지 못한다. 안정, 친밀감과 연관된 모든 감정이 그들에게는 낯설고 두려움만 줄 뿐이며, 그들은 이런 상황에 대해 오히려 경악스러운 공격성으로 반응한다.

그들의 비정상적인 상태는 더 확대된 정신적 메커니즘, 즉 가르기의 메커니즘을 통해 완성된다. 사이코패스들은 극단적으로 매우 선한 혹은 매우 악한 사람으로 가를 수 있는 놀라운 능력을 지닌다. 또한 그들은 여성상과 관련해서는 밥을 챙겨 주고 보호해 주고 사랑해 준다고 여기는 '선한' 엄마와 자신에게 소홀하고 거부적이고 벌을 주는 사람이라고 느끼는 '악한' 엄마로 구분한다.

이러한 성격적 특징들을 볼 때 모든 학술적인 조사가 밝힌 것처럼 사이코패스의 행동이 사이코패스가 아닌 사람들에 비해서 훨씬 더 잔인하고 끔찍하다는 점이 놀랍지 않다. 사이코패스는 자신들의 행동을 훨씬 더 상세하게 계획하고 임의적으로 실행하며 살인을 통해 종결한다. 그들은 도구적인 폭력의 경향을 보이며 도구들을 의도적으로 한 가지 목표의 도달을 위해 사용한다. 그리고 그들의 행동은 더 빨리, 더 빈번하게 재발된다. 그러나 이것은 사이코패스 혹은 악성의 자기도취자들만이 악한 행동을 할 수 있다는 것을 의미하는 것은 아니고 단지 그들의 경우에 평균적인 사람들보다 위험성이 훨씬 더 높다는 것을 뜻할 뿐이다. 그러나 눈에 띄지 않는 정상적인 인물들도 얼마든지 극단적인 악을 행할 수 있다. 그래서 악의 암호는 주로 행동의 외형적인 특징과 연관되어 있다.

사이코패스적인 인격 구조에서 나타나는 그 다음 악의 암호는 다른 사람 혹은 다른 생명체의 능멸과 비인간화이다. 성범죄자들은 희생자를 더 이상 인간적인 존재로 보지 않고 순수한 쾌감의 대상으로 여긴다. 살인자는 피와 살로 이루어진 인간을 겨냥하는 것이 아니라 정확하게 명중시켜야 하는 영혼 없는 한 형상을 겨냥할 뿐이다.

능멸과 비인간화는 상세하게 계획된 추방과 대량 학살 그리고 솔직한 표현을 회피하면서 '청소'라고 표현하는 모든 방법에서 최고점에 도달한다. 대량 학살은 소위 '열등 민족'에게, 안락사는 소위 '살 가치가 없는 생명'에게 자행되었다. 사디즘과 인간 능멸은 한 나치 전범에 대한 재판 기록에서 발췌한 다음의 글에서 최악의 형태로 나타난다.

총살이 시작되기 전에 육군 중위 그나데는 자신보다 20세에서 25세가 더 많은 늙은 유대인들을 찾아냈다. 그들은 오로지 긴 수염의 남성들뿐이었다. 그나데는 이들에게 옷을 완전히 벗으라고 명령한 뒤 구덩이 앞의 공터에 포복하게 했다. 유대인들이 나체 상태로 포복하고 있는 동안 육군 중위 그나데는 주위를 향해 소리를 질렀다. '나의 부하들은 어디에 있느냐? 너희들은 몽둥이를 가지고 있지 않느냐?' 그러자 하급 지휘관들이 곧바로 숲 근처로 가서 나무 막대기를 들고 왔고 그것으로 유대인들을 세게 때리기 시작했다.

나치의 사디스트들은 무고한 노인들을 사형시키는 것만으

로 결코 만족하지 않았고, 특별히 더 끔찍한 방식으로 일을 벌였다. 희생자를 능멸하는 특이한 형태가 바로 식인 행위이다. 사람이 사람을 먹는 행위는 그 사람에 대한 최후의 공격이다. 역사적으로는 풍부한 전통을 가지고 있는 식인 풍습은 오늘날 모든 나라와 민족에서 엄격한 금기 사항으로 정해졌다. 역사적인 자료에 따르면 고대 로마에서는 간질 치료를 위해 신선한 검투사의 피를 먹었고, 기독교의 십자군 종군 기사들은 1098년 마라트 안 누만의 대량 학살 후에 기아 때문에 시신을 먹었다. 또한 1896년 덴마크에서는 정신병자들이 사형을 당한 시신에서 넘쳐 나오는 피를 받아 마시기 위해 단두대 주변으로 검을 들고 달려들었다.

의학적인 식인 행위, 즉 치료 목적을 위해 사용되었던 이 방법은 인육의 관습적인 섭취와 마찬가지로 널리 퍼져 있었고, 이를 통해 죽은 사람의 힘을 얻을 수 있다고 여겨졌다. 아즈텍 인들의 종교적인 도살 축제에서는 1만 4,000명에 이르는 희생자가 식인 행위의 대상이 되었다. 극단적 상황에서, 예를 들어 1941년부터 1944년까지 지속된 레닌그라드의 봉쇄 기간 동안 혹은 칠레 안데스 산맥으로 비행기가 추락했을 때도 식인 행위가 이루어졌다.

현대의 범죄사에서도 식인 행위가 점점 더 큰 역할을 하고 있다. 괴츠 게오르게가 연기한 〈살인자〉라는 영화를 통해 알려지게 된 프리츠 하르만의 사건은 20세기의 가장 악명 높은 연쇄 살인범에 대한 이야기이다. 그는 1918년과 1924년 사이에 총 24명의 젊은이의 목을 물어서 살해하고, 그들의 몸을 여러 토막으로 잘랐으며, 시신을 소시지로 가공했다. 1992년에 여러 번의 살인으로 처형된 안드레 치카틸로는 52명의 여자와 아이를 살해하고 그들의 시신을 부분적으로 먹었다.

최근에 가장 많이 주목을 끌었던 것은 로텐부르크 출신의 아르민 마이베스 사건이다. 마이베스는 2001년에 인터넷을 통해 베를린 출신의 한 남자를 찾아내 그를 식인 행위의 희생자로 이용했다. 그는 작동되는 카메라 앞에서 그 남자를 죽였고 그의 신체 부위들을 먹었다. 그로 인해 그는 재판에서 무기징역을 선고받았다.

2007년에는 한 종파에 속한 체코 출신 부부의 끔찍한 사건이 알려졌다. 이들은 두 아들을 지하실에서 고문하고, 그중 한 아이의 가죽을 벗겨 죽인 후에 아이의 시신을 먹었다.

어떤 사람들은 능멸과 완전한 멸시에 대해 생각할 때 단지 인간만이 아니라 다른 생명체, 즉 현대의 식품 산업에서, 대규모의 도축업과 산업적 살인에서 '본질적인 것'의 나머지 전부를 빼앗기는 생명체를 생각할 수도 있을 것이다.

도구적인 폭력의 결과

악한 행위의 심각성은 그 행위에 대한 계획성의 정도에 의해 결정된다. 이것이 바로 악의 또 다른 암호다. 생각 없이 순간적으로 어떤 행동이 실행될수록, 그 과정과 결과가 덜 고려될수록, 그 행동이 차가운 이성보다는 뜨거운 감정에 의해 더 많이 조정될수록 악의성은 더 적어진다.

이와 반대로 끔찍한 악은 범죄의 계획성 정도가 대단히 높고 상세하며, 그 결과가 정확히 예측되고 대단한 자기 통제와 함께 실행되는 특징을 지닌다. 전문 킬러의 냉철한 계획과 행동은 만취한 사람이 격렬한 술집 싸움에서 저지른 살인보다 훨씬 더 악하다는 뜻이다.

공격성 안에서는 감정적인 폭력과 도구적인 폭력이 구분

된다. 이 말은 공격 행위가 실제 행동을 통해 혹은 감정 세계에 대해 힘을 사용함으로써 이루어질 수 있다는 뜻이다. 대체적인 규칙에 따르면 남성들은 행동적인 폭력, 여성들은 감정적인 폭력을 행사하는 경향이 강하다. 흔히 이 중에서 어떤 형태의 악이 심각한 결과를 가져오는지 그리고 집단 따돌림처럼 섬세한 악이 직접적이고 '정직한' 공격성보다 점점 더 효과가 커지는 것은 아닌지에 대해 다양한 추측이 나오고 있다. 그러나 감정의 문제는 진화 과정에서 거친 공격적 행동보다 훨씬 더 높은 수준에 해당하기 때문에 악의 암호와 관련해서는 폭력 행위의 도구화가 더 큰 영향을 미친다고 할 수 있다.

결국 중요한 것은 희생자 입장에서 느끼는 폭력의 결과이다. 감정적인 폭력도 심각한 피해를 줄 수 있다. 특히 그것이 희생자가 어린 시절에 가해졌을 때, 그것이 그 사람의 특성에 결정적으로 영향을 미쳤을 때와 오랜 기간 동안 지속되었을 때 그러하다. 그런 경우에 감정적 폭력은 불안감, 자기가치 의심, 두려움, 부족한 삶의 기쁨 그리고 원초적 신뢰의 동요 등을 유발할 수 있다. 그러나 더욱 심각한 것은 도구적인 폭력의 결과이다.

이런 폭력은 끊임없이 다양하게, 언제나 새로운 교활함과 점점 더 심각한 효과를 내면서 가해진다. 즉 칼을 이용한 폭력은 대부분 주먹을 사용하는 경우보다 더 심각한 결과를 가져온다. 총기가 없는 살인 광란과 폭탄이 없는 테러라면 그렇게 극단적인 효과를 내지는 않았을 것이다. 또한 고도로 발달된 무기가 없는 전쟁은 모든 상처와 고통에도 불구하고 결코 지금과 같은 끔찍한 결과를 가져오지는 않았을 것이다.

히로시마와 나가사키에 투하된 원자폭탄으로 인해 직접적으로 23만 명의 사람이 사망했고, 더불어 오늘날에도 매년 2,500명의 생명을 앗아간다는 것을 생각하면 "전쟁은 그것이 때린 상처에 피가 나고 있는 한 절대로 끝나지 않을 것이다."라는 하인리히 뷜의 말에 진정으로 동의할 수 있을 것이다.

끝으로 악의 실현은 '도덕적 본능'의 경시를 전제로 한다. 이 말은 먼저 어떤 사람이 모든 시대와 모든 문화에 걸쳐 도덕적으로 감당할 수 없는, 죄악시되는 행동을 저지른 경우를 뜻한다. 살인, 성폭행 혹은 절도와 같은 범죄는 모든 법적·문화적·종교적 가치와는 독립적으로 그 자체로서 비난받을 만한 것으로 간주되며 모든 사람의 감정에 따라 한마디로 악하다고 여겨지는 행동이다. 그러나 원래 도덕적 본능이란 더 많은 것을 의미한다. 즉 사람들의 공동생활을 위해 필수적인 특정한 사회 규범의 준수, 더 나아가 타인의 권리에 대한 존중과 자신의 이기적인 욕구의 자제 그러나 무엇보다도 인간적 삶의 파괴 방지를 뜻한다. 선천적인 도덕적 본능의 문제를 다루는 생물학·심리학 그리고 철학 분야의 학자들은 도덕과 다른 가치들의 중심적 척도는 세계적으로 비교될 수 있고 결코 개별적인 문화의 문제가 아니라는 결론에 도달하였다.

그러나 양심이라는 것이 실제로 유전자 속에 숨어 있는지, 우리가 정의에 대한 감각을 가지고 세상에 태어났고 선과 악의 구별이 우리를 저울에 놓이게 하는지, 어떻게 이런 '자연의 이성'이 설치되어 있는지는 아직 해명되지 않았다. 또다시 우리는 한 범죄자의 입으로부터 도덕의식의 변화가 어떻게 진행되는지 교과서보다 더 실감나게 들을 수 있다. 가장 악명 높은 연쇄살인자 중의 한 명인 테드 번디는 책임 혹은 후회와 같은 어떤 것을 느끼냐는 질문에 이렇게 대답했다.

"죄의식이요? 인간을 조정하는 것은 메커니즘이에요. 그것은 착각이죠. 그것은 사회적인 통제 메커니즘이에요. 그리고 그것은 대단히 건전하지 않아요."

앞에서 언급된 악의 구성 요소들은 집단 효과와 군중 심리학적 과정을 통해 더욱 강화된다. 의견들을 저속화시키고, 감정들에게 지나친 의미를 부여하고, 파괴적인 힘이 원초적인 형태로 방출되는 것은 집단의 역학에 속하는 일이다. 집단의 보호 아래에서는 갑자기 가장 수줍은 사람도 감히 자신의 용기를 보이려고 하고, 약한 사람도 갑자기 강하게 느끼며, 절제된 사람도 자신의 공격성을 발산한다. 여기에 대해 볼프강 조프스키는 충격적이지만 사실인 이야기를 했다.

"군중의 통솔력이 과소평가되어서는 안 된다. 군중의 한가운데에서는 가장 소심한 사람도 갑자기 모든 것을 할 수 있다."

악의 폭발력을 더 상승시키는 집단의 효과는 군중에 의해 '정신병'으로까지 악화될 수 있다. 구스타프 르 봉에 따르면 '군중의 심리'는 자제력의 상실, 비판의 퇴색, 정신적 성취의 표준화, 히스테리 그리고 비인간화의 특징이 있다. 그러므로 우리는 군중 안에서 명백하게 악의 암호를 찾게 된다.

모든 형태의 악을 허용하는 전쟁

이런 악의 암호들, 즉 직접적인 공격성과 결여된 감정이입부터 타인의 능멸 그리고 높은 계획성에 이르기까지 암호들이 어디에서 가장 직접적으로 영향을 미칠 것인지 자문해 보라. 아마 많은 사람이 전쟁을 떠올릴 것이다. 전쟁은 결코 범죄로 간주되지 않고 정당하고 합법적인 싸움으로 간주되는 모든 일의 아버지이며 악의 집결, 합계 그리고 강화이다. 전쟁은 모든 악한 힘을 방출하고, 최악의 형태로 변하는 것을 가능하게 만들고, 가장 심각한 결과를 가져오게 하는 권력이다. 전쟁은 기존의 갈등과 공격적인 반응의 자세로부터 유발되며 악한 이념을 통해 구체화된다.

이러한 이념은 단순화되고 세분화되지 않은 메시지를 담

고 있고, 열정적인 사람과 광신적인 사람을 좋아하며, 대중의 원초적인 욕구를 자극한다. 특히 적은 자존감과 강한 안전의 욕구를 지닌 개인들은 집단과 군중의 힘과 열정에 의해 지배되며 점점 더 막강하게 무분별해지는 체계의 일부가 된다.

다른 종류의 집단 심리와 군중 심리의 위력과 더불어 전쟁의 준비 과정에서 타오르는 감정은 가장 위험하며 예측하기가 가장 어렵다. 이때 감정들은 쉽게 통제를 잃고, 원래 계획했던 것과 전혀 다른 방향으로 흘러갈 수도 있으며, 과열되어 파괴적인 효과를 낸다. 이런 감정들은 말하자면 전쟁의 톱니바퀴를 움직이게 하는 에너지, 전류인 것이다.

그럼으로써 전쟁에서는 모든 종류의 악이 함께 작용한다. 무분별하고 광신적인 혹은 병적인 이념, 부정적인 군중과의 동일화, 통제를 벗어난 집단의 힘, 예측할 수 없는 감정의 불꽃과 개인적 책임으로부터 면제 등이 존재한다.

여기에 악의 전개를 위해 중요한 또 다른 요소가 등장한다. 그것은 바로 공격에 대한 권한 위임이다. 이것은 폭력적인 행동이 위로부터, 더 높은 권력으로부터 정해지고 정당화된다는 것을 의미한다. 전쟁은 인간이 자신의 도덕적 본능을 가지고 더 이상 논쟁할 필요가 없는 상황을 만들어 낸다. 이념 혹은 집단에 양심을 위임한 상태에서 인간은 지금까지 억제되고 교화되었던 악을 그것의 원시적인 형태로 체험하게 된다.

전쟁은 대부분 경제적·사상적인 이유들 때문에 벌어진다. 국가주의와 인종적인 갈등, 종교적인 광신주의와 문화적인 갈등, 경제적인 이익과 세력 쟁취, 영향과 사회적 타협이 그런 이유들에 해당한다.

엘리아스 카네티는 저서《군중과 권력》에 이렇게 적었다.

> 우리가 전쟁에서 조우하게 되는 것은 이웃의 성장하는 군중이다. 그들의 증가는 진정으로 두려움을 준다. 성장 그 한 가지 안에 이미 포함된 그들의 위협은 우리 자신의 공격적인 군중, 앞다투어 전쟁에 지원하는 군중을 만들게 한다. (중략) 우리는 살아 있는 자들의 더 큰 군중이 되기를 원한다. 그러나 반대편의 입장에서는 더 큰 시체더미라고 여긴다. 성장하는 군중들의 경쟁 속에 전쟁에 대한 근본적인 (나는 그렇게 말하고 싶은데) 가장 심오한 근거가 있다.

모든 전쟁은 파괴, 고통 그리고 죽음과 연관되어 있고, 도덕적 망설임은 도덕적 본능과 마찬가지로 상실된다. 전쟁은 학대, 고문, 성폭행, 폭행과 테러의 어머니이다. 국가와 민족 집단에 의해 벌어지는 전쟁은 의용병, 게릴라 대원, 별동대 혹은 민병대의 시합장이다. 전쟁은 절대적 악이나 범세계적인 고통 뒤에서는 아무도 개인의 운명에 대해 관심을 갖지 않는다. 전쟁은 악의 농축일 뿐 아니라 모든 형태의 악을 허용한다. 전쟁은 억눌렸던 공격성, 살인의 위력, 우리가 시민으로서의 일상에서 억제했던 파괴적인 에너지를 방출시킨다.

물론 우리는 전쟁의 시대가 제 2차 세계대전 이후로 지나갔다고 생각하지 않는다. 1945년과 2000년 사이의 기간만 해도 세계적으로 약 200건의 전쟁이 벌어졌고, 1,250만 명이 목숨을 잃었다. 지아드 오버마이어는 2008년에 발표한 논문을 통해 지난 50년 동안의 전쟁에서 지금까지 추측되었던 것보다 세 배나 많은 사람이 죽었을 것이라고 확신했다. 베트남 전쟁만 해도 3백만 명의 생명을 앗아 갔다. 기술적으로 '깨끗한' 전쟁이 적은 숫자의 시민 희생자를 낼 것이라는 순진한 의견은 옳지 않다. 결국 인간에게 전투적인 싸움을 예방하고 전쟁을 추방하는 일은 결코 성공하지 못했고, 전쟁은 심지어 한 번도 범죄시되지 않았다.

인류의 위대한 사상가들조차도 어떻게 우리가 전쟁을 피할 수 있고 그럼으로써 악의 가장 끔찍한 현실화를 막을 수 있는지의 문제에 대해서는 만족스러운 대답을 찾지 못하고 있다. 파리에 있는 한 연구소의 발의로 1932년에 정신생활의 대표적 주자들이 '왜 전쟁인가?'라는 주제를 다루기도 했다.

아인슈타인은 지그문트 프로이트에게 보낸 편지에서 "군중이 앞에서 언급된 수단들을 통해서 광란과 자기희생까지 선동되는 일이 어떻게 가능합니까?"라는 질문을 던졌다. 그리고 이런 대답을 얻었다.

"인간 안에는 증오하고 죽이려는 욕구가 살아 있습니다. 이런 성향이 평상시에는 잠복성으로 존재하다가 비정상적인 상황에서 드러납니다."

그런데 이런 성향은 쉽게 자극받을 수 있고 쉽게 군중심리로 상승될 수 있다고 한다. 아인슈타인의 전반적인 생각에 동의하는 프로이트의 답변으로부터 우리는 악의 심층심리학적 이해에 관해 많은 것을 알게 된다.

"사람들 사이의 이해 갈등은 원칙적으로 폭력의 사용을 통해 해결된다. 인간도 당연히 포함되는 동물 왕국에서의 상황은 그러하지만, 인간의 경우에는 여기에 의견의 갈등이 더 첨가된다. 의견 갈등은 추상화의 최고점까지 이르게 되고 해결의 다른 기술이 요구되는 것처럼 보인다. 그러나 이러한 의견의 갈등은 좀 더 나중에 등장하는 문제이다. 처음에는 한 작은 인간의 무리 안에서 더 강한 힘센 자가 누구에게 무엇이 속하고 누구의 의지가 관철된 것인가를 결정했다. 힘이 강화되고 곧 도구의 사용으로 대체되었다. 즉 더 좋은 무기를 가지고 있거나 그것을 더 숙련되게 사용하는 자가 승리하게 되었다. 무기의 도입으로 이미 육체적으로 힘센 자의 자리를 빼앗는 정신적인 우세가 시작되었다. 싸움의 최종 목표는 동일하다. 한쪽이 자신이 당한 피해로 인해 그리고 자기 힘의 마비로 인해 자신의 욕구와 저항을 포기하도록 강요당하는 것이다. 이것은 폭력이 상대를 제거할 때, 즉 상대를 죽일 때 가장 근본적으로 도달된다. 이때 상대가 다음번에 다시 적으로 나타날 수 없고, 그의 운명이 다른 사람들로 하여금 두려움을 갖게 하는 두 가지 장점이 있다. 그 외에도 적의 살해는 충동적인 성향을 만족시킨다."

프로이트는 아인슈타인과 마찬가지로 악의 중심적인 근거를 파괴적 충동이라고 부른 증오와 제거에 대한 충동이라고 보았다. 또한 프로이트는 인간에게 두 가지 종류의 충동이 있다고 주장하였다.

"보존하고 싶고 하나가 되고 싶은 충동, 즉 에로틱한 충동과 파괴하고 싶고 죽이고 싶은 충동, 즉 공격과 파괴의 충동이 있다."

두 가지 충동은 필요불가결하며, 이 두 가지의 상호 작용과 반대 작용으로부터 삶의 현상들이 발생한다. 한 가지 충동이 고립적으로 활동하는 경우는 매우 드물다. 그것은 언제나 다른 측면의 충동과 일정한 양만큼 연관되어 있다. 바로 이 점이 목표를 수정하거나 상황에 따라 목표를 달성하는 일을 가능하게 한다. 예를 들면 에로틱한 본성을 가진 자기 보존 충동은 자신의 의도를 관철해야만 할 때 공격성을 필요로 한다.

프로이트에 따르면 파괴적 충동은 모든 살아 있는 존재 안에서 작동하며, 살아 있는 존재를 붕괴시키고 삶을 살아 있지 않는 물질의 상태로 되돌리려는 경향을 지닌다. 이 때문에 파괴적 충동은 죽음의 충동이라는 이름을 얻게 되었고, 반면에 에로틱한 충동은 살아가기 위한 노력을 대변한다.

죽음의 충동은 특별한 신체 기관들을 통해 외부로 표출됨으로써 파괴적 충동이 된다. 생명체는 낯선 것들을 파괴함으로써 소위 자기 자신의 생명을 보존한다. 내부로 향하는 공격의 실행은 많이 일어나서는 안 된다. 반면에 외부 세계에서 파괴를 위한 힘의 사용은 생명체에게 부담을 덜어 주고 이로써 분명히 유익하게 작용한다. 이 지점에서 프로이트의 의견은 콘라트 로렌츠의 사상과 매우 근접해 있다. 콘라트 로렌츠는 이렇게 말했다.

"소위 악은 인간과 인간 사이의 공격적 충동일 뿐이다."

프로이트가 악이 단지 문화를 통해서 격퇴될 수 있다는 것을 알게 되었을 때, 그는 중국의 철학자 순자가 이미 기원전 220년에 했던 말을 정확하게 그대로 표현하였다.

"인간은 본성적으로 악하다. 그럼에도 불구하고 인간이 선하다면 그것은 문화의 결실이다."

15장

악은 계속된다

———

"너희 안에 있는 선에 대해 나는 말할 수 있다.
그러나 악에 대해서는 말할 수 없다.
자기 자신의 갈증과 허기 때문에
괴로워하는 선과 악이 무엇이 다른가?"

칼릴 지브란(레바논의 철학자)

———

악은 멈추지 않는다

악은 약해지지 않은 강도로, 다양한 잔인함으로, 결코 끝나지 않을 것처럼 반복적으로 계속되고 있다. 이 책이 마무리되었던 지난 몇 개월 동안 보도되었던 몇 가지 신문 기사들을 소개한다.

2019년 1월 19일, 라스베이거스의 총기난사 사건에 관한 최종보고서 발표

2017년 10월 1일에 64세인 스티븐 패덕은 라스베이거스에 있는 한 호텔의 창문에서 컨트리 뮤직 페스티벌의 관람객들을 향해 총을 난사했다. 그는 20세부터 67세까지의 연령대인 58명의 사람을 사살하였고 800명이 넘는 부상자를 냈으며, 그 뒤를 이어 스스로 목숨을 끊었다. 단독범이었던 그는 비교적 여유가 있는 은퇴한 회계사였다. 그러나 그는 도박 중독자였고 매일 14시간씩 게임을 하면서 자신을 세계에서 비디오 포커를 가장 잘하는 사람이라고 평했는데, 사이트에서 갑자기 모습을 감추었다. 패덕의 경우 기록에 따르면 불안 증세 때문에 디아제팜을 복용했으나 이 대량 살상에 대한 결정적 동기는 발견할 수 없었다. 극단주의적 배경이나 테러 조직과의 연관성은 배제되었다.

2019년 1월 29일

독일의 조사기관에 따르면 노르트라인 베스트팔렌 주의 뤼드게에 있는 한 캠핑장에서 2008년 초기부터 2018년 12월까지 4세부터 13세까지의 수많은 남녀 아이들이 3명의 남자와 더 많은 가담자들에 의해 1,000여 건의 심각한 성적 폭행을 당했다. 수사가 진행되면서 피해자의 숫자는 최소한 40명의 아이들과 또 다른 12건의 의심사건으로 늘어났다.

2019년 2월 17일

78세의 새뮤얼 리틀은 1980년에 저지른 3건의 살인죄로 2014년에 집행유예 없는 무기징역을 선고받았다. 그런데 그동안 지속적으로 진행되어 온 심문과정에서 2019년까지 90

건 이상의 또 다른 살인 범죄를 인정하였다. 수사관에 따르면 이 경우는 유죄판결을 받은 사이코패스의 허풍이 아니라 아마도 범죄역사상 최악의 연쇄살인에 관한 자백으로 보인다.

2019년 3월 15일

2차 세계대전 이후 뉴질랜드의 범죄사에서 최악의 비극이 벌어졌다. 호주 출신의 브랜튼 태런트는 권총이 숨겨진 조끼와 군복을 입고 크라이스트처치에 있는 두 곳의 모스크에서 저녁 예배를 드리고 있는 사람들을 향해 총격을 가했다. 여기서 3세부터 71세 이르는 사람들이 51명이나 살해되었고 50명이 중상을 입었다. 모든 피해자는 약 5만 명이 속해있는 무슬림 소수집단의 일원들이었다. 극우주의자로 알려진 범인은 노르웨이의 대량사살 범인인 앤더스 베링 브레이빅과 유사하게 이슬람 혐오적이고 극우주의적 사상, 특히 '위대한 교환'의 사상에 심취되어 있었다. 그는 심문에서 자신의 '무죄'를 주장했다.

2019년 4월 21일

부활절에 스리랑카에서는 여러 건의 자살 폭탄 테러가 발생하였다. 관계기관에 따르면 범인들은 극단적 이슬람 단체와

거룩한 전쟁에 소속된 사람들로 비슷한 시간에 세 곳의 교회와 세 곳의 호텔에서 연쇄적 폭탄 테러를 저질렀다. 여기서 최소한 253명의 사람이 목숨을 잃었고 485명이 부상을 입었다. 이 수많은 피해자들은 로마-카롤릭 교회에서 진행된 부활절 미사에 참석 중이었다. 호텔에서 일어난 테러의 피해자 중에는 직원들과 현지인들, 그리고 인도 정치인, 유명한 TV 요리사와 그녀의 딸, 덴마크 대부호의 세 아이가 있었다.

2019년 5월 30일

UN의 세계 마약 보고서에 따르면 미국에서 매일 평균적으로 192명이 강력한 마약의 과다복용으로 인해 사망하고 있다. 진통제로 쓰이는 펜타닐 한 종류만도 1년에 약 30,000명의 목숨을 앗아갔다. 마약 사망자의 급격한 증가는 2차 세계대전 이후 처음으로 미국의 평균 수명을 내려가게 하는 역할을 했다. 2017년 비공개 수치에 따르면 세계적으로 585,000명의 사람이 목숨을 잃었다고 한다.

2019년 6월 6일

간호사인 닐스 휘겔은 85건의 연쇄살인으로 무기징역을 선고받았다. 그는 1999년부터 2005년까지 북독일의 두 곳 병

원에서 근무하면서, 추측건대 독일 범죄사에서 최악의 연쇄
살인을 저질렀다. 100건이 넘는 관련 기소사건들을 상세히
조사해야 했던 주임 판사는 마치 자신이 "죽음의 회계 처리사
가 된 것 같다"라고 표현했다.

2019년 6월 24일

키프로스 민병대의 한 35세의 대위는 7건에 대한 살인 혐의
로 무기징역을 선고 받았다. 그는 5명의 여성과 2명의 아이를
살해하였다. 그런데 수사기관도 날림 수사와 인종주의 때문
에 비난을 받았는데, 피해자가 사회적으로 약자인 외국 노동
자들이었던 이 사건은 많은 증거에도 불구하고 오랫동안 해
결되지 않았기 때문이다. 이 사법 스캔들은 결국 경찰 서장의
해임과 법무부 장관의 사퇴로 이어졌다. 경악스러울 만큼 평
범하게 보였던 범인은 인터넷에서 '오레스테스'라는 이름으
로 루마니아, 네팔, 그리고 필리핀에서 온 피해자들과 접촉하
였고 이들을 유인했다. 법정에서 그는 눈물을 흘리면서 자신
의 범죄를 인정하였고 '소름 끼치는' 자신의 범죄에 대해 용
서를 구했다. 그는 이런 사디즘적인 범죄의 어떤 동기나 이유
에 대해서는 아무 말도 하지 못했다.

2019년 6월 29일

인도의 주도인 자르칸드에서 한 여성과 그녀의 딸이 소위 마녀사냥에 의해 구타로 인해 사망하였다. 인도에서는 매년 약 200명의 여성이 마녀로 의심을 받아 린치를 당하고 있다. 2016년 4월에 소위 흥분한 마을 사람들이 한 가족 전체를 그들의 집에 감금하고 불을 질렀으며, 이 때문에 3명이 목숨을 잃었다. 같은 시기에 3명의 남자들이 4개월 된 아이를 유괴하였고 이 아이를 마녀사냥 의식의 제물로 팔아넘겼다.

아프리카, 동남아시아 그리고 라틴 아메리카에서는 1960년 이후에 유럽 전체에서 일어나는 것보다 더 많은 사람이 마녀사냥으로 인해 목숨을 잃는 것으로 추측된다. UNHCR(유엔난민기구)의 보고에 따르면, 피해자들은 우리 사회에서 가장 사회적 약자인 사람들, 특히 여성, 아동, 노인 그리고 에이즈 감염자와 알비노와 같은 아웃사이더들이다.

한편 유럽에서 자행된 마지막 합법적인 마녀사냥은 1782년 6월 13일에 스위스의 칸톤 글라루스에 칼로 처형된 안나 겔딘의 사건이었다. 이 판결은 유럽 전체에 시위를 촉발시켰고 이 일과 관련하여 '사법살인(오판에 의한 사형선고)'이라는 개념이 처음으로 사용되었다.

2019년 7월 16일

미국 버지니아주에서 이미 무기징역을 선고받은 22세의 한 신나치주의자가 29건의 혐오범죄 때문에 419년의 구금형을 추가로 구형받았다. 그는 2017년 8월에 샬러츠빌에서 자신이 인종주의적, 반유대적 그리고 동성애 혐오적인 구호대의 한 명으로 참가했던 신나치주의 집회에서 여기에 반대하는 시위대의 한 가운데로 자신의 차를 타고 질주했다. 여기서 한 명의 여성이 사망하고 29명의 사람들이 부상을 입었다. 그는 사전에 이미 자신의 인스타그램에 자동차가 시위대 안으로 질주하는 사진을 올리기도 했다. 이 사건은 세계적으로 큰 이슈가 되었는데, 미국 대통령인 도널드 트럼프가 이 사건 후에 "여러 측면에서의 폭력"이라는 말을 하였고, 이로써 인종차별주의자들과 일반 시위대의 행동이 동일시되었기 때문이다.

2019년 7월 30일

아프리카 에리트레아에서 사회적으로 문제가 없어 보였던 한 남자가 한 여성과 그녀의 아들을 기차 플랫폼에서 진입해 들어오는 열차를 향해 선로로 밀어 떨어뜨렸다. 8세의 소년은 열차에 치였고 선로에서 즉사했다.

다양한 얼굴로 나타나는 악

악은 자신의 얼굴을 바꾸며 언제나 새로운 형태로 나타나지만 그것의 잠재력은 결코 사라지지 않는다. 여러 종교에서 각기 다르게 표현되는 죄악으로 시작되었던 악은 언제나 인간이라는 존재들을 동행하였다. 그것은 우리가 자유 의지를 위해 치루어야 하는 대가이다.

우리가 악에 대항하여 과연 어떤 일을 할 수 있을까? 악은 완전한 제거를 통해서가 아니라 인간의 공격적 성향의 변환을 통해서만 억제될 수 있다. "문화 발전을 촉진하는 모든 일이 결국 전쟁을 억제하는 작용을 한다."는 프로이트의 말을 인용한다면 어쩌면 민족들 사이의 대규모 전쟁을 더 나은 아이디어의 싸움, 경제적인 경쟁, 혹은 스포츠적인 힘의 측정으로 대체

할 수 있을지도 모른다.

어쩌면 우리는 악을 범죄가 점점 더 확산되는 대규모 네트워크 안으로 조금 멀리 옮겨 놓고 공격적 욕구를 잠재화시킬 수 있을지도 모른다. 그러나 중요한 것은 '사람들 사이에 더 좋은 감정들을 형성하는 일이 어느 정도까지 성공할 수 있는가' 하는 것이다. 여기서 중요한 것은 감정이입과 화해이다. 이것은 틀림없이 다른 사람과의 관계만이 아니라 자기 자신의 발전과 개인적인 트라우마(정신적 외상, 충격)와도 연관되어 있다. 그러나 최종적으로는 언제나 사랑이 중요하다. 불가지론자(초경험적인 것의 존재나 본질은 인식 불가능하다는 철학적 입장)인 지그문트 프로이트조차도 악의 극복을 위한 고민을 하면서 《성경》의 핵심 문장을 언급하였다.

네 이웃을 네 자신과 같이 사랑하라.

그래서 필자는 악에 대한 이야기와 이 괴로운 인간적 현상에 대한 해명의 시도를 프리드리히 뒤렌마트의 말로 끝내려고 한다.

"사랑은 언제나 가능한 기적이며, 악은 언제나 존재하는 사실이다."

개정판 출간을 위해 원고를 마무리하던 어느 날 아침에도, 프랑스 니스에서 다시 일어난 극단주의 테러 사건이 국제뉴스의 헤드라인으로 보도되었다. 이슬람교도가 가톨릭 성당에서 3명의 개인에게 저지른 끔찍한 범죄였다. 바로 붙잡힌 범인은 튀니지 출신의 21세 청년이었다. 과연 무엇이 아직 어린 그를 이러한 극단적 선택을 하게 만들었을까?

우리는 매일 새로운 얼굴로 바뀌어 나타나는 악을 만난다. 때로는 국제사회가 떠들썩할 만큼 경악스럽지만 조금은 우리와 멀리 떨어져 있는 것처럼 보이는 모습으로, 때로는 우리나라 도심의 길거리에서 벌어진 '묻지 마 폭행'처럼 조금 더 우리와 가깝게 느껴지는 모습으로 나타난다. 그러나 어떤 모습의 얼굴을 가졌든 악이 끼치는 부정적 영향은 한 사회, 한 가정, 그리고 한 개인에게 치명적일 수 있다.

이 책은 이런 악의 다양한 얼굴들을 소개하고 분석하면서 여러 측면에서 악의 동기와 원인을 찾아내고자 노력한다. 그리고 궁극적으로는 이미 벌어진 악을 자세히 살펴봄으로써 또 다른 잠재적 악의 예측과 예방을 꾀하고 있다.

이 책을 읽다 보면 오늘날 벌어지고 있는 많은 범죄가 평소에는 지극히 정상적이고 사람들에 의해 자행되고 있다는 것을 알게 된다. 범죄자들은 우리가 생각하는 것보다 훨씬 더 평범한 사람들이고, 악을 저지르는 동기도 지극히 단순할 수 있다. 점점 더 자극적이고 극단적으로 변해가는 현대사회에서 악한 사람과 정상인 사람, 그리고 악한 행동과 정상적인 행동을 판단하는 기준이 점점 모호해져 가고, 끔찍한 범죄에 익숙해져 갈지도 모른다는 불안감도 든다. 어떻게 그런 일이 가능할까라는 의문이 생기지만, 최근에 우리 사회에서 실제로 벌어진 끔찍한 악의 범인이 누군가의 동료, 누군가의 이웃이라는 것이 밝혀질 때 우리는 뒤통수에 묵직한 충격을 느끼게 된다.

그래서 저자는 정상적인 사람들이 악의 실현자로 전락하는데 어떤 공통적 원인을 찾기 위해 다양한 측면에서 접근하려고 시도한다. 그 중에서도 유전학적인 측면에서의 접근이 흥미롭다. 저자는 결론적으로 인간의 유전자 혹은 다른 생물학적인 요인이 범죄를 결정하지는 않는다고 말한다. 소위 '악의 유전자'는 존재하지 않는다는 것이다. 단지 유전적으로 정해지는 특정한 기질이 환경적 요소와 결합되어 개인의 공격적 성향에 영향을 미칠 수는 있다고 설명한다.

악이 유전적 문제가 아니라는 점이 한편으로는 다행스럽게 여겨진다. 평범하고 정상적인 사람들이 한순간 경로를 이탈하여 끔찍한 범죄자가 되지 않도록 어떤 노력이든 해볼 수 있지 않을까 하는 희망이 생기니까 말이다.

독자들은 이 책을 통해 악의 다양한 얼굴 뒤에 숨겨진 한 개인의 슬픔, 불안, 분노, 외로움 등의 감정들을 보게 될 것이다. 그리고 처음에는 그저 불행한 결혼생활, 단절된 가족관계, 외로운 사회생활에서 비롯되었던 감정들이 시간이 흐르면서 겹겹이 쌓여 단단하게 엉켜버린 왜곡된 감정과 생각으로 변할 수 있다는 것을 알게 된다면, 그 시작점이 어떻게 바뀌어야 할지 생각해 보는 계기가 되기를 바라는 마음이다. 우리 모두는 이 세상에서 악의 얼굴이 더 이상의 기이한 모습을 나타나지 않기를 바라기 때문이다.